융합과학으로 본

동북아 고대사

융합과학으로 본 동북아 고대사

발행일   단군기원 4354년(2021) 11월 7일 1쇄 발행
저자   김윤명, 김지수·나영주, 김태경, 남창희, 민성욱, 박덕규, 송옥진
발행인   신민식
발행처   도서출판 대한사랑
주소   서울시 영등포구 당산로41 SK v1센터 E동 1005호(당산동4가)
전화   02-719-3737
팩스   02-2678-3738
홈페이지   https://www.daehansarang.org
출판등록   2021년 6월 3일(제 2021-000098호)
Copyright ⓒ 2021 대한사랑

ISBN   979-11-974945-0-5

융합과학으로 본

동북아고대사

김윤명·김지수·나영주·김태경
남창희·민성욱·박덕규·송옥진

도서출판
대한사랑

서 문

최근 대한민국의 위상이 날로 높아지고 있습니다. 코로나19 시대와 무한 경쟁 속에서 오히려 대한민국은 선진국의 반열에 당당히 들어서 광복 70년 만에 전 세계 일류국가로 거듭나게 된 것입니다. 그러나 우리 역사에서는 일본이 은폐하고 조작한 역사의 진실이 아직 회복되지 못하였고 중국의 동북공정의 여파에서 벗어나지 못한 실정입니다. 이제 우리는 '역사광복'에 나서야 할 때입니다. 한국사는 9천여 년 전 인류 최초의 나라 환국에서 시작되어 배달과 단군조선을 거쳐 오늘날에 이르고 있음에도 서기전 역사를 뭉뚱그려 신화로 다루고 7천 년간의 역사를 부정하고 있는 것이 우리의 현실입니다.

사단법인 대한사랑은 2021년 6월에 장장 5일간에 걸친 대규모 국제학술문화축제를 백범김구기념관에서 개최하였습니다. 대한사랑은 2012년 역사원전 연구모임으로 시작하여, 잃어버린 우리 뿌리 역사와 원형문화정신을 되찾고 한민족사의 국통맥을 바로 세워 대한의 밝은 미래를 개척하는 역사문화운동 단체입니다. 국내 7개 본부 외 해외 4개 본부, 100여개 지부를 운영하면서 청소년을 위한 천문역사캠프, 시민들을 위한 유튜브 특강, 해외 동포를 위한 온라인 역사특강과 전문가초청 목요라이브를 진행해오고 있습니다. 초대 이사장은 고 박성수 한국학중앙연구원 교수님께서 맡아 대한사랑이 민족사학계의 구심점 역할을 할 수 있게 하셨습니다. 2대 이사장은 남창희 인하대학교 교수님께서 맡아 대한사랑 산하 대한학술원을 개원하여 대한사랑의 학문적 역량을 끌어올려 주셨습니다. 3대 이사장으로 취임한 저로서는 정의로운 역사단체의 길에 함께하는 이 일에 무한한 자긍심을 느끼는 바입니다. 공식출범 이후 이사장 산하 모든 회원님들이 시간과 장소를 가리지 않고 역사광복에 매진하여 삼일절 백주년, 임시정부 백주년을 맞이한 대한사랑은 대대적으로 펼친 역사광복 전진대회를 신호탄 삼아 일이 술술 풀리기 시작했습니다. 2021년 국제학술문화제는 3대 이사장으로서 역사광복의 전진대회 때 약속한 공약을 지켜나가는 하나의 일환입니다.

대한사랑 국제학술문화축제는 국내외 학계 및 시민사회를 대상으로 바른역사관 정립을 위한 학술논문을 공모하여 선정된 각 주제별 논문을 발표하고, 현재 우리의 역사교육이 어떠한 방향으로 나아가야 할지 모색해 보는 첫 시도입니다. 공모주제는, 대한민국 상해 임시정부 역사관을 계승한 고대사 관련 논문, 조선총독부의 한국사 왜곡 지침을 답습한 현행 국사교과서의 문제점을 식별하고자 하는 논문, 환단고기의 사료적 가치를 실증적으로 입증하는 학제적 융합연구의 세 분야로 모집하였습니다. 응모 논문은 교수, 박사, 일반으로 구분하여 시상되었습니다. 제출된 연구계획서는 총 48건으로 국내외 박사급 연구자들이 참여하였고 이들 논문은 6월 대한사랑과 세계환단학회가 공동으로 주최하는 국제학술문화제에 출품되어 5일간 백범김구기념관에서 공개 발표를 하였습니다.

'대한역사문화혁명 원년을 선포하다'라는 주제로 개최된 학술제는 식민사학이 만연한 이 시대에 일본과 중국의 역사왜곡에 대응하면서 역사광복을 이루기 위한 첫걸음이 되었습니다. 이러한 역사광복의 첫걸음에 홍문표 국회의원, 윤영석 국회의원과 라종일 가천대 석좌교수, 조영달 서울대 교수를 비롯하여 여러분들께서 축사를 보내주셨고 6월 21일 학술문화제 개막의 첫 포문은 한가람역사문화연구소 이덕일 소장님이 「가야사와 임나사」를, 안동대민속학과 임재해 명예교수께서 「사관의 수립과 사료 개척에 입각한 주권사학의 변혁적 구상」이라는 주제로 기조강연 자리를 빛내주셨습니다. 이번 학술문화제는 신채호, 정인보, 박은식, 이상룡, 조소앙, 계연수, 이유립 등 우리 역사의 참 진리를 연구하고 민족적 자긍심을 고취시키셨던 선각자의 이름으로 패널 이름을 구성하여 선대의 뜻을 되새겨보는 시도를 하였습니다.

중국의 동북공정이 시작된 지 20년이 지났습니다. 일본의 역사 왜곡은 그보다 더 오래되었음에도 국내 정통 역사학자라 자부하는 이들의 연구보고서들은 중국과 일본의 역사연구물에서 주장하는 바와 크게 다르지 않습니다. 이는 끈질기게 뿌리 내려 있는 피해의식과 타율성의 독이 아직 해독되지 않은 탓으로 보입니다. 이번 2021년 바른 역사관정립을 위한 학술회의 공모와 국제학술문화축제를 통해 사단법인 대한사랑은 편협한 시각에서 벗어나 다음 세대 역사연구자들의 융합연구를 지원하고자 하는 뜻을 밝혔습니다. 2021년 현재 한류문화는 전 세계 최고 이슈를 만들어 내고 있습니다. 이들의 공통점은 기존세대의 전통문화를 현재와 접목하여 표현했다는 것으로 그 독창성을 인정받고 있다는 것입니다. 역사연구에 있어서도 우리 것에 대한 자긍심이 필요할 때인데 BTS의 수화 댄스나 오징어게임에서의 깍두기처럼 평화와 공존을 지향하는 모습은 우리에게 너무도 당연해 보입니다. 이렇듯 국제정치학을 비롯해 의상학과 고고학, 천문학 등의 각 분야의 시각에서 바라보는 동북아고대사라는 이 책은 홍익인간과 상생을 늘 추구했던 한민족 역사를 이해하기 위한 시도로써 공개학술회의를 거쳐 출간되었다는 점에서 의의가 크다고 생각합니다.

2021.11.7.(음력 10월 3일) 개천절에

대한사랑 이사장 **박 석 재**

차 례

임나일본부와
백제, 倭의 관계에 대한 小考

박덕규

인하대 융합고고학과 석박사 통합과정

I. 들어가며

임나일본부설은 『일본서기』에 근거를 두고 있다. 『일본서기』 신공 49년 (369년) 신공왕후가 장군들을 보내서 신라를 정벌하고 가라 7국을 평정하여 임나를 세우고 일본부(日本府)라는 기관을 둬서 약 2백 년 동안 한반도 남부를 지배하였다는 것이 임나일본부설이다. 일본은 메이지 시대를 거치면서 임나일본부설을 征韓論의 명분으로 삼았다. 戰後에는 황국사관에 대한 비판과 함께 임나일본부는 한반도 남부를 다스렸던 식민통치기관이 아니라, 6세기 중반 야마토 왜, 또는 백제가 아라가야에 임시로 설치한 교역 기관이었다거나 외교사신이었다는 등으로 그 역할과 의미를 축소해석해 왔다. 그러나 정작 문제는 가야사를 연구하는 한국과 일본인 학자들 사이에서 '가야는 임나'라는 전제는 전혀 바뀌지 않았다는데 있다. 과거 식민사학자들은 임나일본부설을 유일하게 기록하고 있는 『일본서기』를 근거로 하기 위해서 『삼국사기』와 『삼국유사』 불신론을 제기했다. 필자는 그동안 이루어진 임나일본부에 대한 연구를 정리하면서 '가야=임나'라는 전제의 모순을 밝히고 임나일본부와 광개토대왕릉비문의 '安羅人戍兵', 『삼국사기』에서 보이는 '신라와 고구려를 침략하는 倭'의 실체를 고찰해보고자 한다.

II. 임나일본부설의 전개 과정

1. 개화기까지 임나일본부설의 수용과정

우리 기록에서 처음 보이는 임나일본부설의 수용은 한진서의 《해동역사》(1823)였다. 한진서는 일본 기록의 영향을 받아서 고령의 임나가 대가야이며 뒤에 미마나(미오야마)로 개칭되어 일본에 복속했다는 주장을 했다.[1] 김택영은 『역사집략』(1905)에서 청에 대한 자주독립을 강조하고 친일적인 시각을 견지했는데 《일본서기》와 하야시 다이스케(林泰輔)의 《조선사》의 영향을 받아서 신공황후 삼한정벌설이나 임나일본부설 등을 그대로 수용하였다. 그는 일본사서의 영향을 받고 "깜깜한 밤중에 갑자기 이웃집에 불난 듯하여 역사의 내용이 밝아졌다"고 감탄하기까지 했다.[2] 장지연도 《일본서기》를 신빙하여 임나일본부의 설치와 신공황후의 신라침공을 인정하였고,[3] 현채는 《동국사략》(1906)에서 부분적으로는 자주독립의 입장에서 기술하여 단군의 실재를 인정하고 한사군을 삭제했으며 삼국시대에 우리의 문물이 일본으로 들어간 것을 자랑하고 있지만, 기본적으로는 하야시의 《조선사》에 영향을 받아서 신공황후의 삼한정벌과 임나일본부설을 받아들이고 있다. 또한 하야시의 책에 대해서는 "모두 확실한 증거를 가지고 있으며, 분류사적으로 쓰여져 있어서 읽는 사람이 환하게 알 수 있다. 외국인이라고 해서 나쁘게 보아서는 안된다."며 칭찬하고 있다.[4]

---

1) 한영우, 『역사학의 역사』 214p, (서울 : 지식산업사, 2002)
2) 한영우, 같은 책, 230p., 김택영 『역사집략』(1905)
3) 장지연, 《대한강역고》(1903)
4) 장지연, 《동국사략》(1906)

2. 에도시대부터 메이지 시대까지

에도시대 일본학계의 '임나일본부'에 관한 선구적인 내용이 포함된 것이
『大日本史』(1906)[5]이다. 『대일본사』임나 조를 통해서 '임나일본부' 관련 내
용을 확인할 수 있다.[6]

메이지 시대에 임나일본부설이 처음 나타난 것은 일본군 참모본
부 편찬과에서 찬술한 「任那考」와 그 부록 「任那國名考」이었
다.(1882년) 일본군 참모본부는 근대학문과의 접촉에 앞서 훗날
군국주의체제 성립에 핵심적인 역할을 감당하였던 기관으로서 고
대 한일관계사에 대한 본격적인 연구의 계기가 되었던 광개토왕비
문 탁본(쌍구본)을 가져왔던 사가와 가게 노부(酒匂景信)도 참모
본부 소속이었다. 일본군 참모본부에서 광개토왕비문에 대한 연구
가 진행되서 1889년 6월 3일 아세아협회의 잡지 『會餘錄』제5집에
「高句麗碑出土記」를 발표하였다. 이 글은 참모본부 편찬과원이며
육군대학교 교수이기도 했던 橫井忠直이 쓴 것인데 이후 菅政友[7],
那珂通世[8], 三宅米吉[9] 등의 연구논문이 발표되었다. 그들의 연구
결과에 의하면 4세기 말 신묘년(391) 무렵부터 왜는 신라·백제를
정복하고 고구려와 대결할 수 있을 정도의 강대한 야마토정권을
수립했다는 것이며, 더구나 그러한 사실의 근거가 일본에 의해 만

---

5) 『대일본사』는 1657년부터 편찬하기 시작하여 1906년에 완성된 일본 최초의 기전체 역사
서이다. 본기 열전 지 표로 구성되었고, 본문 397권에 목록 5권을 합쳐 402권이다.
6) 이연심. (2018). 일본학계의 '임나일본부' 연구 동향. 역사와 세계, 53권, 347-353.
7) 菅政友, 「高麗好太王碑銘考」 『史學會雜誌』 22~25, (1891).
8) 那珂通世, 「高句麗古碑考」 『史學雜誌』 47·49, (1893).
9) 三宅米吉, 「高麗古碑考」 『考古學會雜誌』 2-1~3, (1898) ; 「高麗古碑考追加」 『考古學會雜誌』
2-5, (1898).

들어진 것이 아니라 그 당시 왜와 대결했던 고구려의 금석문(광개
토대왕릉비)에 나타난 것이기 때문에 더욱 신뢰할 수밖에 없다는
것이었다.[10] 그 후에 시게노(重野安釋), 구메(久米邦武), 호시노(星
野恒) 등 동경제국대학 교수들은《국사안(國史眼)》(1890)에서 신공
황후가 신라를 정복했고(209년), 4세기 이후에는 임나일본부(任那
日本府)를 세워서 가야 지방을 통치했다는 주장을 전개하였다.[11]

개화기 한국 학자들의 친일적 고대사관 형성에 막대한 영향을 끼친 하야
시 다이스케(林泰輔)는《조선사》(1892)에서 백제 근초고왕 때 신공황후가
신라를 정복하자 백제가 일본에 복속했고 가야에는 일본부(日本府)가 있어
서 7국을 귀속시켰다고 서술하였다.[12] 나카 미치요(那河通世)는「上世年紀
考」(1893)에서 당시까지의 紀年論을 종합하여 '紀年延長論'을 내놓고, 安康
紀 이전의 기년은 믿을 수 없다는 전제하에 신공·응신기 기사는 '2周甲' 인
하하여 이해해야 한다고 주장했다. 특히 신공기의 신라 정벌 기사를『三國
史記』新羅本紀 奈勿尼師今 9년(364)의 '왜병 침입'[13]과 연결하여 상호 정합
적인 것으로 파악함으로써 그 내용을 전적으로 신뢰하여 4세기부터 왜가

---

10) 남재우. (2014).「광개토왕비문(廣開土王碑文)」과『송서(宋書)』로 본 왜(倭)의 가야인식(加
耶認識)과 '임나일본부(任那日本府)'. 지역과 역사, 35권, 39-70.

11) 한영우, 같은 책, P. 227.

12) 한영우, 같은 책, P. 226.

13) "(나물(奈勿) 이사금(尼師今)) 9년(364) 여름 4월에 왜병(倭兵)이 대거 이르렀다. 왕이 이
를 듣고 대적할 수 없을 것을 두려워하여, 풀로 허수아비 수천 개를 만들어 옷을 입히고 무기
를 들려서 토함산(吐含山) 아래에 나란히 세워두고, 용맹한 군사 1,000명을 부현(斧峴)의 동
쪽 들판에 매복시켰다. 왜인(倭人)이 무리가 많음을 믿고 바로 나아가니, 매복한 군사가 일어
나 불의에 공격하였다. 왜인이 대패하여 달아나자 추격하여 그들을 거의 다 죽였다.(九年, 夏
四月, 倭兵大至, 王聞之, 恐不可敵, 造草偶人數千. 衣衣持兵, 列立吐含山下, 伏勇士一千於斧峴東
原. 倭人恃衆直進, 伏發擊其不意. 倭人大敗走, 追擊殺之幾盡.)"

한반도 남부를 지배했다는 시각[14]을 제시하였다.[15]

3. 일제강점기와 전후

이마니시 류는 「加耶疆域考」(1912)에서 호칭의 개념상에 있어서 고대 한반도 내에서 '가야제국'이라고 칭하는 것을 일본에서 '임나제국(任那諸國)'이라고 칭하는 것과 동일시하였고[16] 아유가이 후사노신(鮎貝房之進)은 『일본서기』에 나오는 임나의 지명범위를 경남·경북 및 충남·전라까지 확장시켜 신라·백제의 수도인 경주 및 부여·공주 부근을 제외한 한반도 남부 전역을 '임나' 즉, '왜의 지배영역'으로 설정하였다.[17]

전후에 스에마쓰 야스카즈(末松保和)는 식민통치를 정당화하기 위하여 일본 근대 식민학자들이 전개한 임나일본부설 연구를 체계적으로 종합하여 정리한 『임나흥망사(任那興亡史)』(1949)를 내놓았다. 스에마쓰가 임나일본부설의 근거로 처음 제시한 자료는 「광개토대왕비문」의 신묘년(391) 기사이다. 末松는 대부분의 일본 식민사학자들처럼 "왜가 신묘년에 바다를 건너와서 백제와 가라(또는 임나), 신라를 격파하고 신민으로 삼았다"고 해석하였다.

> "而倭以辛卯年來渡海破百殘□□□[斤]羅以爲臣民.(왜가 신묘년에 바다를 건너와서 백잔(백제)과 □□□[斤]羅(가라, 신라)를 격파하고 신민으로 삼았다.)"
>
> _ 광개토대왕릉비문에 대한 스에마쓰의 해석(末松保和, 1949)

---

14) 那河通世, 「上世年紀考」, 『史學雜誌』 8, (1893).

15) 한승아. "日本書紀 神功紀 49年條의 군사작전의 성격과 시기." 국내석사학위논문 高麗大學校 大學院, (2015). 서울

16) 今西龍, (1912), 「加耶疆域考」 『朝鮮古史노研究』, P. 292

17) 김태식, (1992), 「가야사연구의 현황」, 『한국사시민강좌』 11, 일조각, pp.121-122

스에마쓰는 「광개토왕비문」의 신묘년 기사를 임나일본부의 실존과 일본의 한반도 남부 지배를 상정하는 가장 핵심적이며 주요한 사료로 활용하고 더 나아가 고대 일본이 신라를 공격하여 경상남북도 대부분을 평정하고 제주도와 전라남북도, 충청남도 일부까지 귀속시켜 임나의 관할로 하였다고 했다.[18] 또한, 『일본서기』에 나오는 지명들을 음운학적 방법을 사용해서 한반도 남부에 비정하였는데 '상다리 이하 4현'은 영산강 유역의 전라남도 서쪽 지역으로, '기문·대사'는 섬진강 일대로, '임나 7국'은 경상남북도 지역으로 비정하였다.

스에마쓰의 임나 위치비정(최재석, 2010, 『고대한일관계사 연구』, 141p.)

18) 전진국. (2019). 『任那興亡史』의 논지와 학술적 영향에 대한 비판적 검토. 한일관계사연구, 64권, 185-223.

스에마쓰는 신라가 임나를 점령하고 그 대가로 조(調)와 질(質)을 일본에 바친 것은 그 땅이 본래 일본의 영토라는 뜻이고 『삼국유사』와 『삼국사기』에 기록된 가야에 대한 내용은 모두 그 쇠퇴기 이후에 해당하는 기록이라 치부하여 역사적 사실성을 인정하지 않았다. 또한, 가야제국의 연합을 백제의 정책과 일본의 뜻을 따라서 이루어진 것(임나부흥회의)으로 보면서 한국 고대사의 타율성을 강조했다.

스에마쓰는 가야의 국가 단계에 대해서도 상당히 부정적이며 낮은 수준으로 봤다. 가야 여러 나라는 분립 소국의 형태로 낮은 단계의 문화에 정체되어 있었다고 한다. 그런데, 스에마쓰에 의하면 그 쇠퇴기 또한 일본의 간접지배가 이루어졌던 시기였다. 이에 반하여 고대 일본은 낙랑군과 빈번하고 우호적인 교류를 통해 중국의 선진 문물을 빠르게 받아들여 4세기 이전에 이미 높은 단계의 국가 수준을 이루었다고 한다. 이와는 대조적으로 한반도는 낙랑군의 직접적인 통제 속에서 정치·문화적으로 매우 낮은 단계의 많은 소국이 통합되지 못하고 분립되어 있는 상태가 지속되었다고 한다. 이러한 모순된 서술과 상관없이 스에마쓰가 『임나흥망사』에서 제시한 '임나일본부'의 실체는 고대 일본이 한반도 남부 지역에 설치한 실질적인 미야케이며 지배를 위한 '출선기관'이라는 설이다.[19]

4. 일본열도 임나일본부설

북한의 김석형은 「삼한 삼국의 일본 열도 내의 분국에 대해서」(1963), 『고대한일관계사』(1988)에서 스에마쓰의 출선기관설의 반론으로서 '분국론'을

---

19) 전진국, (2019), 『任那興亡史』의 논지와 학술적 영향에 대한 비판적 검토. 한일관계사연구, 64권, 185-223.

제기하였다. 김석형의 분국론은 『일본서기』 임나 관계 기사가 한반도에서 일본열도로 이주한 사람들이 세운 분국과 야마토정권 관계를 보여주는 것으로 '임나일본부'는 임나지역에서 이주한 사람들이 세운 분국에 설치된 야마토정권의 통치기관으로 간주한 것이다. 김석형의 분국론은 일본학계에서 '임나일본부'에 대한 다양한 해석을 시도할 수 있는 계기를 마련하였다는 점에서 역사적 의미가 크다고 생각된다.[20]

김석형의 분국론 이후 임나의 위치에 대한 다양한 해석이 제기되었다. 먼저, 이병선은 고대 주민의 이주와 함께 地名도 이동하는 것이어서 『일본서기』에 보이는 任那 지명은 韓地는 물론이고 대마도와 일본 열도에도 널리 분포하며 임나 기사에 보이는 신라·백제·고려는 韓地의 신라·백제·고려가 아니라 대마도의 촌락국(村落國)으로 봐야 한다는 '임나=대마도'설을 제기하였다.[21] 임나가 대마도라는 설은 문정창이 제기한 이래[22], 윤내현, 최재석[23], 황순종[24]이 지지하였다.

한편으로 '임나=큐슈'설이 김인배·김문배에 의해 제기되었다.[25] 김인배·김문배는 3~5세기까지 任那는 큐슈(九州)의 異稱이었으며, 지금도 큐슈 지역에는 임나 지명이 고스란히 남아 있고, 임나일본부는 기내(畿內)의 야마토 조정이 큐슈의 호족들에 대한 기득권 행사를 목적으로 규슈 동북방의 아라(安羅)에 설치한 기관이었다는 것이다.

북한의 조희승은 서부 일본의 기비(吉備)지방에 가야(임나), 신라 소국이

---

20) 이연심, (2018), 앞의 논문
21) 이병선, (1991), 임나 (任那) 십국명의 대마도 (對馬島) 비정. 한국학보, 17(1), 1002-1022.
22) 문정창, 『한국사의 연장-고대 일본사』, (1973)
23) 최재석, 『고대 한일 관계사 연구』, (서울: 경인문화사, 2010)
24) 황순종, 『임나일본부는 없었다』, (서울: 만권당, 2016)
25) 김인배·김문배, 『任那新論』, (고려원, 1995)

있었으며 두 곳의 쯔꾸리야마(造山, 作山) 고분과 조선식 산성인 기노죠 및 《일본서기》 기록을 근거로 들어서 주장하였다.[26] 임나를 대마도와 일본 열도로 비정하는 이런 주장은 임나가 한반도 남부에 존재한 것이라는 반론[27]과 팽팽하게 맞서고 있다. 이후의 연구는 모두 '임나=가야'라는 전제하에서 가야에 위치했던 임나일본부의 위치와 성격에 관해 새롭게 해석하는 것들이다.

III. 임나일본부에 대한 諸說

1. 임나일본부의 성격과 활동

『일본서기』에 등장하는 임나는 가야지역 전체를 가리키는 지리적 명칭이라는 주장과 하나의 국가(금관국, 안라국, 가라국)를 가리키는 경우로 대별된다.[28] 임나일본부를 함안 지역에 주재하고 있던 '재안라제왜신(在安羅諸倭臣)'이라는 주장,[29] 請田正幸, 鈴木英夫, 大山誠一 등 일본학자들의 "일본부가 주재했던 곳은 안라국(安羅國)"[30]이라는 주장, 안라일본부와 별개로 임나일본부가 대가야(加羅國)에 있었다는 주장[31] 등이 있다.

김태식은 《가야연맹사》(1993)에서 임나일본부가 한반도에 있었다는 것을

26) 조희승 지음, 이덕일 주해, 『임나일본부의 해부』(말, 2020)
27) 서보경. "『日本書記』 한반도 관계 기사 검토." 국내박사학위논문 高麗大學校 大學院, 2004. 서울
28) 박재용. (2014). 『일본서기』의 '임나(任那)'와 '임나일본부(任那日本府)', 그리고 '임나(任那)의 조(調)'. 지역과 역사, 35권, 153-188.
29) 남재우. (2014). 앞의 논문
30) 請田正幸, 「六世紀前期の日朝關係 -任那 '日本府'を中心として-」『朝鮮史研究會論文集』11, (1974), 43쪽. 鈴木英夫, 「加耶·百濟と倭- '任那日本府'論」『古代の倭國と朝鮮諸國』, 靑木書店, (1996), 192쪽. 大山誠一, 「所謂 '任那日本府'の成立について(上)」『古代文化』32-9, (1980), 536쪽.
31) 백승옥. (2015). '임나일본부(任那日本府)'의 소재(所在)와 등장배경. 지역과 역사, 36권, 93-122.

인정하면서 그 성격은 무역기구라고 해석했다. 김태식의 무역기구설과 유사한 것이 외교교역설이다. 『日本書紀』에 보이는 임나일본부 관련 사료에서 일본부가 통치나 군사적 역할을 했다는 기술이 전혀 보이지 않는 점에 주목하여 외교교역설(外交交易說)이 긍정적으로 인식되었다. 외교교역설은 임나일본부가 외교교역을 위한 기관이었다는 입장(李丙燾, 鈴木靖民, 吉田晶, 奧田尙, 金泰植)과 이를 위한 사신 혹은 사신집단(請田正幸, 李永植, 延敏洙, 李根雨)이었다는 입장으로 나뉘어지고 있다.[32]

제2기 한일역사공동연구위원회의 최종연구서에 따르면 "'임나일본부'는 6세기 당시의 용어도 아니고 그릇된 선입견을 불러일으키는 용어이기 때문에, 보다 사실에 가까운 '안라왜신관(安羅倭臣館)'이라는 용어로 대체하는 것이 타당하다.'거나[33] "'在安羅諸倭臣' 등과 같은 기록에 근거하여 日本府는 5세기대의 왜와 반도의 관계나 지방호족의 독자적 통교 등으로 인해 가야지역, 특히 예부터 왜와 인연이 깊었던 안라에 거주했던 왜인의 一團이며, 가야제국과 공통의 이해를 갖고 거의 대등한 관계에서 그들과 접하며 주로 외교협상에 협동하여 종사했었다" 하여 '가야지역 거주 왜인설[34]'로 이해하고 있다.[35]

주목할 것은 가야왜인설, 외교사자설, 외교기구설 등이 일본 학자들에 의해서 제기되었다는 점이다. 이노우에 히데오(井上秀雄)의 가야 왜인설[36] (1973년)은 가야지역에 거주하는 왜인들을 통치하기 위해 '임나일본부'를

---

32) 남재우. (2014). 앞의 논문.
33) 김태식, 「고대 왕권의 성장과 한일관계 -임나문제를 포함하여-」 『제2기 한일역사공동연구보고서』 1, 한일역사공동연구회, (2010), 232쪽.
34) '가야지역 거주 왜인설'은 안라에 잔존했던 왜인 집단에 의한 조직으로 왜 왕권의 출장기관도 한반도 경영의 거점도 아니라는 입장이다.
35) 남재우, (2014), 앞의 논문.
36) 井上秀雄, 『任那日本府と倭』 (東京: 東出版, 1973)

설치한 것으로 이해했다. 우케다 마사유키(請田正幸)의 외교사자설(1974)은 '임나일본부'의 훈독에 주목하여 '임나일본부'를 야마토정권이 외교교섭을 위해 파견한 사자로 이해한 것이다.[37] 기토 기오야키(鬼頭淸明)의 외교기구 설(1992)은 '임나일본부'는 본래 '임나왜부'라는 것으로 임나가라 혹은 안라 국이 대왜교섭을 위해 설치한 외교기구라는 것이다.[38] 鈴木英夫는 '임나일 본부'의 당시 호칭은 '在安羅諸倭臣'이며, 그 실체는 야마토정권으로부터 파견된 관인 사자(官人 使者)이며 일정한 군사적 기능을 가졌다고 하였 다.[39] 田中俊明은 '임나일본부'를 안라국에 거주하는 왜계 인물도 포함된 사신단[40]이라고 하였다.[41]

최근 일본학계는 '임나일본부' 관련 기사의 범위를 제한하여 '임나일본 부'와 직접적인 관련성이 부족한 신공기 기사 등을 배제하고 '임나일본부' 의 용례를 분석하여 직접 관련이 있는 기사를 중심으로 임나일본부의 실체 를 밝히려 하고 있다. 첫째 '임나일본부'가 활동한 시기를 6세기 중반으로 제한하는 것이다. '임나일본부'가 흠명기에만 보이는 것, '임나일본부'가 활 동하는 때에 한반도 남부의 정세가 빠르게 변화하여 다양한 외교 관계가 모색되었다는 것 등을 통해서 '임나일본부'는 6세기 중반에 한반도 남부지 역의 정세변화를 따라서 나타났다가 사라진 것으로 보고 있다. 둘째 '임나 일본부'의 활동 무대를 안라국으로 한정하는 것이다. 대부분의 연구자들은 '임나일본부'가 활동한 곳이 안라국이라는 점에 동의하고 있다. '임나일본

---

37) 請田正幸, 「六世紀前半の日朝關係-任那日本府を中心に」『古代朝鮮と日本』(東京:龍溪書舍, 1974).

38) 鬼頭淸明, 「所謂任那日本府の再檢討」『東洋大學校紀要』45(1992).

39) 鈴木英夫, 「「任那日本府」と「諸倭臣-語義 の分析を中心に-」」『國學院大墨紀要』44(2006).

40) 田中俊明, 『大加耶聯盟の興亡と「任那」』(東京: 吉川弘文館, 1992).

41) 이연심, (2018), 앞의 논문.

부'의 활동이 두드러지는 때에 안라국 관련 기사가 많이 보이는 것은 안라국과 '임나일본부'의 관련성이 깊은 것으로 보는 것이다.[42]

일본부를 외교사신으로 보는 설은 일본부(日本府)의 '府'가 '宰'의 뜻이며 '宰'는 '미코토모치[みこともち]'로 읽고 '사신'의 뜻이라는 것에 근거한다. 그러나, 스에마쓰도 『임나흥망사』에서 '일본부'를 근대의 총독부와 같은 성격의 것으로 보지 않았고 '일본부'를 '미코토모치'와 연결하여 사신으로 봤다는 점을 고려하면 최근의 '미코토모치=일본부=사신설'이 스에마쓰의 임나일본부설을 극복했다거나 사장되었다는 식으로 이해하는 것은 적절치 못하다. 나아가 일본부를 사신으로 보는 해석도 일본 근대 식민사학을 구축해 놓은 아라이 하쿠세키(新井白石, 1657~1725)에 의해 이미 제시되었던 해석의 틀이다.[43]

대부분의 논자들은 '임나일본부'의 활동이 야마토 조정의 지시를 받지 않으며 독자적으로 활동했고, 파견과 귀국이 불분명하다는 점에 근거하여 야마토 조정과는 별개의 독자적인 세력으로 보려는 경향이 강하다. 결국, 임나일본부란 倭왕권의 의지를 백제와 가야에 전달하는 기관 혹은 사자였다고 이해하는 해석이 주류를 이루고 있다고 볼 수 있다.[44] 그러나, 문헌자료의 구체적인 검토와 고고학 자료를 근거로 임나일본부의 활동 시기와 범위를 '6세기 중반 안라=함안=아라가야를 중심으로 잠시 활동했던 왜인 또는 사신'으로 그 성격을 제한한다고 해도, 『삼국사기』와 『삼국유사』에는 전혀 나오지 않는 '임나=가야'를 전제로 한 논의이기 때문에 고대 한일관계를 『일본서기』의 관점으로만 보게 되는 문제가 발생한다.

---

42) 이연심, (2018), 앞의 논문.
43) 전진국, (2019), 앞의 논문.
44) 鄭孝雲, (2007), 중간자적 존재로서의 '임나일본부'. 동북아 문화연구, 13권, 481-508.

2. 임나=가야 설의 형성 과정

일본 학자들이 가야와 임나를 동일국이라고 한 근거로 ①임나의 어원 ② 임나와 가야의 용어의 사용 ③『일본서기』崇神 65년조의 기사 ④가야와 임나의 멸망시기 등 네 가지를 제시하였는데 한국학자들도 여기에 비판을 가함이 없이 대체로 일본 학자들의 주장을 그대로 따르고 있다.[45]

이병도(李丙燾)가 "임나는 대가야, 지금의 고령지방"이라고 주장한 이래[46], 김정학(金廷鶴)은 "『일본서기』에 있어서는 가야제국(伽耶諸國) 전체를 임나라고 통칭한다."고 하면서 "가야는 加羅, 駕洛이라고도 하고 또는 임나라고 불리운 것은 다 아는 바와 같다. 우리나라에서 임나라고 한 것은 김해를 중심한 금관가야의 별칭이었던 것으로 생각된다."고 기술했다.[47] 이후에 문경현, 천관우, 이기동, 김현구 등을 거치면서 "광의의 임나는 가야제국 전체를 지칭하고 협의의 임나는 김해의 금관가야 또는 고령의 대가야를 지칭하는 것"으로 일반화되었다. 그동안 한국학자들의 '임나=가야' 설을 정리하면 아래 표와 같다.

표1. 임나에 대한 諸說

	광의의 임나	협의의 임나	연도
이병도	가야	고령 대가야	1955
김정학	가야제국	김해 금관가야	1976
문경현	가야제국		1975
천관우	가야전체	김해 금관가야	1991
이기동		고령 대가야	1982
김현구	가야제국		

---

45) 최재석, "伽耶史硏究에서의 伽耶와 任那의 混同." 한국민족학 연구 -.1 (1993): 7-45.
46) 이병도, (1955), p.67.
47) 김정학, (1976), p.30.

	광의의 임나	협의의 임나	연도
김태식	경상우도	김해 금관가야?	1990
김기웅	가야제국	김해 금관가야	1989
윤석효	가야제국	一國	1990
연민수	가야제국	김해 금관가야	
김은숙	가야제국	고령 대가야?	1991

결국, 한국 학자들이 임나와 가야를 同一國시 하는 것은 이병도와 김정학에 의하여 주장되고 확립되었음을 알게 된다. 가야와 임나가 동일국이라는 주장과 임나에 광의의 뜻과 협의의 뜻이 있다는 주장은 모두 일본 학자들의 주장을 받아들인 것이다.[48]

다음으로 임나일본부를 세운 주체와 성격에 대해서 정리하면 아래 표와 같다. 임나일본부를 세운 주체가 백제(김현구, 천관우)라는 설과 분국설(김석형)을 제외하면 대부분 왜 또는 임나를 주체로 하고, 일본부의 성격에 대해서는 대체로 일본 학자들이 기관으로 보는 반면에 한국학자들은 사신으로 보는 것을 알 수 있다.

표2. 임나일본부 諸說 정리[49]

	설치 및 파견 주체			성격				비고
	왜	백제	임나	기관	가야왜인	군사령부	분국	사신	
이병도	○			◇					1937
김석형	△						○		1966
천관우		○				○			1977
김현구		○				○			1985
이근우	□			◇					1985

48) 최재석, (1993). 앞의 논문.
49) 鄭孝雲, (2007), 앞의 논문, 표2 참조하여 수정.

	설치 및 파견 주체			성격					비고
	왜	백제	임나	기관	가야왜인	군사령부	분국	사신	
이정희	○							○	1985
이영식	○							○	1989
김태식			○					○	1990 ◎
연민수			○					○	1990 ◎
백승충	○							○	1993
이용현	○							○	2001
이연심	○							○	2004
이재석	○			○					2004
정효운			○	○					2005
末松保和	○			○					1949
八木充	○			○					1962
井上秀雄	□				○				1973
請田正幸	○							○	1974
鈴木靖民	○							○	1974 ◎
吉田晶	○			◇					1975
鬼頭淸明	□							○	1976 ◎
輿田尙			○					○	1977 ◎
山尾幸久	○			○					1977
大山誠一	○			○					1980
平野邦雄	○			○					1985
鈴木英夫	○							○	1987 ◎
中野高行			○	○					2004

3. 고대한일관계사의 열쇠 임나일본부

임나일본부의 시공간이 축소되었다고 해도, 여전히 '임나의 調'에 관한 문제가 남아있다. 즉, 영토로서의 임나는 562년에 끝났지만, 명목적인 지위와 지배는 646년까지 계속되었다고 보는 것이 '임나의 조'이다. 백강전투에 있어서도 왜병 파견의 목적을 '임나의 조'내지 그 명목적인 지위의 부활과 유지에 있었다.[50]고 보았던 것이다. 이러한 관점에서 본다면 임나일본부 문제는 고대한일관계사 연구의 출발점이라 보아도 좋을 것이다. 가야사 연구의 진전에 따라 가야의 주체성과 입장성을 중시하고 동아시아적 관점에서 임나일본부 문제를 접근하려는 시도가 이루어지고 있다. 그 결과 임나일본부는 6세기대의 문제란 점과 왜왕권의 '출장기관'으로 설명하려는 주장은 극복되었다고 할 수 있다. 그러나 아직도 임나일본부 설립 주체를 왜왕권으로 이해하는 경향이 강하고, 그 성격을 기관이 아닌 사신 혹은 사신집단으로 해석하는 설이 주류[51]를 이루고 있기 때문에, 임나일본부 문제를 이해하는데 있어서 왜왕권의 임나에 대한 우월적 지위라는 인식을 극복하였다고는 할 수 없다.[52]

표 3. 일본서기 임나일본부·일본부·안라일본부 관계 기사[53]

	연대	용례 번호	용례	기사 내용
(1)	웅략기 8년 춘2월	1	日本府行軍帥等	任那王의 지시로 신라 구원.
(2)	흠명기 2년 하4월	2	任那日本府吉備臣	任那旱岐와 함께 백제에 가서 詔書를 들음. ('任那復建會議'에 참석함)
	〃	3	任那日本府	백제가 가라에 가서 임나일본부에서 임나재건을 맹세함
	흠명기 2년 추7월	4	安羅日本府	신라와 通交함.

---

50) 정효운, 『고대 한일 정치교섭사 연구』, (학연문화사, 1995), P. 18.
51) 이재석, (2004), 「소위 임나문제의 과거와 현재 –문헌사의 입장에서–」, 역사학연구(구 전남사학) 23권 49~78 페이지)은 이러한 '사신=미코토모치'설에 대한 한계를 지적하고 있다.
52) 정효운, (2007), 앞의 논문
53) 백승충, 「문헌에 본 가야 삼국과 왜」 『韓國民族文化』 12, (1998), 304~305쪽의 표9를 수정 보완한 것이다.

	연대	용례 번호	용례	기사 내용
(3)	〃	5	安羅日本府河內直	신라와 通交함.
	〃	6	加不至費直 阿賢河內直 佐魯麻都 (百濟本記)	〃
	〃	7·8	任那日本府(2)	신라가 복종하여 임나일본부를 기쁘게 함
	〃	9	日本府	任那에 오래 머물러 신라의 경계와 근접함.
	〃	10	日本卿	〃
	〃	11·12	卿(2)	신라를 믿고 따름
	〃	13	日本府	日本府에 君令 城主를 속하게 하라고 함.
(4)	흠명기 4년 동11월	14	河內直	任那를 세우면 스스로 물러남.
	〃	15	河內直 移那斯 麻都	백제가 이들이 安羅에 있으면 임나를 세우기 힘들기 때문에 本處로 돌려보내라고 함.
(5)	흠명기 4년 12월	16	日本府執事	百濟가 任那執事와 함께 불었으나 정월이 지나면 나겠다고 함.
(6)	흠명기 4년 12월 시월조	17	日本府執事	百濟가 任那執事와 함께 불었으나 제사가 지나면 나겠다고 함.
(7)	흠명기 5년 춘정월	18	日本府執事	百濟가 任那執事와 함께 부름.
(8)	흠명기 5년 정월 시월	19	日本府	任那와 함께 직접 백제에 가지 않고 미천한 자를 보냄.
	〃	20~24	日本府(5)	
(9)	흠명기 5년 2월	25	河內直	선조때부터 임나에서의 惡行이 계속됨.
	〃	26	河內直 移那斯 麻都 (百濟本記)	
	〃	27~29	日本府卿(3)	

	연대	용례 번호	용례	기사 내용
	〃	30~35	日本府(6) 百濟本記 1	백제의 소집에 응할 것을 요구함. 떠나는 것을 허락하지 않음
(10)	흠명기 5년 3월	36~40	移那斯 麻都 (5)	임나를 보내지 않음. 적신 등이 따름. 일본부 政事를 마음대로 함
	〃	41	的臣 吉備臣 河內直	이나사, 마도가 시키는 대로 함
	〃	42~45	的臣(4) 백제본기 1	백제가 임나와 함께 부름. 신라에 왕래하면서 경작함. 적신이 안라에 있으면 임나를 세우기 힘듬.
	〃	46·47	印岐彌(2) 百濟本記1	허세신의 선임자임. 우리가 인지미를 머물게 함.
	〃	48	許勢臣	허세신 파견이후로 신라가 남의 경계를 침범하지 않음
	〃	49·50	(佐魯)麻都(2)	韓腹이고, 신라의 奈麻禮冠을 쓰고 신라에 복종함.
	〃	51	日本執事	백제가 任那執事와 함께 부름.
(11)	〃	52	河內直 移那斯 麻都 (百濟本記)	
(12)	흠명기 5년 10월	53·54	日本府臣(2)	
	흠명기 5년 11월	55~57	吉備臣(3)	백제의 계책을 따르겠다고 함.
	〃	58	河內直 移那斯 麻都	백제가 본처로 돌려보낼 것을 요구함.
	〃	59	日本府印岐彌	신라를 치고 우리를 치려 하고, 신라의 속임수에 빠져있음.
	〃	60	任那日本臣	任那旱岐와 사신을 파견하여 주사함.
	〃	61	日本臣	
	〃	62	日本大臣	천황에게 주상함.
(13)	흠명기 6년 9월	63	日本府臣	백제로부터 뭇의 재물을 얻음.
(14)	흠명기 9년 4월	64·65	日本府(2)	안라와 함께 이웃 재난을 구하지 않고, 고구려에 밀사를 보냄.

	연대	용례 번호	용례	기사 내용
(15)	흠명기 10년 6월	66	延那斯 麻都	고구려에 사신을 보냄.
(16)	흠명기 11년 4월	67	延那斯 麻都	〃
(17)	흠명기 13년 5월	68	日本府臣	百濟, 安羅, 加羅와 함께 사신을 파견함.
(18)	흠명기 15년 12월	69	在安羅諸倭臣	百濟臣과 任那諸國의 旱岐들과 함께 斯羅의 무도함을 보고 함

6세기 전반 기사에 등장하는 '임나일본부'에 대해서 야마토 정권과의 직접적인 관계는 부정하지만 야마토 정권 이외의 왜와 관계가 있다는 井上秀雄 등이 제시한 설, 형태는 다르지만 倭의 관여를 주장하는 請田正幸 등의 설, 그리고 末松保和보다는 그 시기를 늦게 잡지만 야마토 정권의 한반도 남부 지역에 대한 직접적인 지배를 강조하는 大山誠一 등의 연구 결과를 보더라도 현재 일본 학계에서 근본적으로 야마토 정권의 한반도 남부 지배를 부정하고 있는 것은 아니다. 야마토 정권과 한반도 諸國의 관계에 대한 기존의 연구는 6세기 전반기에 집중적으로 등장하는 '임나일본부'가 무엇인지를 규명하는 데만 치중한 경향이 있기 때문에[54] 임나일본부에 대한 諸說은 스에마쓰가 『임나흥망사』(1949)에서 제기해놓은 틀에서 크게 벗어나지 못하고 있다. 스에마쓰는 ①『일본서기』를 근거로 가야=임나로 전제하였고 ②한반도 남부에 『일본서기』의 임나 7국을 비정하였다. 또한, ③일본부=사신설을 주장했는데. 가야사를 연구하는 논자들은 줄곧 스에마쓰의 이러한 전제에서 머물고 있다.

이렇게 된 이유는 최근의 연구들도 스에마쓰의 주장처럼 『일본서기』를 전

---

54) 서보경, (2004), 앞의 논문.

제로 '임나=가야'라는 인식에서 벗어나지 못했기 때문이다. 스에마쓰는 음운학을 근거로 임나 7국의 위치를 한반도 남부로 비정하였고, 김현구는 이것을 무비판적으로 수용하여 일반화시켰다. 이후 사신설, 기관설, 중간자설 등의 연구는 모두 광의의 임나의 위치나 성격에서 벗어나서 협의의 임나 즉, 일본부의 위치와 성격을 어떻게 해석하느냐에 관한 연구에 치중하였다.

최재석은 이런 문제에 대해서 "지난 150여 년 간 일본정부(육군참모본부)와 일인학자가 주동이 되어 일본고대사의 진실을 은폐하고 허위의 일본고대사를 조작하기 위한 하나의 작업으로 가야와 임나를 同一國시해 왔다"고 주장[55]하였는데, 전후 임나일본부를 연구하는 일본 학자들과 가야사를 연구하는 한국학자들의 문제는 『일본서기』 기록만을 전적으로 신뢰하여 『삼국사기』 초기 기록을 불신하였던 일제 식민사학자들의 주장을 그대로 수용한 결과이며, 스에마쓰가 주장한 임나 7국의 한반도 남부 비정은 합리적이지 못하다고 비판하면서 '임나=대마도'설을 주장하였다. 앞에서 언급한 것처럼 임나=대마도 설은 문정창, 윤내현, 이병선, 황순종 등이 지지하였는데 이것은 김석형의 분국론, 조희승의 큐슈 기비설과 계열을 같이 하는 것이다.

IV. 임나일본부설의 문제점

1. 광개토대왕릉비 경자년 기사의 해석

일본 육군참모본부 소속 사가와 가게노부(酒勾景信) 육군 대위가 집안에서 광개토대왕릉비 쌍구가묵본을 구하여 참모본부에 제출하자(1884년), 참모본부 편찬과는 여러 해에 걸쳐서 해독과 해석을 한 뒤에 『회여록(會餘

---

55) 최재석, 임나왜곡사 비판-지난 150년간의 대표적 일본사학자들의 지명왜곡비정을 중심으로-『겨레문화』6, (1992).

錄)』제5집(1889년)에 발표하였다.

일본 학자들은 광개토대왕릉비의 신묘년(391년) 기사[56]를 "신묘년에 왜가 바다를 건너 백제와 □□, 신라를 파하고 신민으로 삼았다."고 해석하면서 『일본서기』 신공 49년(369년) 신공황후가 장군들을 보내서 신라를 정벌하고 가라 7국을 평정하여 임나를 세우고 일본부(日本府)를 두었다는 삼한정벌의 근거로 삼았다. 그러나, 정인보는 고구려를 주어로 해서 "왜가 신묘년에 오니 (고구려가) 바다를 건너 백잔, □□를 격파하고 신라를 (구원하여) 신민으로 삼았다."고 해석했다. 광개토대왕릉비는 광개토대왕의 업적을 칭송하고 기리는 것이 그 목적이므로 정인보의 해석이 타당하고 합리적이다.

'임나가라'에 대해서는 경자년(400년) 기사에 나온다. 광개토대왕이 보병과 기병 5만을 보내서 신라를 구원하는데 왜군이 퇴각하여 급히 뒤를 쫓아가 항복시킨 곳이 "임나가라의 종발성"이어서 이 문구가 '임나=가야'설의 근거가 되었다.

"十年庚子 敎遣步騎五萬 往救新羅. 從男居城至新羅城 倭滿其中. 官軍方至 倭賊退 □□背急追 至任那加羅從拔城 城卽歸服. 安羅人戍兵(10년(400년) 경자(庚子)에 왕이 보병과 기병 5만 명을 보내 신라를 구원하게 하였다. (고구려군이) 남거성(男居城)을 통해 신라성(新羅城)에 이르렀는데 그곳에 왜가 가득하였다. 관군(官軍)이 바야흐로 도착하자 왜적이 퇴각하였다. 그 뒤를 급히 추격하여 임나가라(任那加羅)의 종발성(從拔城)에 이르니 성이 곧 항복하였다. 안라인수병(安羅人戍兵)"[57]

---

56) "百殘新羅舊是屬民由來朝貢. 而倭以辛卯年來渡海破百殘□□□羅以爲臣民."
57) 광개토대왕릉 비문.

지금까지 '종발성'이 있는 '임나가라'를 가야지역으로 비정한 것이다. 그러나, 『삼국사기』 「신라본기」를 보면 상황이 다르다. 왜군이 경주를 침략했다가 퇴각할 때 신라군이 그 배후를 추격하여 승리한 기록이 두 곳의 기사에서 보이는데, ①나물이사금 38년(393) 왜군이 싸우다가 퇴각하자 기병 2백과 보병 1천으로 독산(獨山)까지 추격하여 물리친 기사[58]와 ②실성이사금 4년(405) 퇴각하는 왜군을 기병으로 빠르게 추격하여 독산(獨山)에서 기다렸다가 격파하는 기사[59]가 그것이다.

왜군이 퇴각하다가 패한 곳이 모두 독산(獨山)이며 지금의 경북 포항시 신광면 지역이다. 즉, 왜군은 배를 타고 경주의 동북쪽인 포항 앞바다로 들어와서 육로로 이동하여 경주를 공격했다가 퇴각할 때 다시 육로를 거쳐서 포항 앞바다로 나갔던 것이다. '임나가라' 즉 가야쪽이 아니라 신라의 동북쪽 해안이다. 그렇다면 배를 타고 출발했던 왜군의 본영은 어디일까? 실성이사금 7년(408) 기사[60]를 보면 전 해 3월과 6월에 두 차례에 걸친 왜군의 침입을

---

58) 三十八年, 夏五月, 倭人來圍金城, 五日不解. 將士皆請出戰, 王曰, "今賊弃舟深入, 在於死地, 鋒不可當." 乃閉城門. 賊無功而退, 王先遣勇騎二百, 遮其歸路, 又遣步卒一千, 追於獨山, 夾擊大敗之, 殺獲甚衆. (38년(393) 여름 5월에 왜인(倭人)이 와서 금성(金城)을 포위하고 5일 동안 풀지 않았다. 장수와 병사들이 모두 나가 싸우기를 청하였으나, 왕이 "지금 적들은 배를 버리고 깊숙이 들어와 사지(死地)에 있으니 그 날카로운 기세를 당할 수 없다."고 말하고 이내 성문을 닫았다. 적이 아무 성과없이 물러가자 왕이 용맹한 기병 2백 명을 먼저 보내 그 돌아가는 길을 막고, 또 한 보병 1천 명을 보내 독산(獨山)까지 추격하여 합동으로 공격하니 그들을 크게 물리쳐서 죽이거나 사로잡은 사람이 매우 많았다.) 『삼국사기』 「新羅本紀」 第三 나물(奈勿) 이사금(尼師今)

59) 四年, 夏四月, 倭兵來攻明活城, 不克而歸. 王率騎兵, 要之獨山之南, 再戰破之, 殺獲三百餘級.(실성 이사금 4년(405) 여름 4월에 왜병(倭兵)이 와서 명활성(明活城)을 공격하였으나 이기지 못하고 돌아갔다. 왕이 기병을 이끌고 독산(獨山)의 남쪽 길목에서 기다리고 있다가 두 번 싸워 그들을 격파하여 3백여 명을 죽이거나 사로잡았다.) 『삼국사기』 「新羅本紀」 第三 실성(實聖) 이사금(尼師今)

60) 七年, 春二月, 王聞倭人於對馬島置營, 貯以兵革資粮, 以謀襲我, 我欲先其未發, 揀精兵擊破兵儲. 舒弗邯未斯品曰, "臣聞兵凶器, 戰危事.'況涉巨浸以伐人, 萬一失利, 則悔不可追. 不若依嶮設關, 來則禦之, 使不得侵猾, 便則出而禽之. 此所謂致人而不致於人, 策之上也." 王從之. (7년(408) 봄 2월에 왕이 왜인(倭人)이 대마도(對馬島)에 군영을 두고 무기와 군량을 쌓아 두어 우

막기 위해서 왜군의 본영을 선제공격하는 계획을 세우는 기사가 보인다.

> "왕이 왜인(倭人)이 대마도(對馬島)에 군영을 두고 무기와 군량을 쌓아 두어 우리를 습격하려고 한다는 말을 듣고서, 그들이 일어나기 전에 우리가 먼저 정예 군사를 뽑아 적의 군영을 격파하고자 하였다."

이를 통해 보면 당시 왜군의 군영은 대마도(對馬島)이고 왜군의 군영을 격파하기 위해 신라에서 바다를 건너 공략하려 했다는 것을 알 수 있다. 따라서, 영락 10년(400년) 고구려 원정군이 신라에 도착하자 왜군이 급하게 퇴각했던 경로는 이전에 두 번의 경우와 같이 '경주-독산'으로 추정된다. 이 곳은 신라의 동북 지역이지, 신라의 서남 지역, 즉 가야 지역이 아니다. 만약, 가야가 임나이고 왜가 임나에 주둔해 있었다면 굳이 임나의 반대 방향인 독산으로 퇴각할 이유가 없다. 대마도에서 포항 앞바다까지는 '대마난류'가 흐르기 때문에 연안해류를 타고 배로 이동해서 경주를 공격하고 퇴각했으며, 고구려 원정군이 왜군의 뒤를 쫓아서 항복시킨 '임나가라 종발성'은 그들이 출발했던 대마도이거나 더 후퇴하여 본거지인 북규슈일 가능성이 높다.

리를 습격하려고 한다는 말을 듣고서, 그들이 일어나기 전에 우리가 먼저 정예 군사를 뽑아 적의 군영을 격파하고자 하였다. 서불한(舒弗邯)註 069미사품(未斯品)이 말하기를, "신이 듣건대 '무기는 흉한 도구이고 싸움은 위험한 일이다.'라고 합니다. 하물며 큰 바다를 건너서 남을 정벌하는 것은 만에 하나 이기지 못하면 후회해도 돌이킬 수가 없습니다. [따라서] 험한 곳에 의지하여 관문(關門)을 설치하고 오면 곧 그들을 막아서 침입하여 어지럽힐 수 없게 하다가 유리해지면 곧 나아가 그들을 사로잡는 것만 같지 못합니다. 이것이 이른바 남을 유인하지만 남에게 유인당하지 않는다는 것이니, 가장 좋은 계책입니다." 하니, 왕이 그 말에 따랐다.)『삼국사기』「新羅本紀」第三 실성(實聖) 이사금(尼師今)

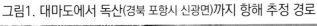

그림1. 대마도에서 독산(경북 포항시 신광면)까지 항해 추정 경로

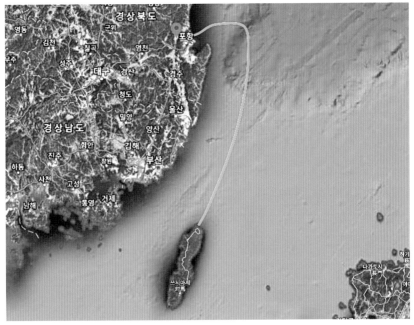

그림2. 국립해양조사원, 한반도 주변 해류모식도

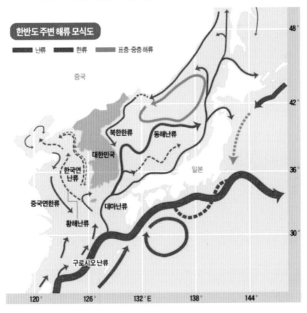

고구려군의 일본열도 상륙설에 대해서 남창희는 당시 해군력이 우수했던 백제는 대륙 국가 고구려를 괴롭히는데 대한해협 남쪽 후방 지원 세력을 최대한 이용했을 것이고, 고구려가 백제의 전략적 이점을 상쇄하기 위해서는 최소한 대마도를 점령하여 후방 지원을 차단하거나 혹은 최대한 열도 본토의 전략적 중심을 점령해야 전쟁 목표가 달성되는 것이기 때문에 광개토태왕 원정군의 일본 열도 상륙 가능성을 높게 평가했다.[61]

이병선은 고구려 원정군의 대마도 정벌을 뒷받침하는 근거로 對馬島人 藤定房의 『對州編年畧』에서 인용한 『山家要約記』의 "對馬島者 高麗國之牧, 新羅住之(대마도는 고려가 다스렸고, 신라인들이 살았다)"는 기록과 「태백일사」 고구려국본기 "영락 10년에 三加羅는 모두 우리[高句麗]에게 돌아오게 되어, 이로부터 海陸의 諸倭는 모두 任那에 통합하게 되었다. 十國으로 나누어 통치하였는데, 聯政으로 하였다."는 기록을 제시했다.[62]

2. 임나의 위치

임나의 위치에 대해서 윤내현은 『일본서기』에 기록되어 있는 임나, 고구려, 백제, 신라 등 諸國은 일본 열도에 있었던 나라로 봐야 하며 『일본서기』는 '일본 열도에서 일어난 사건을 기록한 것'이라고 하였다.

"임나(가야)나 고구려, 백제, 신라라는 이름은 한반도에만 있었던 것이 아니라 대마도와 왜 열도에도 있었다. ...... 상식으로 생각하더라도 『일본서기』는 일본 역사책이므로 왜열도에서 일어난 사건을 위주로 기술되었을 것이며, 『일본서기』에 등장하는 임나, 고구

---

61) 남창희, 『한일관계 2천년-화해의 실마리』, (상생출판, 2020)
62) 이병선, (1991), 앞의 논문.

려, 백제, 신라는 왜열도에 있던 나라로 보아야 할 것이다. 실제로 이들이 한반도에 있었던 나라가 아니라 왜열도에 있었던 나라임을 분명하게 하는 기록들이 『일본서기』에 보인다."

_ 윤내현, 『한국열국사 연구』, 지식산업사, 1998, 487쪽

황순종도 『일본서기』에 인용된 『백제기』는 왜에 살던 백제인에 의해 쓰여진 것으로 봐야 하기 때문에, 한반도 백제에 관한 기록으로써 당연히 『삼국사기』「백제본기」를 기본으로 해야 하며, 임나의 위치도 『일본서기』에서 찾아야하는데 숭신왕 65년의 "북쪽으로 바다에 막히고 계림의 서남쪽에 있다."는 기록을 보면 임나는 대마도로 추정할 수는 있지만, 한반도는 아니라는 사실을 알게 된다고 하였다.[63]

北阻海 以在鷄林之西南
북쪽은 바다로 막혀 있으며 계림(신라)의 서남쪽에 있다.

_ 『일본서기』「권 제5」 숭신왕 65년 조(BCE 33)

황순종은 또한, 『삼국사기』 기록에서 '임나'라는 말 자체가 나오지 않는데 이것은 임나가 한반도의 가야와는 다른 실체라는 것이고 『삼국사기』의 신라·가야 관계 기사와 『일본서기』의 신라·임나 관계 기사를 비교해 보면 동일한 기사가 단 하나도 없으며, 같은 해에 기록된 경우도 562년 1회를 빼놓고는 없으므로 『삼국사기』의 가야·신라는 『일본서기』의 임나·신라와는 전혀 다른 나라들임을 알 수 있다고 봤다. 또한, 백제와 가야의 관계를 보면 『삼국사기』「백제본기」에는 임나뿐만 아니라 임나와 가야의 관계에 대해서도 기록이 전혀 나오지 않으므로 김현구가 주장한 "백제가 369년에

---

63) 황순종(Whang, Soon Jong), (2018), 가야사(伽倻史)와 임나일본부설(任那日本府說)에 대한 주류학계의 인식 비판, 세계환단학회지, 5(1): 157-186.

임나를 평정하고 2백 년 동안 경영했다"는 것은 『삼국사기』 기록과 모순된다고 하였다. 그리고, "가야와 임나는 각각에 속한 나라들의 숫자와 이름들이 모두 다를 뿐 아니라 두 나라의 건국시기, 멸망시기, 왕들의 이름, 각각의 국세나 주변국과의 관계 등 그 어느 것 하나 같은 것이 없다."는 점을 들어서 가야와 임나는 서로 다른 나라라는 것을 제기하였다.[64]

3. 스에마쓰의 임나7국 위치 비정의 문제

스에마쓰는 음운학적 방법을 이용해서 『일본서기』의 임나 7국을 한반도 남부의 낙동강 중류 이남의 대부분에 걸친 지역으로 비정했는데 음운학적으로도 합리적이지 않은 것이 대부분이다. 스에마쓰의 위치비정 근거를 살펴보면 아래와 같다.

> (1) "비자발(比自烌)은 서기(書紀: 일본서기)에서 여기에 딱 한 번 나오는 지명인데, 삼국사기의 비자화군(比自火郡) 또는 비사벌군(比斯伐郡)에 해당하는 것은 확실하며, 지금의 경상남도 창녕이다."
>
> _ 末松保和, 『任那興亡史』, 吉川弘文館, 1949, 46쪽)

창녕의 옛 이름인 비자화군(比自火郡)[65]과 임나7국의 비자발(比自烌)의 앞에 두 글자가 같아서 스에마쓰는 "확실하게" 비자발을 창녕으로 비정했는데 이병도, 김현구도 창녕으로 비정했다.

> (2) "남가라(南加羅)는 아래의 (7)가라(加羅)에 대한 지명이라고 생각되고, 삼국사기 김유신전에 유일하게 한 번 나오는 '남가야(南加

---

64) 황순종, (2018), 앞의 논문.
65) 《신증동국여지승람》 권27, 창녕현(昌寧縣) 건치연혁

耶)'로 비정된다, 지금의 경상남도 김해이다."

_ 末松保和, 『任那興亡史』, 吉川弘文館, 1949, 46쪽)

스에마쓰는 『삼국사기』 김유신 열전 "남가야(南加耶)의 시조 (김)수로"의 '남가야'를 '남가라'로 비정했는데, 정암은 남가라는 가야가 일본 열도로 진출해서 세운 분국이라고 볼 수는 있지만 『삼국사기』의 남가야라고 볼 수는 없다고 한다.[66]

(3) "탁국(喙國)은 삼국사기의 달구화현(達句火縣)(달벌[達伐])에 해당한다고 보는 것이 가장 쉽지만, 아래에서 기술하는 것처럼 달구화는 탁순(卓淳)에 해당하기 때문에 탁국은 달구화 남쪽 3리 남짓 떨어진 압독군(押督郡)이다. 압독의 독(督)이 탁(喙)과 통한다고는 할 수 없지만, 앞(조선어 발음 ap)은 남쪽이나 앞[前]을 의미하는 조선어 ap, arp를 나타내는 것으로, 달구화의 지리적 관계로부터 생각해 보면 어울리는 이름이다. 지금의 경상북도 경산군이다."

_ 末松保和, 『任那興亡史』, 吉川弘文館, 1949, 46-47)

압독(押督)은 경산의 옛 이름이다. 그런데, '압'(押)과 '앞'(前)의 발음은 비슷하다하더라도, "독은 탁이고, 탁은 탁순을 뜻하니까 압독이란 앞탁, 탁순의 앞이라는 뜻"이란 주장은 억지스럽다. 김현구는 탁국을 녹국으로 읽으면서도 스에마쓰의 설에 따라서 '녹국'을 경산으로 비정했다.[67]

(4) "안라(安羅)는 위지(魏志) 한전(韓傳)의 변진구야국(弁辰狗邪國), 삼국사기의 아시량국(阿尸良國)과 아나가야(阿那伽耶)이다. 호

66) 정암, 「임나의 위치비정에 관한 비판적 검토-스에마쓰의 한반도남부설을 중심으로」
67) 김현구, 『임나일본부설은 허구인가』, (창비, 2010), P. 43.

태왕비에는 그대로 안라로 보여진다. 지금의 경상남도 함안이다."

_ 末松保和, 『任那興亡史』, 吉川弘文館, 1949, 47쪽)

호태왕비의 안라(安羅)가 아시량(阿尸良), 아나(阿那)라는 객관적인 근거는 없다. 스에마쓰의 자의적인 해석인데 김현구도 안라를 함안에 비정했다.[68]

(5) "다라(多羅)는 삼국사기의 대량주(大良州) 또 대야주(大耶州)로서 다벌(多伐)이라고도 쓴다. 지금의 경상남도 합천이다."

_ 末松保和, 『任那興亡史』, 吉川弘文館, 1949, 47쪽)

'대야(大耶)'와 '다라(多羅)'의 발음이 비슷하다고 해도, 대야주(大耶州)는 565년 완산주(完山州)를 폐지하면서 설치[69]되었기 때문에, 『일본서기』의 562년 기록[70]에 나오는 '다라'가 '대야'라는 주장은 근거가 없다.

(6) "탁순(卓淳)은 첫째 탁순(喙淳)에서 만들었다(흠명천황기). 일본군의 집결지이자 백제에서 처음으로 일본에 건너간 사신의 도래지라는 점으로 볼 때, 앞서 말한 달구화(達句火)에 해당한다고 보는것이 더 자연스러울 것이다. 지금의 경상북도 대구이다."

_ 末松保和, 『任那興亡史』, 吉川弘文館, 1949, 47쪽)

---

68) 김현구, 앞의 책, P. 43.

69) 九月, 廢完山州, 置大耶州. (9월에 완산주(完山州)를 폐지하고 대야주(大耶州)를 설치하였다.) 『삼국사기』 신라본기 권4 진흥왕

70) 廿三年 春正月 新羅打滅任那官家 一本云 廿一年 任那滅焉 總言任那 別言加羅國·安羅國·斯二岐國·多羅國·卒麻國·古嵯國·子他國·散半下國·乞飡國·稔禮國 合十國 (23년(562) 봄 정월 신라가任那官家를 공격하여 멸망시켰다. 어떤 책에서는 21년에 임나가 멸망하였다고 한다. 통틀어 말하면 任那이고, 개별적으로 말하면 加羅國, 安羅國, 斯二岐國, 多羅國, 卒麻國, 古嵯國, 子他國, 散半下國, 乞飡國, 稔禮國 등 모두 열 나라이다.) 『日本書紀』 卷第十九 天國排開廣庭天皇 欽明天皇

스에마쓰는 『일본서기』 신공 46년 기사[71]를 인용하면서 '탁순(卓淳)'을 '달구화(達句火)'에 해당한다고 했는데, '탁순'이 '달구화'와 어떤 음운학적 관계가 있는지를 떠나서, 『일본서기』 신공 46년 기사를 보면 백제인이 탁순왕에게 '일본에 조공을 하려고 하는데 일본까지 어떻게 가야하냐?'고 길을 묻는 장면이 나온다. 해양강국이던 백제가 내륙의 대구까지 가서 일본으로 가는 뱃길을 묻는 것은 전혀 이해가 되지 않는다.

> (7) "가라(加羅)는 (2)의 남가라에 상대하는 지명으로 생각되며, 삼
> 국사기에서 말하는 대가야(大伽耶), 즉 지금의 경상북도 고령이다."
>
> _ 末松保和, 『任那興亡史』, 吉川弘文館, 1949, 47쪽)

가라가 대가야라는 근거는 전혀 없다.

스에마쓰는 이처럼 발음이 유사한 지명을 한반도에서 찾아서 그곳이 『일본서기』에서 말한 임나의 지명이라고 억지 비정을 한 것이다. 말도 안 되는

---

71) 46년(246년) 봄 3월 乙亥 초하루 斯麻宿禰를 卓淳國에 보내었다. 斯麻宿禰는 어떤 姓氏의 사람인지 모른다. 이때 卓淳王末錦旱岐가 斯麻宿禰에게 "甲子年 7월에 백제인 久氐·彌州流·莫古 세 사람이 우리나라에 와서 '백제왕이 동방에 일본이라는 귀한 나라가 있음을 듣고 우리들을 보내어 그 나라에 조공하게 했습니다. 그래서 길을 찾다가 여기에 왔습니다. 만약 신들에게 길을 통하도록 가르쳐 준다면 우리 왕이 반드시 君王에게 덕이 있다고 할 것입니다'라 하였다. 이 때 久氐 등에게 '전부터 동쪽에 귀한 나라가 있다고 들었지만 아직 왕래한 적이 없어 그 길을 알지 못한다. 바다가 멀고 파도가 험하여 큰 배를 타야 겨우 통할 수 있을 것이니 비록 길을 안다 하더라도 어떻게 도달할 수 있겠는가'라 하였다. 그러자 久氐 등이 '그렇다면 지금은 갈 수 없겠습니다. 그렇지 않고 가려면 다시 돌아가서 배를 갖춘 뒤에 가야 하겠습니다'라 하고 '만약 귀한 나라의 사신이 오면 반드시 우리나라에도 알려 주십시오'라 하고 돌아갔다"고 하였다. 이에 斯麻宿禰는 從者 爾波移와 卓淳人 過古 두 사람을 백제국에 보내어 그 왕을 위로하였다. 이 때 백제 肖古王은 매우 기뻐하며 후하게 대접하고, 다섯 가지 빛깔의 綵絹 각 1필과 角弓箭 및 鐵鋌 40枚를 爾波移에게 주었다. 또 보물창고를 열어 여러 가지 진기한 것들을 보여주며 "우리나라에는 이같은 진기한 보물들이 많이 있다. 귀한 나라에 바치고자 하나, 길을 알지 못하여 마음만 있을 뿐 따르지 못하고 있다. 그러나 지금 使者에게 부쳐서 바친다"고 하였다. 이에 爾波移가 일을 받들고 돌아와서 志摩宿禰에게 보고했다. 바로 卓淳으로부터 돌아왔다. 『日本書紀』 권 9 氣長足姬尊 神功皇后

지명 비정에는 '침미다례'가 있다. '침미다례'는 일본어로 '도무다레'로 읽는 다면서 일본어 발음으로 위치 비정을 시도한다. 스에마쓰는 이곳을 '도무' 군(지금의 전남 강진)이라고 했다. 한자로 위치를 찾는게 불가능하니까 일본 어 발음으로 비슷한 지명을 찾은 것이다.[72] 스에마쓰는 이런 주관적이고 비 합리적인 위치 비정을 통해서 임나의 강역을 경상남도 남부에서 경상남북 도와 전라남북도까지 확장시켰다.

스에마쓰의 위치 비정은 거의 언어학적 방법에 따르고 있는데, 그는 한국 어에 대한 음운학적 지식이 없었다. 그의 위치 비정을 아유카이의 『일본서 기 조선지명고』에 나와 있는 지명과 비교하면 거의 그대로 빌어다 사용한 것임을 확인할 수 있다.[73]

스에마쓰의 위치 비정에 대해서 언어학자 이병선은 "지명이란 원래 보통 명사에서 고유명사로 굳어진 것이므로, 같은 계통의 지명이 한국 땅은 물 론 대마도나 규슈에도 넓게 분포하는 것인데, 이에는 상관없이 어형(語形) 과 차자(借字)가 비슷하면 함부로 비정하여 한국 고대사를 마음대로 조작 했다."고 비판했다.[74] 반면에, 한국의 주류 학자들은 스에마쓰의 연구를 높 이 평가했다. 이홍직은 "스에마쓰 야스카즈의 연구는 이마니시 류의 연구 를 능가하면서 신라사 연구를 한 단계 진전시킨 것"으로 평가하는 동시에 "관계 자료의 방색과 망라, 자료에 대한 적절한 판단, 구상과 통찰력에서의 탁월한 사관, 자료의 한계를 넘지 않는 역사가로서의 진실한 태도 등을 갖 고 있다"면서 "앞으로의 연구는 그의 논저를 토대로 구명되어야 한다."고까 지 말하였다. 김철준, 이기동, 신형식도 스에마쓰의 연구를 "삼국시대사의

---

72) 황순종, (2018), 앞의 논문.
73) 정암, (2017), 앞의 논문.
74) 이병선, 『임나국과 대마도』, (아세아문화사, 1987), P. 5.

연구 성과라 할 것은 스에마쓰 야스카즈 박사의 신라의 정치사적 체계…
정도"라거나 "초기 신라사·삼국사를 과학적인 방법으로 연구하기 시작한
이" 등으로 극찬했다.[75]

4. 임나의 강역

『일본서기』에는 고구려, 백제, 신라, 임나를 작은 읍락국으로 볼 수밖에
없는 기록들이 나온다. 임나와 신라가 고작 비단 100필 때문에 서로 원한
을 맺거나, 신라를 구원하거나 정벌하는 병사가 수 백명에 불과하거나, 임
나 4현과 백제가 이웃 동네처럼 가깝다는 기사가 그것이다.

> "蘇那曷叱知에게 많은 상을 주고 붉은 비단 1백 필을 가지고 가
> 임나왕에게 주게 하였다. 그러나 신라인이 길을 막고 그것을 빼앗
> 았다. 그 두 나라의 원한은 이때 처음으로 시작되었다."
>
> _ 垂仁天皇 2년(BCE 28)[76]

> "고려왕이 날랜 병사 100명을 보내어 신라를 지켜 주었다."
>
> _ 雄略天皇 8년(464)[77]

> "新羅를 정벌하러 갔던 장군 吉備臣尾代의 행렬이 吉備國에 이르
> 러 집을 지나갔다. 뒤를 따르던 500蝦夷들이 천황이 죽었다는 말
> 을 듣고.."
>
> _ 雄略天皇 23년(479)[78]

---

75) 최재석, (2016),『삼국사기 불신론 비판』, 만권당, pp. 216~217
76) "故敦賞蘇那曷叱智 仍齎赤絹一百匹 賜任那王 然新羅人遮之於道而奪焉 其二國之怨 始起於
是時也"『日本書紀』권 6 活目入彦五十狹茅天皇 垂仁天皇
77) "高麗王 遣精兵一百人守新羅"『日本書紀』卷第十四 大泊瀨幼武天皇 雄略天皇
78) "是時 征新羅將軍吉備臣尾代 行至吉備國過家 後所率五百蝦夷等 聞天皇崩 乃相謂之曰"『日

"겨울 12월 백제가 사신을 보내어 조(調)를 바치고 따로 표를 올려 임나국(任那國)의 상다리(上哆唎)·하다리(下哆唎)·사타(娑陀)·모루 (牟婁의) 4현을 청하였다. 다리국수(哆唎國守)인 수적신압산(穗積 臣押山)이 "이 4현은 백제와 인접해 있고 일본과는 멀리 떨어져 있 습니다. (백제와 4현은) 아침저녁으로 교통하기 용이하고 닭과 개 의 소리도 어느 쪽의 것인지 구별하기 어렵습니다. 이제 백제에게 주어 같은 나라로 합치게 한다면, 굳게 지키는 대책이 이보다 나은 것이 없습니다."

_ 繼體天皇 6년(512)[79]

이것은 『일본서기』에 나오는 '고려·백제·신라'가 한반도의 諸國이 아니 라, 대마도나 일본 열도의 소규모 분국이었다는 것을 알게 해준다.

5. 『삼국사기』·『삼국유사』 불신의 문제

임나일본부설의 근거는 『일본서기』에만 나온다. 따라서, 『일본서기』를 제외하면 임나일본부는 설 자리가 없다. 그런데도 『일본서기』의 사료적 가 치를 인정하는 연구자들은 『일본서기』가 백제 3서(《百濟記》·《百濟新撰》· 《百濟本記》)를 바탕으로 720년 경 백제계 史家들에 의해 기록된 것이기 때 문에 120년 기년의 문제, 과장되거나 주체가 바뀐 것, 모순된 것을 걷어내 고 나면 『일본서기』를 통해서만 고대 한반도 諸國과 일본 열도의 관계사를 확인할 수 있다고 한다. 그러나, 이런 주장을 반대로 생각하면, 한반도 4국 이 주체가 되어 기록한 『삼국사기』 「백제본기」·「신라본기」·「고구려본기」와

本書紀』卷第十四 大泊瀨幼武天皇 雄略天皇
79) "冬十二月 百濟遣使貢調 別表請任那國上哆唎下哆唎·娑陀·牟婁·四縣 哆唎國守穗積臣押山奏 曰 此四縣 近連百濟 遠隔日本 旦暮易通 鷄犬難別 今賜百濟 合爲同國 固存之策 無以過此 然縱賜 合國'『日本書紀』卷第十七 男大迹天皇 繼體天皇

『삼국유사』「가락국기」보다, 일본으로 귀화해서 '백제계 일본인'의 입장에서 쓴 『일본서기』의 기록이 더 정확하며 『일본서기』를 기준으로 한일 고대사를 바라봐야 한다는 뜻이 된다. 따라서, 일제 식민사학자들이 그랬던 것처럼 『일본서기』를 근거로 할 때는 반드시 『삼국사기』나 『삼국유사』 기록을 부정하게 되는 문제가 발생한다. 『일본서기』에서만 '임나일본부'와 '임나7국' '임나=가야'는 존재하기 때문이다.

황순종은 "한국과 일본을 막론하고 '임나=가야'를 주장하는 학자들의 공통점은 『삼국사기』 불신론을 주창하고 있다. 『삼국사기』를 인정하면 『일본서기』의 내용을 사실이라고 주장할 수 없기 때문에, 즉 한반도 남부에 임나가 있었다고 주장할 수 없기때문에 『삼국사기』 자체를 부정하고 나온 것이다."[80]라고 비판한다.

『삼국유사』의 가야와 『일본서기』의 임나 기록은 서로 다르다. 한쪽은 거짓이거나, 다른 역사기록을 억지로 갖다 붙였다는 뜻이 된다.

첫 번째, 가야 6국과 임나 7국은 나라 숫자도 다르고 이름도 다르다.

표 4. 『삼국유사』와 『일본서기』 가야6국, 임나7국 비교

삼국유사		일본서기	
가야 6국	위치	임나 7국	위치
금관가야	김해	남가라	김해
대가야	고령	가라	고령
고령가야	상주	탁순	대구
아라가야	함안	안라	함안
성산가야	성주	다라	합천
소가야	고성	탁국	경산
		비자발	창령

---

80) 황순종, (2018), 앞의 논문.

두 번째, 건국 시기가 다르다. 『삼국유사』에서 수로(首露)의 대가락(大駕洛, 가야국伽耶國)이 건국되는 시점은 CE 42년이지만, 『일본서기』에 '임나(任那)'가 처음 나오는 것은 崇神 65년(BCE 33)이고, 垂仁 2년(BCE 28)에 '(임나왕)任那王'이 등장한다.

세 번째, 멸망 시기가 다르다. 『일본서기』는 임나가 가야와 같은 해(562년) 멸망당했다고 기록하고는 정작 그 후에도 5차례에 걸쳐서 '임나'가 등장하고, 멸망 후 76년이 지난 시점까지 조공을 바친다.[81]

네 번째, '임나=가야'의 근거로 제시되는 『삼국사기』의 '임나가량任那加良'[82]과 「진경대사탑비문」의 '임나왕족任那王族'[83], 광개토대왕릉비의 '임나가라任那加羅'는 '임나'가 존재했다는 근거는 될 수 있어도, 정작 임나가 어디인지는 알 수 없다. 만약, 임나가 가야라면 『삼국사기』나 『삼국유사』 가락국기에 '임나'가 나와야 하는데 전혀 기록이 없다.

V. 왜와 백제의 관계 小考

'임나일본부'의 용어에 대해서 일반적으로 '부(府)'는 사신(使臣)이고, '日本'은 왜(倭)가 日本으로 국호를 바꾼 670년 이후에 조작해 넣은 것으로 보고 있다. 그런데, '日本府'가 원래의 명칭이 맞고, '日本'이 왜를 뜻하는 국

---

81) "(十年) 是歲 百濟新羅任那 竝朝貢" (10년, 638) (이 해 백제·신라·임나가 나란히 조공하였다.) 『日本書紀』 권 23 息長足日廣額天皇 舒明天皇

82) "王驚喜, 恨相見之晚. 問其姓名, 對曰, "臣本任那加良人, 名字頭." 王曰, "見卿頭骨, 可稱强首先生." 왕이 놀라고 기뻐하며 그를 늦게 만난 것을 유감스러워 하였다. 그 성명을 물으니 "신은 본래 임나가량(任那加良) 사람으로 이름은 우두(牛頭)입니다."라고 대답하였다. 왕이 "그대의 머리뼈를 보니 강수선생이라고 부를 만하다."고 하였다. 『삼국사기』 列傳 第六 〉 强首

83) "大師諱審希俗姓新金氏其先 任那王族" (대사의 속성은 金씨이고 이름은 심희이며 그의 선조는 임나왕조이다.)

호가 아니라 '백제' 즉, 당시 키타큐슈(北九州)에 존재했던 백제계 분국을 말한다면[84] 임나일본부는 '임나국(대마도)과 교통하는 백제 분국의 사신'으로 보인다.

소위 임나일본부와 관련 있는 인물을 분석하면 이들이 원래는 '백제인을 조상으로 하는 인물'이면서 '백제왕에 의해 임명된 백제관료'이고,[85] 키타큐슈 출신으로 '야마토조정과는 별도의 독립적인 정치집단'으로 간주하고 있으며,[86] 『일본서기』의 임나 관련 기사의 주체를 왜가 아닌 백제로 바꿔서보면 임나일본부는 왜가 임나에 세운 것이 아니라 '백제가 임나에 세운 기관'[87]으로 보기 때문이다. 따라서, 키타큐슈의 백제분국에서 임나에 파견한 사신을 '임나일본부' 즉, '在任那百濟系倭臣(임나-대마도-에 파견된 백제계 왜신)'이라고 했던 것이다.

신라는 건국 초기부터 나물 이사금까지 380년 동안(BCE 57~324) 총 13차례에 걸친 왜의 침략을 받았는데, 이에 반해서 백제는 왜의 침략을 단 한 번도 받지 않았다. 오히려 왜는 404년, 백제와 대립하고 있던 고구려 대방지역을 공격하기까지 한다.[88]

---

84) "于時日本餘噍, 據扶桑以逋誅; 風谷遺甿, 負盤桃而阻固." (이때 일본(日本)의 남은 백성은 부상(扶桑)에 의지하여 주벌을 피하였고, 풍곡(風谷)의 남은 백성들은 반도(盤桃)를 의지하여 굳게 저항했다···」「예군 묘지명」예군((禰軍, 613~678)은 의자왕과 함께 투항해 관리가 된 뒤 일본에 사신으로 파견됐던 자로 묘지명의 일본은 백제를 가리키는 것으로 보고 있다.

85) 서보경. 『日本書記』한반도 관계 기사 검토." 국내박사학위논문 高麗大學校 大學院, 2004. 서울

86) 연민수, 「임나일본부론-소위 일본부관인 출자를 중심으로-」『東國史學』24, (1990);『고대한일관계사』, (혜안, 1998).

87) 千寬宇,『復元 加耶史』(上)(中)(下)『文學과 知性』28·29·31, (1977, 1978);『加耶史研究』, 一潮閣, (1991), 천관우는 '백제군사령부'로 보았다.

88) "十四年 甲辰 而倭不軌侵入帶方界" 14년 갑진에 왜가 법도를 지키지 않고 대방(帶方) 지역에 침입하였다.

표 5. 『삼국사기』와 광개토대왕릉비문 기록 비교

*밑줄은 왜와의 전투 기록

연대	삼국사기			광개토대왕비
	고구려본기	백제본기	신라본기	
391년	광개토왕이 즉위하다(5월)			
	10개의 백제성을 빼앗다(7월)			
	백제 관미성을 빼앗다(10월)			
392년	남쪽 변경에서 백제의 침략을 물리치고 평양에 사찰을 창건하다(8월)	고구려의 공격을 받아 10성을 빼앗기다(7월)	이찬 대서지의 아들 실성을 고구려에 보내 볼모로 삼다(1월)	
		고구려가 관미성을 쳐서 함락시켰다(10월)		
		진사왕이 구원의 행궁에서 죽다(11월)		
393년	정예기병 5천으로 백제의 침략을 물리치다(7월)	동명의 사당을 배알하다(1월)	왜인이 와서 금성을 포위하자 독산에서 대승을 거두다(5월)	
	남쪽에 7성을 쌓아 백제의 침략에 대비하였다.(8월)	관미성 탈환을 위해 진무를 출정시키다(8월)		
394년	패수에서 백제와 싸워 이기다(8월)	고구려와 수곡성 아래에서 싸워 패배하였다.(7월)		
395년		혜성이 나타나서 20일 만에 사라지다	말갈이 침입하자 이를 물리치다(8월)	
		고구려와 패수에서 싸워 크게 패하다(8월)		
		패수전투 패배를 만회하기 위해 출정했으나 눈이 크게 내려 회군하다(11월)		

연대	삼국사기			광개토대왕비
	고구려본기	백제본기	신라본기	
396년				수군을 이끌고 백제를 토벌함
397년		왜국과 우호관계를 맺고 태자를 파견하다 (5월)	하슬라에 흉년이 들어 죄수를 사면하고 세금을 감면해 주다 (7월)	
398년		고구려를 공격하기 위해 한산 북쪽에 이르다 (8월)		신라 내물왕이 구원을 요청함
399년	후연이 고구려의 신성과 남소성을 빼앗다 (2월)	고구려 공격을 위해 군사와 말을 징발하다 (8월)	누리가 날아와 들판을 덮다 (7월)	신라 내물왕이 구원을 요청함
400년		혜성이 규와 루 성좌에 나타나다 (2월)	살별이 동쪽에 나타나다 (8월)	기병과 보병 5만명을 보내 신라를 구원함
		일식이 일어나다 (6월)	왕이 타던 내구마가 슬프게 울다 (10월)	
401년	후연 숙군성을 공격하다		봄과 여름에 가물다	
			고구려에 볼모로 갔던 실성이 돌아오다 (7월)	
402년		큰 가뭄이 들어 왕이 기우제를 지내다	나물 이사금이 죽다 (2월)	
		왜국에 사신을 보내 큰 구슬을 요청하다 (5월)	실성이사금이 즉위하다 (2월)	
			나물왕의 아들 미사흔을 왜에 볼모로 보내다 (3월)	
403년	후연을 침략하다 (11월)	왜국에서 사신이 도착하다 (2월)	백제가 변경에 침입하다 (7월)	
		신라 변경을 공격하다 (7월)		
404년	후연이 요동성 공격에 실패하다 (1월)		시조묘를 배알하다 (2월)	왜가 대방에 침입하여 궤멸시킴

연대	삼국사기			광개토대왕비
	고구려본기	백제본기	신라본기	
405년	해충과 가뭄으로 농작물이 피해를 입다(7월) 후연이 목저성을 공격해왔으나 패배하다 (12월)	흰 기운이 왕궁의 서쪽에서 일어나다 (3월) 전지왕이 즉위하다 (9월)	왜병이 퇴각하는 것을 매복하여 물리치다(4월)	
406년	궁궐을 증축 수리하다(2월)	동명왕의 사당을 배알하다(1월)	누리가 곡식을 해치다(7월) 서울에 지진이 일어나다(10월)	
407년	북연에 사신을 보내다(3월)		왜인이 동쪽 변경을 침입하다(3월) 왜인이 남쪽 변경을 침입하다(6월)	보병과 기병 5만 출병
408년			대마도에 군영을 정벌하려다 그만두다(2월)	

당시 왜의 항해술과 조선술은 9세기 말까지 견당사를 태워 보낼 수 있는 원거리 항해용 배가 없어서 신라에 부탁해서 배를 빌릴 정도였다. 만약, 대마도나 키타큐슈의 백제 분국이 없었다면, 고구려와 신라 공략에 투입할 수 있는 上陸戰船과 병력 조달은 불가능하다. 따라서, 신라와 고구려를 공격한 왜는 일본 열도에 있는 백제 분국의 '백제계 왜인'으로 보인다.

신라를 침략한 倭軍(倭人, 倭兵)에 대해서 일본 학자들은 일본열도에서 계절적으로 바다를 건너 내습하여 물건과 사람을 약탈하는 해적 집단이며[89] 대마도를 병참지로 삼은 해적으로 그 실체는 北九州의 왜인일 것으로 파악하였다.[90] 한국학계에서는 대체로 九州지역의 독자적 정치세력이 『삼국사

---

89) 旗田巍, 〈三國史記新羅本紀にあらわれた倭〉 ≪日本文化と朝鮮≫ 2, (1975).

90) 山尾幸久, 〈任那日本府と倭について〉 ≪史林≫ 56-6

기』 신라본기 등에 나타난 '倭'의 실체일 것으로 보는 경향이 강하고 畿內의 야마토 정권을 배제하려는 분위기가 일반적이다.[91]

필자는 이러한 倭의 실체에 대한 기존의 논의에서 한 걸음 더 나아가서 機內의 大和倭는 가야계이고, 北九州의 왜는 '日本'으로 칭해지는 백제의 분국이었기 때문에, 백제계 日本府는 가야계 大和倭의 간섭을 받지 않으면서 정치, 군사 활동을 독자적으로 펼치는 것이 가능했고, 백제 분국의 병참기지이자 한반도 남부에서 가장 가까운 對馬島가 任那였기 때문에 '任那日本府는 北九州의 백제 분국에서 임나와 교통하는 백제계 사신'으로 보는 것이다. 『일본서기』 흠명기에서 백제 성왕이 日本府 臣과 任那 執事를 소집해서 "任那라는 나라는 우리 백제와 예로부터 子弟가 되기를 약속하였다."[92]라며 命을 내린 것도 임나가 일본부를 통해 백제 분국과 교통하면서 백제의 命을 받는 나라였다는 것을 확인시켜준다.

그렇다면, 함안의 아라가야로 추정하고 있는 '安羅'는 어떻게 해석해야 할까?

광개토대왕릉비문 영락 10년 조의 '安羅人戌兵'에 대해서 기존에는 '安羅人'의 '安'을 동사로 봐서 "신라인을 배치하여 戌兵하게 하였다"고 해석

---

91) 李鍾恒, 〈三國史記에 보이는 倭의 實體에 대하여〉 ≪國民大學論文集≫ (인문과학편) 11, (1977).; 延敏洙, 〈5世紀 以前의 新羅의 對倭關係〉 ≪日本學≫ 7, 8~9, (1988, 1989).; 金澤均, 〈三國史記 新羅의 對倭 關係 記事 分析〉 ≪江原史學≫ 6, (1990).; 李鍾旭, 1992 〈廣開土王陵碑 및 三國史記에 보이는 '倭兵'의 正體〉 ≪韓國史市民講座≫ 11, (1992).

92) "夫建任那國 唯在大王 欲冀遵王 俱奏聽勅 聖明王謂之曰 任那之國 與吾百濟 自古以來 約爲子弟 今日本府印岐彌謂在任那日本臣名也 旣討新羅 更將伐我 又樂聽新羅虛誕譎語也 夫遣印岐彌於任那者 本非侵害其國未詳 往古來今 新羅無道 食言違信" ("무릇 任那國을 세우는 일은 오직 대왕에게 달려 있습니다. 왕을 따르고자 하니 모두 갖추어 아뢰어 (천황의) 勅을 듣도록 합시다"라고 말하였다. 聖明王이 이들에게 일러, "任那라는 나라는 우리 백제와 예로부터 子弟가 되기를 약속하였다. 이제 日本府印岐彌가 이미 신라를 토벌하고 다시 장차 우리(백제)를 치려고 하며, 또 신라의 허망한 거짓말을 즐겨 듣는다.) 『日本書紀』 卷第十九 天國排開廣庭天皇 欽明天皇

하거나[93] '安羅'를 고유명사로 봐서 '안라인이 戌兵하다'로 보거나[94], 일반적으로 '안라인의 戌兵'으로 해석[95]하고 있지만, 앞서 '임나일본부'처럼 용어 그대로 해석하면 ①비문의 맥락상 고구려와 적대관계였던 백제는 아니며, ②백제와 연합하고 있던 가야세력으로 보기는 어렵기 때문에 함안의 안라가야는 더욱 아니며, ③친신라계 또는 친고구려계 세력이지만 『삼국사기』와 『삼국유사』 등 우리 사서에 전혀 나오지 않다가 고구려의 南征기사에만 나온 것을 보면, 평소에는 고구려와 접하지 않고 있던 한반도 밖의 나라, 즉 對馬島나 北九州에 위치했던 신라의 분국 '안라'로 봐야 한다. 실제로 『일본서기』에서 안라는 신라와 공모하거나 고구려와 통하면서도 백제와는 거리를 두고 있다.

> "같은 달, 近江毛野臣을 安羅에 사신으로 파견하여 신라에 천황의 칙을 전하여 남가라(南加羅)와 탁기탄(啄己吞)을 재건토록 권하였다."
>
> _ 계체기 (529년 3월(음)

> "安羅·加羅·卓淳의 旱岐 등이 처음으로 사신을 보내고 서로 통교하여 친교를 두터이 맺어.."
>
> _ 흠명 2년(541년 4월(음)

---

93) 王健群 著·林東錫 譯, 廣開土王碑硏究, (역민사, 1985), 266~268½.

94) 유우창, 「대외관계로 본 가라국의 발전 - 5세기대를 중심으로」, 지역과 역사 16, (2005), P. 188.

95) 延敏洙, 「廣開土王碑文에 보이는 倭關係 記事의 檢討」, 東國史學 21, (1987). ; 李永植, 「伽倻諸國의 國家形成問題」, 白山學報 32, 1985 ; 『加耶諸國과 任那日本府』, 吉川弘文館, (1993), pp.171~172 ; 金鉉球, 「任那日本府硏究: 韓半島南部經營論批判」, 一潮閣, (1993), P.99 ; 白承忠, 앞의 논문, (1995), P.102 ; 2002 「安羅國의 對外關係史 試考」, 『古代 咸安의 社會와 文化』, pp.46~47 ; 『廣開土王陵碑文』에서 본 加耶와 倭, 國立歷史民俗博物館硏究報告 110, (2004), P. 586 ; 이영식, 「가야와 고구려의 교류사 연구」, 韓國史學報 25, (2006), pp.62~63 ; 연민수, 「광개토왕비에 나타난 고구려의 남방 세계관」, 『광개토왕비의 재조명』, 동북아역사재단, (2013), P.241

"百濟는 安羅의 日本府가 新羅와 더불어 계책을 공모한다는 말을 듣고.."

_ 흠명 2년(541년 7월)(음)

"百濟가 사신을 보내 安羅 등이 高麗와 통함을 보고함"

_ 흠명기 548년 4월 3일(음)

VI. 나가며

지금까지 임나일본부가 한일 고대사의 쟁점으로 형성되는 과정을 살펴보았다. 먼저, 우리나라에서는 19세기 한진서와 김택영, 장지연, 현채 등이 《일본서기》와 하야시의 《조선사》에 영향을 받아 임나일본부의 설치와 신공황후의 신라침공을 인정하였다.

일본에서 임나일본부설을 전개한 것은 일본군 참모본부에서 시작되었다. 광개토대왕비문을 일본입장에서 해독한 『會餘錄』과 동경제국대학 교수들이 쓴 《국사안(國史眼)》(1890), 하야시 다이스케(林泰輔)의 《조선사》(1892), 나카 미치요(那河通世)의 「上世年紀考」(1893), 이마니시 류의 「加耶疆域考」(1912), 아유가이 후사노신(鮎貝房之進)의 임나위치 비정을 거치면서 임나일본부의 한반도 남부 지배는 정설화 되었다.

전후에 스에마쓰 야스카즈(末松保和)는 『임나흥망사(任那興亡史)』(1949)를 써서 그동안의 연구를 총정리하였다. 임나 지명을 한반도 남부에 비정했고, 『삼국사기』와 『삼국유사』의 가야 기록을 부정했다. 가야의 국가 단계에 대해서도 부정적이며 낮은 수준으로 보았다.

1963년 북한의 김석형이 스에마쓰의 설에 대한 반론으로써 '분국론'을 제기하였다. 분국론은 이후 임나일본부에 대한 다양한 해석을 할 수 있는 계기를 마련해서 이병선, 윤내현, 최재석, 황순종 등이 '임나 대마도'설을 제기하고, 김인배·김문배, 조희승이 '임나 큐슈'설을 제기했다. 임나일본부의 활동시기와 활동무대에 대한 재해석도 이루어졌다.

『일본서기』 신공왕후의 삼한정벌을 배제하고, 임나일본부의 활동 시기를 6세기 중반으로 제한하여 임나일본부는 야마토의 지시를 받지 않고 독자적으로 안라에서 활동한 사신, 또는 왜인 집단으로 보는 해석이 주를 이루고 있다.

임나일본부는 고대 한일관계사 연구의 출발점이다. 그렇기에 임나일본부에 대한 다양한 논의가 진행되었고 과거의 식민통치기관에서 출선기관으로, 사신과, 왜인 집단으로 임나일본부의 역할과 의미가 약화 되고, 가야의 주체성을 중시하여 고대 한반도 남부의 역사와 한일 관계사를 재정립하려는 연구가 이루어지고 있지만, 기존 연구는 6세기 전반기에 집중적으로 등장하는 '임나일본부'가 무엇인지를 규명하는 데만 치중했다.

'임나=가야'라는 전제는 스에마쓰가 『일본서기』 지명을 비합리적으로 한반도 남부에 비정한 것을 이병도, 김정학 등 한국학자들이 무비판적으로 수용하면서 일반화되었다. 북한 김석형과 조희승이 분국론과 기비설, 한국의 이병선, 최재석 등이 임나=대마도설을 제기했지만 임나=가야 설은 정설로 확고해지고 있다. 따라서, '임나=가야'라는 전제가 바뀌지 않는 한 『일본서기』를 중심으로 한일 고대사를 보는 인식, 즉 왜의 가야에 대한 지배권 또는 우월적 관계라는 인식을 극복하였다고 할 수 없다. 결국, '임나=가야'라는 인식은 『일본서기』를 근거로 『삼국사기』, 『삼국유사』의 기록에서 보여지는 한일 고대사를 인정하지 않는 것에서 출발한다.

필자는 『삼국사기』 「신라본기」에 보이는 '倭'의 신라 침략과 후퇴 경로, 신라의 대마도 공략계획을 확인하여, 이들이 '對馬島를 본거지로 하는 倭

人'이며 '야마토 정권의 통제를 받지 않는 독자적인 활동'이었다는 것을 확인하였다. 또한, 『삼국사기』「백제본기」에 '倭'의 백제 침략이 한 차례도 없었다는 것, 오히려 서해를 돌아서 고구려 대방지역을 침략한 기사가 보이는 등 백제와 倭가 공모한 것으로 보이는 활동을 확인할 수 있었다.

그동안 『삼국사기』「신라본기」에 보이는 '倭'의 실체에 대해서 '대마도 또는 北九州의 倭人'이라고 보거나, '任那日本府'의 '日本'을 후대에 첨가한 호칭으로 봤지만, 필자는 신라와 고구려를 공략한 倭는 '北九州나 對馬島에 있는 백제의 분국 즉, 백제계 倭인을 뜻하는 '日本'의 통제를 받는 '任那'의 군병력으로 봤다.

이들은 야마토왜의 통제를 받지 않는 독자적인 활동을 했고, 당시 야마토왜가 신라와 고구려를 공략할 수 있는 정도의 항해술과 병력, 무기를 갖지 못했던 점이 하나의 근거이며, 광개토대왕릉비에 보이는 '任那加羅 從拔城'을 '대마도의 왜 본영'으로, '安羅人戍兵'을 '(고구려가) 신라분국인 안라인이 (종발성에서 항복한 倭를) 지키도록 한 것'으로 해석했다. 이와 같이 해석한 이유는 『일본서기』(720년) 편찬에 참여한 백제계 史家들이 자신들의 고국인 백제를 중심으로 일본사를 재편하기 위해서 의도적인 과장과 변조를 하면서도, '在安羅諸倭臣', '安羅日本府', '日本府卿' 등 호칭에는 일정한 규칙과 사실을 담았을 것이라는 가정에서 『삼국사기』 기록을 토대로 재해석한 것이다.

『일본서기』에 가야의 역사가 보이지 않는 이유는 가야가 임나였거나 가야의 세력이 미약해서라기보다는, 畿內의 大和倭가 가야계였기 때문이다. 『일본서기』를 편찬한 백제계 史家들은 大和倭와 백제분국을 중심으로 한일 고대사를 재편했다. 따라서, 『일본서기』 신공조는 고구려·백제·신라가 나누어 다스리던 '대마도'를 '임나'로 바꾸고, 정벌의 주체를 백제에서 신공왕후로 바꾸어 가야계 大和倭의 위상을 높이고, 임나 재건을 백제 성왕이 주관한 것으로 하여 '임나'의 진실을 알 수 있는 단서를 놓았다.

『일본서기』를 고대 일본의 역사로 바라볼 때, 임나와 일본부의 진위가 드러난다고 생각한다. 필자의 미력한 小考와 단서를 체계적으로 밝혀주는 연구가 진행되기를 바라본다.

참·고·문·헌

1. 단행본

• 『삼국사기』

• 『삼국유사』

• 『역주 일본서기』 동북아역사재단, 2013

• 안경전 역주, 『환단고기』 상생출판, 2012

• 한영우, 『역사학의 역사』, 서울 : 지식산업사, 2002

• 문정창, 『한국사의 연장-고대 일본사』, 1973

• 최재석, 『고대 한일 관계사 연구』, 서울: 경인문화사, 2010

• 황순종, 『임나일본부는 없었다』, 서울: 만권당, 2016

• 김인배·김문배, 『任那新論』, 고려원, 1995

• 조희승 지음, 이덕일 주해, 『임나일본부의 해부』, 말, 2020

• 정효운, 『고대 한일 정치교섭사 연구』, 학연문화사, 1995

• 남창희. 『한일관계 2천년-화해의 실마리』. 상생출판, 2020

• 김현구. 『임나일본부설은 허구인가』, 창비, 2010

• 이병선. 『임나국과 대마도』. 아세아문화사, 1987

• 최재석. 『삼국사기 불신론 비판』. 만권당, 2016

• 金鉉球, 「任那日本府研究: 韓半島南部經營論批判」, 一潮閣, 1993

• 千寬宇, 『加耶史研究』, 一潮閣, 1991,

• 李永植, 『加耶諸國と任那日本府』, 吉川弘文館, 1993

• 王健群 著·林東錫 譯, 『廣開土王碑研究』, 역민사, 1985.

• 井上秀雄, 『任那日本府と倭』(東京: 東出版, 1973)

• 田中俊明, 『大加耶聯盟の興亡と「任那」』, 東京: 吉川弘文館, 1992

2. 국내 논문

• 이연심. (2018). 일본학계의 '임나일본부' 연구 동향. 역사와 세계, 53, 347-353.

- 남재우. (2014). 「광개토왕비문(廣開土王碑文)」과 『송서(宋書)』로 본 왜(倭)의 가야인식(加耶認識)과 '임나일본부(任那日本府)'. 지역과 역사, 35권, 39-70.
- 한승아. 「日本書紀 神功紀 49年條의 군사작전의 성격과 시기」, 국내석사학위논문 高麗大學校 大學院, 2015. 서울
- 김태식, (1992), 「가야사연구의 현황」, 『한국사시민강좌』11, 일조각, pp.121-122
- 전진국. (2019), 『任那興亡史』의 논지와 학술적 영향에 대한 비판적 검토. 한일관계사연구, 64(), 185-223.
- 이병선. (1991), 임나 (任那) 십국명의 대마도 (對馬島) 비정. 한국학보, 17(1), 1002-1022.
- 서보경. (2004), "『日本書記』한반도 관계 기사 검토." 국내박사학위논문 高麗大學校 大學院, 서울
- 박재용. (2014). 『일본서기』의 '임나(任那)'와 '임나일본부(任那日本府)', 그리고 '임나(任那)의 조(調)'. 지역과 역사, 35(0), 153-188.
- 백승옥. (2015). '임나일본부(任那日本府)'의 소재(所在)와 등장배경. 지역과 역사, 36권.
- 김태식, (2010), 「고대 왕권의 성장과 한일관계 -임나문제를 포함하여-」 『제2기 한일역사공동연구보고서』 1, 한일역사공동연구회.
- 鄭孝雲, (2007), 중간자적 존재로서의 '임나일본부'. 동북아 문화연구, 13권.
- 최재석, (1993), "伽耶史硏究에서의 伽耶와 任那의 混同." 한국민족학 연구 -.1.
- 황순종(Whang, Soon Jong), (2018), 가야사(伽倻史)와 임나일본부설(任那日本府說)에 대한 주류학계의 인식 비판. 세계환단학회지, 5(1).
- 정암, (2017), 「임나의 위치비정에 관한 비판적 검토-스에마쓰의 한반도남부설을 중심으로」, 바른역사학술원 학술자료
- 李鍾恒, (1977), 〈三國史記에 보이는 倭의 實體에 대하여〉 ≪國民大學論文集≫ (인문과학편) 11
- 延敏洙, (1988, 1989), 〈5世紀 以前의 新羅의 對倭關係〉 ≪日本學≫ 7, 8~9

- 金澤均, (1990), 〈三國史記 新羅의 對倭 關係 記事 分析〉≪江原史學≫ 6
- 李鍾旭, (1992), 〈廣開土王陵碑 및 三國史記에 보이는 '倭兵'의 正體〉≪韓國史市民講座≫ 11
- 최재석, (1992), 「임나왜곡사 비판-지난 150년간의 대표적 일본사학자들의 지명왜곡비정을 중심으로-」, 『겨레문화』6.
- 이재석. (2004). 「소위 임나문제의 과거와 현재 -문헌사의 입장에서-」. 역사학연구(구 전남사학), 23권.
- 백승충, (1998), 「문헌에 본 가야 삼국과 왜」『韓國民族文化』12.
- 유우창, (2005), 『대외관계로 본 가라국의 발전 - 5세기대를 중심으로』, 지역과 역사16.
- 千寬宇, (1977~1978), 『復元 加耶史』(上)(中)(下)『文學과 知性』28·29·31.
- 延敏洙, (1987), 「廣開土王碑文에 보이는 倭關係 記事의 檢討」, 東國史學21.
- 李永植, (1985), 「伽倻諸國의 國家形成問題」, 白山學報32.
- 白承忠, (2002) 「安羅國의 對外關係史 試考」, 『古代 咸安의 社會와 文化』.
- 白承忠, (2004), 『廣開土王陵碑文』에서 본 加耶와 倭, 國立歷史民俗博物館研究報告110.
- 이영식, (2006), 「가야와 고구려의 교류사 연구」, 韓國史學報 25.
- 연민수, (2013), 「광개토왕비에 나타난 고구려의 남방 세계관」, 『광개토왕비의 재조명』, 동북아역사재단.

3. 일본 논문

- 菅政友, (1891), 「高麗好太王碑銘考」『史學會雜誌』.
- 那珂通世, (1893), 「高句麗古碑考」『史學雜誌』47·49.
- 三宅米吉, (1898), 「高麗古碑考」『考古學會雜誌』2-1~3.
- 那河通世, (1893), 「上世年紀考」, 『史學雜誌』8.
- 今西龍, (1912), 「加耶疆域考」『朝鮮古史ノ研究』.
- 讀田正幸, (1974), 「六世紀前期の日朝關係 -任那 '日本府'を中心として-」『朝鮮史研究會論文集』11.

- 鈴木英夫, (1996),「加耶・百濟と倭-'任那日本府'論」『古代の倭國と朝鮮諸國』, 靑木書店.
- 大山誠一, (1980),「所謂'任那日本府'の成立について(上)」『古代文化』32-9.
- 請田正幸, (1974),「六世紀前半の日朝關係-任那日本府を中心に」『古代朝鮮と日本』(東京:龍溪書舍).
- 鬼頭淸明, (1992),「所謂任那日本府の再檢討」『東洋大學校紀要』45.
- 鈴木英夫, (2006),「「任那日本府」と「諸倭臣-語義 の分析を中心に-」」『國學院大塋紀要』44.
- 旗田巍, (1975),〈三國史記新羅本紀にあらわれた倭〉≪日本文化と朝鮮≫ 2
- 山尾幸久, (1973),〈任那日本府と倭について〉≪史林≫ 56-6

4. 기타

- 한국사데이터베이스 http://db.history.go.kr/
- 국립해양조사원 www.khoa.go.kr

말갈과 여러 국가(민족) 간의 관계 정립이 한국고대사 인식체계에 미치는 영향에 관한 연구

민성욱

글로벌사이버대학교 강사

Ⅰ. 머리말

우리 역사에서 주변으로 인식되거나 타자화된 역사들이 존재한다. 우리가 잘 알고 있는 부여, 옥저, 동예, 말갈 등이 그들이다. 광복이후 한국사체계를 정립하는 과정에서 사료 부족 등 사유로 배제되거나 주변으로 인식하게 된 것이다. 사실 사료 부족이라기보다는 인식 부족이 더 정확한 표현일 것이다. 특히 그 중에서 말갈은 타자화 되어 한국사 인식 체계로 편입되지 못한 채 현재까지 이르게 되었다. 말갈은 우리 역사에서 기원전 37년부터 등장하여 서기 921년까지 958년 동안 등장한다. 심지어 당대뿐만 아니라 고려사와 조선왕조실록에도 수차례 말갈 기록이 등장하는 것으로 봐서는 그 관계사를 면밀하게 살펴 볼 필요가 있다.

『흠정만주원류고』 제요(提要)에는 "숙신씨부터 이후 한나라 때에는 삼한이 되고, 위나라·진나라 시기에는 읍루가 되고, 원위(북위) 때에는 물길이 되고, 수·당 때에는 말갈·신라·발해·백제의 여러 나라가 되었다. 금나라 때에는 완안부가 되었다." 책머리(券首)에 "사서에서 금나라 선조는 말갈부에서 나왔는데 옛 숙신의 땅이라고 하였다."[1]

『흠정만주원류고』는 한족중심사관에서 벗어나 만주인 지배층의 시각에서 편찬한 것으로 주로 영토와 종족계통의 문제에 대한 강한 집착이 나타나는 책이다. 내용은 기본적으로 만주인이 시대별로 숙신, 읍루, 물길, 말갈, 발해, 여진(건주, 완안)으로 그 종족 계통이 이어지고, 청 제국의 건국은 만주 지역에서 1,000여 년 동안의 이어져 온 종족 계통의 고유한 정치적 및 문화적 발전과 진보의 결과로 설명하고 있다.[2] 따라서 『흠정만주원류고』에

---

1) 남주성 역주, 『흠정만주원류고』 상권, 글모아출판, 2019, pp24~27.
2) 위키백과의 『흠정만주원류고』

서는 금나라의 시조를 신라, 혹은 고려의 인물로 상정하면서 고구려를 제외하고 부여, 삼한, 백제, 신라, 발해 등을 그 종족계통과 역사에 포함시켰다고 할 수 있다. 고구려를 제외했던 이유는 발해와 고구려를 동일시했기 때문으로 추정된다.

말갈은 그 분포지역이 만주 전역에 걸쳐 있었고, 만주 여러 종족 중 대표 종족으로서 오랜 기간 만주에 살면서 동북아 역사에 많은 영향을 미쳤던 종족이기 때문에 만주의 역사를 이해하려면 말갈과 그 관계사를 잘 이해해야 된다. 만주는 원래 부족의 이름이었다. 청태조 누르하치 이전 선조들의 역사를 기록한 『발상세기(發祥世紀)』를 살펴보면,

"장백산의 동쪽에 포고리산이 있고 그 아래에 포륵호리라는 못이 있다. 전설에 의하면 세 명의 선녀가 그 못에서 목욕을 할 때에 신령한 까치가 붉은 과일을 물어다 막내 선녀의 옷 위에 두었는데, 막내가 그 과일을 입에 넣자 문득 뱃속으로 들어갔다. 이로 인하여 그 선녀가 임신을 하게 되어 사내 아이 하나를 낳았다. 아이는 태어나자마자 말을 하였고 몸과 얼굴의 생김새가 기이하였다. 아이가 자라자 선녀는 과일을 먹게 된 연유를 이야기하고, 사내아이에게 애신각라(愛新覺羅)[3]라는 성과 포고리옹순(布庫哩雍順)이라는 이름을 지어 주었다."[4]

이것은 중국 청나라의 지배층인 만주족의 건국신화이다. 후속 이야기로 사내아이가 나면서부터 신비스러운 능력과 외모를 갖추었고, 커서는 세 씨족 사람들의 추대로 임금이 되었다. 우리나라 건국신화와도 비슷하며, 선

---

3) 만주의 성씨는 두 부분으로 되어 있는데 한 부분은 성(姓)이며, 또 한 부분은 혈연종친관계를 나타내는 씨족명(氏族名)이다. 애신(愛新)은 족명(族名)으로서 만주어로 金이란 뜻이다. 각라(覺羅)는 姓氏로서 누르하치의 조상이 처음 거주한 지방인 覺羅(흑룡강성 伊蘭)를 성씨로 삼은 것이다. 우리식으로 하면 본관 + 성으로 예를 들면 '김해 김씨'의 구조와 비슷하다.
4) 남주성 역주, 『흠정만주원류고』 상권, 글모아출판, 2019, p.47.

녀와 나무꾼 이야기와 까치밥 이야기 등을 섞어 놓은 듯하다. 이러한 만주족의 선조인 말갈은 만주족의 뿌리이기도 하지만 한민족과도 일정한 관계를 갖고 있었다. 그 관계사를 제대로 연구해서 우리 역사와의 일정한 관계를 살펴보고자 한다.

1. 연구주제

조선후기 국제질서의 변화에 따른 실학파 등의 역사인식이 단군조선으로부터 출발하여 부여와 고구려를 계승한 발해를 강조함으로써 한국사 강역의 범위를 만주로 확대시켜 한반도 중심의 고대사 인식체계를 극복하고자 하였고, 이것은 대한민국 상해 임시정부의 역사관으로 계승되었다. 대일항쟁기의 신채호, 박은식, 장도빈, 권덕규 등과 같은 민족주의 사학자들과 그들에게 영향을 미친 무원 김교헌은 대일항쟁운동과 민족의식 고취를 위해 민족사 연구에 심혈을 기울였고, 그 결과 부여·고구려 중심의 역사인식을 함으로써 한민족의 공간적 배경이 만주 일대로 확대될 수 있었다. 대한민국임시정부의 역사관을 계승하여 한반도에 갇힌 역사관을 극복하고 진정한 역사 광복을 이루려면 만주지역의 역사를 제대로 이해하고 정립하여야 한다. 오랜 기간 만주지역에 존재했고, 고조선 이후부터 우리 역사와 함께 했으며, 고구려와 발해 시대에는 그 존재감을 확실하게 보여 주었고, 당대뿐만 아니라 후대에도 많은 영향을 미쳤지만 연구가 제대로 이루어지지 않았던 말갈연구를 관계사적인 측면에서 새롭게 접근하여 그 결과에 따라 한국 고대사 인식체계에 어떤 영향을 미치게 될 것인지 연구할 필요가 있어 연구 주제로 선정하였다.

2. 연구목적

본 연구에서는 말갈은 당연히 실체가 있는 나라이므로 거주지역이 있어야 되고, 그 거주 지역을 중심으로 고유한 민족적 특성을 갖고 있었을 것이다. 그리고 말갈과 북방 제 민족들과의 관계도 성립 가능한 것이며, 관계에 따라서는 우호적인 관계를 보여 주기도 하고, 적대적인 관계를 보여 주기도 했을 것이다. 따라서 말갈의 민족적 특성과 만주 및 한반도에 존재했던 여러 민족들과의 관계를 정립하고, 말갈의 역사적, 문화적 전통이 단절이 되었는지 아니면 종족의 명칭만 바뀌었을 뿐 계속 이어져 왔는지도 연구가 이루어져야 된다. 위로는 말갈의 역사적, 문화적 근원을 밝히고 아래로는 오늘날까지 말갈의 민족적 특성이 어떻게 면면히 이어져 왔는지를 고찰해 봄으로써 역사의 주체로서 말갈이 남긴 역사를 제대로 밝히고자 한다. 그것을 통해 한국고대사의 인식체계를 정립하고, 동북아시아의 역사적, 민족적 갈등을 해소하며, 동북아시아의 역사 체계를 확립하고자 한다.

기존 연구에서 한국사에서 말갈을 시대별로 어떻게 인식해 왔는지 살펴보았고, 낙랑과 백제와의 관계 고찰을 통한 말갈의 위치를 비정해 보았으며, 또한 한국사에서 말갈의 위상과 그 역할에 대해서도 정립한 바 있다. 그리고 다른 민족과의 관계사 연구를 통해 말갈의 정체성 확립과 만주지역의 역사를 정리할 필요성이 있어 본격적인 관계사 연구에 앞서 사전 연구로 관계사 연구를 시도하는 것이 말갈연구에 어떤 도움이 되고, 한국사와 동북아시아 역사 연구에 어떤 의미가 있는지 그리고 어떻게 접근하는 것이 좋은지에 대한 시론적인 차원의 연구를 하였다.[5]

---

5) 민성욱, 「한국사에서 말갈 인식에 관한 연구」, 국제뇌교육종합대학원대학교 국학과(박사학위논문), 2011.12.
민성욱, 「낙랑과 백제와의 관계 고찰을 통한 말갈의 위치 연구」, 『선도문화』 제15권, 국학연

이제 말갈연구를 관계사를 통해 좀 더 구체화 해 보도록 하겠다. 수직적으로는 말갈의 계통 중 원류라고 일컫는 숙신에서부터 읍루, 물길, 여진, 만주로 이어지는 과정 속에서 어떤 관계로 설정할 수 있는지와 수평적으로는 고대라는 동일한 시간적 배경과 만주라는 동일한 공간적 배경 속에 등장하는 다른 국가나 민족들 간의 관계를 설정함으로써 말갈의 실체와 그들이 남긴 역사적 흔적을 통해 역사의 귀속 문제와 더불어 역사인식 체계를 제대로 정립하고자 하는 것이다.

한 나라 안에서 형성되고 발전하던 문화는 주변 집단과 끊임없는 상호작용을 통해 한층 더 발전하게 된다. 그래서 관계사 연구가 중요하다. 적대적 관계라고 나쁜 것만 아니다. 백제와 말갈의 관계에서 백제는 건국 초기부터 말갈과의 전쟁준비를 통해 고대국가의 체제를 빠르게 갖추게 되었다.

II. 말갈관련 선행 연구

1. 기존의 말갈연구

기존의 말갈연구 결과들을 통해 한·중·일의 입장 차이에 따라 어떻게 다른 주장들을 해 왔는지 먼저 살펴보면 다음과 같다. 말갈에 대하여 근대적인 연구를 시작한 사람들은 일본인 학자들이었다. 츠다 소우키치(津田左右吉)의 '勿吉考'를 시작으로 도리야마 키치(鳥山喜一), 이케우치 히로시(池內宏), 오가와 히로히토(小川裕人) 등의 연구가 뒤를 이었다. 주로 퉁구스계인

구원, 2013.8.
민성욱, 「한국사에서 말갈의 위상과 역할 정립에 관한 연구」, 『고조선연구』 제3호, 고조선학회, 2014.8.
민성욱, 「말갈과 여러 민족 간의 관계에 대한 시론적 연구」, 『선도문화』 제24권, 국학연구원, 2018.2.

숙신(肅愼), 읍루(挹婁)의 후예라는 전제 하에 말갈 7부의 지리 비정 등이 연구의 주를 이루었다. 이케우치 히로시(池內宏)처럼 물길을 부여족의 일부로서 부여의 변경으로부터 대두한 세력으로 보았다.[6]

이케우치 히로시(池內宏)설을 확대 발전시켜 많은 연구 결과물을 제출한 이는 히노 카이자부로(日野開三郎)이다. 그는 만주 지역주민의 종족계통을 볼 때 그 전신을 퉁구스와 몽고종으로 나누고, 퉁구스는 다시 순퉁구스와 예맥종으로 나누었다. 그리고 말갈 7부 중 속말부(粟末部), 백산부(白山部)는 각각 부여족과 옥저족의 후신으로 예맥종에 속하며 나머지는 순퉁구스종에 속한다고 하여 말갈의 종족 계통이 이원화 되어 있다고 주장하였다.[7]

숙신, 읍루, 물길, 말갈, 여진, 만주족으로 이어지는 일원적 계통론이 그동안의 통설이었지만 이러한 통설에 대한 의문이 그 동안 꾸준히 제기되어 왔고, 최근까지도 계속 되고 있다.[8] 이러한 일원적 계통론과 말갈로 통칭되는 집단 속에는 예맥계 말갈과 숙신계 말갈이 섞여 있다는 다원적 계통론으로 크게 나누어진다. 시라토리 쿠라키치(白鳥庫吉)는 말갈을 거란, 실위, 달단 등과 함께 동호계, 즉 몽고계통의 종족으로 파악하였다. 현재는 숙신계설과 예맥계설로 나뉘어져 있어, 몽골계통이라는 추가 연구는 없는 상태이다.[9]

오가와 히로히토(小川裕人)는 다원적 계통론을 주장한 이케우치 히로시(池內宏)의 물길은 곧 부여라는 설을 비판하면서 말갈이 두만강 유역까지 진출

---

6) 池內宏,「勿吉考」『滿鮮地理歷史硏究報告』15, 1934 ;『滿鮮史硏究』, 上世 第一冊, 1951 재수록.
7) 日野開三郎,「靺鞨7部の 前身 とその 屬種」『史淵』38・39合, 1948 ;『東北アジア民族史 (中)』, 三一書房, 1991 재수록.
8) 河上 洋,「東北アジア 諸民族の 民族的 系譜はいてつ - 肅愼から 渤海へ - 」『硏究論集』2, 名古屋河合敎育硏究所, 2006.
9) 白鳥庫吉,「支那の 北部に 據った 古民族の 種類に 就いて 」,『史學雜誌』11-4, (1900), pp.17~18.

했고, 나아가 고구려 멸망 시에는 강릉 인근까지 진출했다고 주장했다.[10]

이케우치 히로시(池內宏)는 각 읍락마다 長이 있는 등 정치적으로 통일을 이루지 못한 물길이 고구려의 일부 영토를 약취(略取)하고, 숙신을 복속시켰으며, 부여의 왕가를 내쫓을 수는 없다는 전제가 있다면 물길의 지배층과 그 영역 내에 포함되는 주민은 주로 부여족이라고 주장하였다.[11] 이 견해는 숙신 계통과는 구분되는 종족으로 물길(말갈)을 파악한 것으로 다원적 계통론의 효시라고 할 수 있다.

히노 카이자부로(日野開三郎)는 만주지역에서 대규모의 민족이동이 확인되지 않는 다는 상황에서 백산부는 옥저의 후예로, 속말부는 부여의 후예로 보아 예맥계 말갈의 존재를 부각시켰다.[12] 또 만주 동북방의 숙신 계통의 종족이 한반도 지역으로 이동하였을 가능성에 대한 언급도 있다. 말갈이 백제 및 신라와 충돌한 것에 대한 합리적으로 해석하고자 하는 시도에서 비롯된 것으로 볼 수 있는데, 오가와 히로히토(小川裕人)는 고구려 멸망 이전에 강릉 부근까지 남하한 것으로 보았다.[13]

중국에서 말갈연구를 대표하는 학자는 손진기(孫進己)이다. 그는 『동북민족원류』에서 말갈은 하나의 민족도 심지어 하나의 종족도 아니며, 예맥(濊貊)·숙신(肅愼)·고아시아족 등 세 종족 계통의 일부 부락군 및 부락연맹을 포괄하는 이름이었다는 결론을 제출하였다. 그에 따르면 말갈의 속말부는 부여의 후신이고, 백산부는 옥저의 이칭이며, 군리(郡利)와 굴설(窟說) 등은 고아시아 종족의 일부이므로 말갈을 단순한 종족, 혹은 민족으로 파

---

10) 小川裕人, 「靺鞨史研究に 關する 諸問題」『東洋史研究』 5, 東洋史研究會, 1937, pp.69~70.
11) 池內宏, 1934, 앞의 논문 ; 池內宏 1951, 앞의 책, 재인용.
12) 日野開三郎, 「靺鞨7部の 前身 とその 屬種」『史淵』 38·39合, 1948 ;『東北アジア 民族史 (中)』, 三一書房, 1991 재인용.
13) 小川裕人, 1937, 앞의 논문.

악하기가 곤란하다는 주장을 하였다.[14]

이러한 속말말갈(粟末靺鞨) = 부여유민설(夫餘遺民設)에 대해서 동만륜(董萬倫)은 즉각 반론을 제기했다. 그는 속말말갈 출신인 이근행(李謹行)의 묘지명에 "공휘근행기선개숙신지묘예 속말지후야(公諱謹行其先蓋肅愼之苗裔 涑末之後也)"로 기록된 점, 속말말갈은 숙신계통의 언어를 사용했던 점, 말갈인의 경제생활, 생활습속 등이 기본적으로 읍루인(挹婁人)과 기본적으로 동일하여, 이미 문명사회에 진입한 부여인들과는 달랐던 점 등을 논거로 속말말갈인들과 부여인들을 동일한 종족으로 볼 수 없다는 의견을 제시하였다. 그는 백산말갈에 대해서도 언급했는데 그 요점은 "옥저(沃沮)란 한반도의 말갈이며, 이들이 곧 백산말갈이었고 숙신어족에 속한다."는 것으로 이들이 "고구려에 수백 년 동안 예속되어 고구려의 인구 중 많은 수를 차지하였으며, 경제와 문화가 발달하였다. 또한 한반도의 통치자는 언어, 풍속, 의식형태 및 정치제도 등 여러 방면에서 말갈의 영향을 장기간 받았다."는 것이다.[15]

한국의 말갈 연구는 크게 둘로 나뉘는데, 그 하나가 말갈의 종족 계통에 대한 연구이고 , 다른 하나는 『삼국사기』 초기 기록에 보이는 말갈의 실체에 대한 연구이다. 전자는 『삼국사기』 기록의 사실성을 인정하여 말갈이 종족 계통의 다원성을 갖는다는 근거로 이용하는 반면 후자는 기록의 사실성을 부정하며 『삼국사기』의 말갈은 '거짓말갈(僞靺鞨)'이라고 주장한다. 종합적으로 그간 말갈 연구의 주요 주제는 말갈 7부의 거주 지역 고증, 종족계통, 말갈이라는 호칭의 유래, 『삼국사기』 초기 기록에 보이는 말갈의 해석 문제였다고 할 수 있다. 그 중에서도 말갈의 종족계통을 어떻게 보느냐

---

14) 孫進己 著, 林東錫 譯, 『東北民族源流』, 東文選, 1992.
15) 董萬倫, 「白山靺鞨五考」『北方文物』, 1986.

에 따라 여러 학설이 존재한다. 즉 한반도 말갈과 만주 말갈, 예맥계 말갈과 퉁구스계 말갈, 발해말갈과 흑수말갈, 眞靺鞨과 僞靺鞨 등 서로 다른 말갈과의 그 관계를 제대로 규명하고자 지속적으로 노력을 해 왔다.[16]

지금까지의 말갈에 대한 선행 연구를 보면 국내는 주로 『삼국사기』 말갈의 실체를 파악하는데 주력을 했다. 하지만 그 어느 누구도 말갈의 실체를 하나의 독립된 실체로 보는 자가 없었다. 그 이유는 우리 스스로가 그것을 원치 않았기 때문일 가능성이 높다. 그리고 분명 다른 것도 아니고 종족계통과 민족의 구성을 논하면서 흔히 채택하는 연구방식인 통시적 연구와 공시적 연구를 함께 하지 않았다는 것이다. 또한 통시적, 공시적 연구를 통한 교차적 연구도 필요했던 것이다. 그리고 그 동안의 말갈연구는 미시적 연구에 그쳤다. 즉 특정 기사의 내용에 의존하거나 그것을 밝히는 연구를 해 왔던 것이다. 좀 더 거시적인 관점에서 말갈관련 기사를 역사적 흐름 속에서 파악을 하고, 미시적인 요인과 거시적인 요인을 총체적으로 다룰 필요

---

16) 삼국사기에 등장하는 말갈을 중심으로 연구한 연구자와 주요 논저는 다음과 같다.
안정복, 『동사강목』, 경인문화사, 1989.
정약용, 『我邦彊域考』, 범우사, 1995.
서병국, 「말갈의 한반도 남하」 『광운전자공과대학논문집』, 광운전자공과대학, 1974.
유원재, 「삼국사기 위말갈고」 『사학연구』, 충남대학교, 1979.
권오중, 「말갈의 종족계통에 관한 시론」, 『진단학보』, 진단학회, 1980.
이강래, 「삼국사기에 보이는 말갈의 군사활동」, 『영토문제연구』, 고려대학교대학원, 1985.
한규철, 「고구려 시대의 말갈연구」, 『부산사학』, 부산사학회, 1988.
김택균, 「삼국사기에 보이는 말갈의 실체」, 『고구려 연구』, 고구려연구회, 1997.
이홍종, 「삼국사기 말갈기사의 고고학적 접근」, 『한국사학보』, 고려사학회, 1998.
문안식, 「삼국사기, 나제본기 말갈사료에 관하여」, 『한국고대사연구』, 서경문화사, 1998.
조이옥, 「통일신라시대의 말갈연구」, 『이대사원』26권, 이화여자대학교사학회, 1992.
장국종, 『발해국과 말갈족』, 도서출판 중심, 2001.
이동휘, 「삼국사기 말갈의 활동 범위와 성격」, 『부대사학』, 부산대학교 사학회, 2003.
노태돈, 「삼국사기에 등장하는 말갈의 실체」, 『한반도와 만주의 역사와 문화』, 서울대학교 출판부, 2003.
선석열, 「삼국사기 백제 신라본기에 보이는 말갈 인식」, 『지역과 역사』, 선인, 2006.

가 있었다.

이상으로 말갈에 대한 연구사의 검토를 통하여 한국 고대사의 전개과정에서 말갈은 기원전부터 우리 역사의 주변에서 존재해 왔음을 알 수 있었다. 다만 말갈의 실체 즉 종족계통을 숙신-읍루 계통(일원적 계통론)으로 볼 것인지 아니면 예맥계(다원적 계통론)로 볼 것인지 하는 것이 말갈 문제의 핵심이다. 다산 정약용 이래 대부분 연구자들은 『삼국사기』에 나오는 말갈은 濊를 오기 혹은 개서한 것으로 인식하여 왔다. 즉 다산 정약용은 『삼국사기』의 말갈은 동옥저의 濊人이라고 보았다. 중국사서에서 말하는 불내예가 그것인데, 이를 말갈이라 하였던 것이다." 당·송 때 발해 대씨가 우리의 북도를 삼백여 년 차지하였다."라는 기사에서 말하는 발해는 바로 말갈이다. 신라인은 오랫동안 북도를 가리켜 말갈이라고 한 데 익숙해져서 본래부터 그 지역이 그러하였던 것처럼 여겨졌다. 그래서 古記에 전하는 바에 의하면 북으로부터 도적떼가 침범해 오면 말갈이라고 명명하였다[17]라고 하여 통일기 신라인들에 의해 말갈을 동예로 개선되어졌다고 하였다. 정약용의 이러한 견해는 말갈 문제에 대한 이해의 틀을 제공하였다. 그 이후 신채호, 이병도, 이용범, 김철준, 천관우 등도 동예로 인식하였다.[18]

한국·중국·일본 등 동북아시아의 말갈에 대한 선행 연구를 전체적으로 파악해 보니 다음과 같은 문제가 있었다. 전통적인 한국 고대사 인식체계에 따라 『삼국사기』 초기기록을 부정하고 중국사서의 기록만 맹신함으로써 말갈의 실체를 정확하게 파악하지 못하는 오류가 발생하였고, 한국·중

---

17) 정약용, 『강역고』 권2, 여유당전서 제6집
18) 신채호, 『단재신채호전집』 상, 형설출판사, p.128; 이병도, 『한국사 고대편』, 을유문화사, 1959, p.356; 이용범, 「삼국사기에 보이는 대외관계기사」, 『한국고전심포지움』, 일조각, 1980, p.51; 김철준, 「한국고대국가발달사」, 『한국문화사대계 1』, 고대민족문화연구소, 1964, p.501; 천관우, 『한국문화사신론』, 중앙대학교출판사, 1975, p.55.

국·일본 각 국가별로 자국의 이해관계에 따라 자의적으로 해석하여 왜곡을 초래했다. 특히 중국학계의 경우 연구 자체가 동북공정과 연결되는 경향을 보이고 있고, 일본은 과거 만선사관과 일선동조론에 입각한 연구 결과이므로 현재는 그 설득력을 잃은 상태이다. 반면 한국학계는『삼국사기』초기기록에 등장하는 말갈을 동예 등으로 보며 '위말갈설'이 지배적인 인식이었고, 중국사서에 등장하는 말갈은 우리 민족과 다른 이민족 오랑캐로 보았다.『삼국사기』와 중국정사 25사는 그 특성이 다르다. 특정 사서나 사료의 기록만 인정할 것이 아니라 그 내용의 특성에 따라 상호 보완적으로 관련 기록을 비교 및 검토하면 말갈을 인식할 때 훨씬 더 오류를 줄이고 말갈의 실체에 보다 가깝게 접근할 수 있으리라 본다. 또한 기존 연구를 종합적으로 판단해 본 결과 말갈은 역사에 등장하는 시기별로 다르게 인식해야 한다는 결론에 도달하게 되었다. 초기에는 말갈을 만주 및 한반도 북부일대에 분포하고 있었던 예맥계통으로 보아야 하고, 고구려 남하정책 이후에는 고구려에 복속되어 고구려의 변방주민을 일컫는 범칭이 되었다가 후기에는 예맥계와 숙신계의 융합 형태로서 고구려를 구성하는 종족으로, 또는 발해 건국의 주체와 기층민으로 각각 참여하게 된다.

2. 최근의 말갈 관계사 연구

말갈에 대한 연구가 그 동안 단편적이거나 지엽적인 내용에 국한된 것이 사실이다. 또한 실체에 대해서도 밝히고자 하였으나 결과적으로는 더 불투명해지거나 모호해졌다. 그래서 등장한 것이 범칭이나 비칭의 개념이었다. 하지만 말갈은 그 실체가 불투명한 것이 아니었다. 기록들과 고고학적 발굴 성과들이 의미하는 것은 어떤 형태로든 말갈은 그 실체가 있으며, 실체가 있기 때문에 동일한 시공간에서는 그 관계가 성립되고 관계사를 추적해 가다보면 말갈의 역사적인 의미와 가치를 발견할 수 있다고 본다. 그것을 입증이라고 하듯 최근의 말갈 연구의 동향이 주변 나라나 종족과의 관계를 정립하려는 시도와 고고학적 발굴 성과 등을 토대로 한 문화적인 접근방법, 그리고 기존 연구 결과들을 새롭게 해석할 수 있는 가능성을 제시하기도 하였다.

강인욱(2009년)은 서기 2세기부터 4세기까지를 중심으로 말갈문화의 형성과정을 살펴보았고, 그 결과 말갈문화를 기층은 폴체문화로 대표되는 읍루문화권에 있지만, 반농반목의 생계경제는 선비문화계통의 유입이 있었다는 것이다. 고고학적으로는 농경, 유목, 수렵, 채집의 성격이 모두 나타나는 복합경제의 특징이 보이며, 이러한 일련의 과정을 거쳐 부여가 멸망한 이후에 독자적인 세력으로 성장할 수 있었고 발해가 그 기본 주민집단을 말갈에 기반한 것은 이러한 말갈 자체의 내적인 사회발전과 관련이 있다고 보았다.[19]

권은주(2009년, 2011년)는 말갈7부의 출현은 물길을 포함하여 고구려가 주변 여러 집단을 7개의 지역단위로 구분하여 인식한 것과 관련이 있다고 보았고, 발해시대의 말갈은 고구려 멸망 전후 말갈 7부가 지역집단으로서의 성격을 점차 상실해가며 다시 재편되었다. 그 이후 대부분의 말갈은 점차 발해라는 국가 테두리 안에 편입되어 발해민이 되었다고 한다. 또한 발해는 8세기말 두 차례 천도를 단행하였는데, 785년 동경천도와 794년 상경환도이다. 이렇게 천도한 배경을 두고 문왕이 서쪽의 혼란이 가져올 수 있는 복속민족의 이탈을 막고, 연해지역으로의 영역확장 정책을 실시한 것으로 보았다. 상대적으로 안정된 발해와의 교역은 거란, 실위, 말갈 등 동

---

19) 강인욱, 「靺鞨文化의 形成과 2~4세기 挹婁·鮮卑·夫餘系文化의 관계」, 『高句麗渤海研究』 33輯, 고구려발해학회, 2009.03.

북방민족에게는 매우 중요했고, 발해에 대한 경제적 의존도가 높아질수록 발해의 영향력이 증가했을 것으로 보았다.[20, 21]

김용백(2010년)은 백제 초기 낙랑 우두산성의 영향력에 의해 맥계 말갈은 낙랑의 부용세력으로 백제와 지속적인 대립 관계를 형성하면서 백제를 침탈하였고, 말갈은 보병 위주의 군사력으로 편제되어 있었으며, 영토 확장보다는 식량 확보 등 경제적인 이유로 백제를 침탈하였다. 말갈은 온조왕이 초기 백제의 왕성을 한수 이남으로 천도하게 할 만큼 위협적이었으나, 이후 백제의 공세적 대응으로 인하여 추장이 사로잡히거나 부족이 궤멸되는 등 큰 피해를 입었고, 이후 낙랑과의 관계를 청산하고 백제와의 화친 관계를 맺으면서 급속히 쇠락하였으며, 이를 계기로 중부지방의 맥계 말갈은 대부분 백제와 고구려의 세력에 편입되었다고 보았다.[22]

한규철(2013년)은 말갈이란 그 자체로 일개의 종족계통을 갖는 특정 종족이라 할 수 없고, 말갈이 출현하는 지역과 문화유형에 따라 그들의 종족계통이나 문화적 성격을 다르게 파악하여야 하는가 하면, 왕조중심적인 입장에서는 변방주민을 비칭하던 종족명이라고 보았다.[23]

송옥진(2016년)은 『삼국사기』의 말갈관련 기록을 검토하여 말갈에 대한 새로운 가능성을 몇 가지 제시하였는데, 고구려와의 친연 가능성, 말갈세력을 기반으로 한 발해가 해동성국으로 성장할 수 있는 데에 기여한 말갈이 위치한 중심지역의 지리적 중요성, 고구려, 백제, 신라와 견줄 만큼의 말

20) 권은주, 「靺鞨 7部의 實體와 渤海와의 關係」, 『高句麗渤海研究』 35輯, 고구려발해학회, 2009.11.

21) 권은주, 「8세기말 발해의 천도와 북방민족관계」, 『고구려발해연구』 제41집, 2011.11.

22) 김용백, 「춘천지역과 낙랑·말갈의 관계 검토」, 『江原史學』 제24·25합집, 강원대학교 사학회, 2010.

23) 한규철, 「『三國史記』의 靺鞨문제」, 『인문학논총』 제31집, 경성대학교 인문과학연구소, 2013.

갈의 정치적 역량 등이었다.[24]

양시은(2019년)은 말갈 문화를 대표하는 성곽, 취락(주거지), 고분, 토기에 대한 그 동안의 고고학적 발굴 조사 내용과 연구 성과 등을 종합적으로 검토한 결과, 출입구가 없는 방형의 수혈 주거지, 토광묘, 기형과 문양에서 몇 가지 특징적인 요소를 공유하는 수제 토기(말갈관)를 기본으로 하는 말갈 문화는 중국 동북지역, 러시아 아무르강 유역과 연해주 일대에 이르는 넓은 지역에 걸쳐 분포하고 있었으며, 발해의 성립과 성장은 말갈 문화의 시공간적인 분포에 큰 영향을 끼쳤다고 보았다.[25]

말갈은 실체가 있었기 때문에 여러 국가(민족)들과 관계를 맺을 수밖에 없었고, 그러한 관계를 기록한 관계사들이 남아 있는 것이다. 이러한 관계사를 고찰하여 민족적 특성과 함께 역사적·민족적 귀속의 문제도 밝혀질 수가 있다. 중국 입장에서는 동북지역의 역사이지만 한국 입장에서는 한민족의 원류를 밝힐 수 있는 역사가 될 수 있다. 한국사의 첫 출발점이라고 할 수 있는 고조선의 역사가 그러하고, 그 이후 부여가 있었으며, 고구려 때에 오면 다물이라고 하여 고조선의 옛 영토와 천하질서를 회복하고자 하였다. 결국 고조선과 부여의 정통성을 계승한 고구려가 대제국을 건설하였다. 고구려는 중국 동북지역의 여러 민족들을 수용하여 그들로 하여금 고구려를 마음의 고향으로 여기도록 만들었다. 고구려가 멸망한 이후 고구려의 정통성을 계승하고자 했던 발해의 대조영은 동생 대야발을 시켜 단군조선의 역사서인 『단기고사』를 쓰게 하였다. 이것은 고구려와 발해 모두 그 뿌리는 단군조선에 있음을 잘 알 수 있는 내용이다. 발해를 건국한 주체의 성격도 규정이 가능하고, 대조영의 출자관계도 정리할 수 있다. 앞서 언급했던 것

---

24) 송옥진, 「삼국사기」 말갈(靺鞨)에 대한 기록 검토」, 『선도문화』 제21권, 국학연구원, 2016.
25) 양시은, 「말갈 문화에 대한 고고학적인 검토」, 『高句麗渤海研究』 65집, 고구려연구회, 2019.

처럼 말갈이 한민족의 한 갈래이고 오늘날 대한민국을 구성하는 한 일원이라면 한국고대사는 새로 쓰여 져야 할 것이다. 따라서 앞으로 만주 제 종족들에 대해서 깊이 있는 연구가 필요하다. 말갈의 전신이라고 하는 숙신, 예맥, 동호 등에 대한 연구와 후대의 제 종족들과의 연관성 그리고 북방유목민족들 간의 상호 연관성과 그들의 움직임이 갖는 세계사적 의의를 살펴봄으로써 한민족의 기원과 원류를 알아볼 수 있고, 주변 제 종족들 간의 관계를 다시 설정하여 동북아시아에 갇힌 것이 아니라 세계사적으로 연구 범위를 확대해 나갈 수 있을 것이다.

말갈의 위치는 '국가동유낙랑(國家東有樂浪), 북유말갈(北有靺鞨)'을 대전제로 해서 『삼국사기』의 기록과 중국사서 기록들을 종합하고 정황적인 근거를 통하여 비정하고 고증할 수 있었다. 그래서 말갈은 실체가 없는 것이 아니라 그 동안 연구를 제대로 안한 것으로 봐야 된다. 본 연구에서 다시 한번 느낀 것이지만 고대에는 주변 국가(민족)와의 관계 속에서 고대 국가로서의 체제를 정비할 수 있었고, 그로 인하여 강력한 고대 국가로 부상할 수 있었음을 확인할 수 있었다. 반면에 낙랑처럼 이원화되어 국력이 집중이 안 되고, 다른 나라들과의 틈바구니 속에서 정체성이 약화되면 멸망의 기로에 놓이게 될 수 있음도 또한 알 수 있었다. 결론적으로 말갈과의 관계 속에서 적극적으로 임한 백제는 고대 국가체제를 빠르게 갖출 수 있었고, 소극적이었던 낙랑은 결국 멸망하게 되었다. 말갈은 고조선 붕괴 후 열국시대부터 존재하면서 고구려, 백제, 신라라는 삼국 성립에 기여하였고, 그러한 삼국의 흥망성쇠 과정에서 역동적인 역할을 담당하였다고 할 수 있다.

말갈에 대한 새로운 인식이 필요한 이유는 고조선 이후 한국사가 전개되는 과정 속에서 말갈의 존재는 한국사의 판도를 확 바꿀 수 있는 역할들을 해 왔다. 고조선과 후대의 역사를 연결해 주고 우리 민족을 이루는 제 종족

간의 관계 정립과 단군조선이 어떻게 붕괴되었고 후대에 어떻게 계승되어 왔는지 알 수 있을 뿐만 아니라 고구려와 발해를 중국지방정권의 역사로 주장하는 중국의 동북공정에 적극적으로 맞설 수 있는 대응책이 될 수 있으며, 숙신, 읍루, 물길, 말갈, 여진, 만주족으로 이어지는 만주 제 종족에 대한 역사, 즉 만주사에 대한 이해를 바탕으로 한반도를 넘어 동아시아의 역사 흐름을 읽어내고 앞으로 동아시아 국가들이 나아갈 방향을 설정하는 데 크게 도움이 될 수 있기 때문이다.

III. 말갈과 여러 국가(민족) 간의 관계

최근 사료의 기록에 대한 재해석과 고고학적 발굴 성과를 바탕으로 말갈의 실체가 밝혀지고 있는 상황에서 관계사 연구가 필요하다고 본다. 개인도 관계를 맺으면서 성장해 나가는 것처럼 집단도 서로 관계를 통해 영향을 미치며 발전해 나간다. 고대국가 성립기에서도 일정한 관계를 갖고 상호 경쟁하면서 고대국가체제를 확립해 나갔을 것이다. 특히 백제는 건국이후 최초 대외정책이 말갈과의 전쟁을 준비하는 것이었다. 삼국 중에서 가장 늦게 출발했지만 이렇게 말갈과의 전쟁 준비를 하는 과정에서 고대국가체제를 조기에 갖추게 되었고, 고구려나 신라보다 빠른 시기에 최전성기를 맞이하게 되었다. 이렇듯 말갈은 실체적 관계 속에서 정치, 경제, 문화 등의 발전을 이루었고 이것은 향후 발해 건국에 참여할 수 있는 원동력이 되어주었다. 본 논문에서는 말갈의 관계사 연구를 우선 한국사 범주 안으로 한정해서 하고자 한다. 한국사의 구성원들 간의 관계를 통해 우리 역사 구성원으로서의 편입 여부를 가늠해 볼 수 있을 것이다. 우리 고대사와 밀접한 관련이 있었지만 선입견과 관념으로 인해 우리 역사로 적극적으로 수용하지 못하고 타자화 된 역사가 말갈이었다. 이제 선입견과 관념을 떨쳐 버리고 온전하게 그 관계를 살펴 볼 필요가 있다.

1. 고조선(숙신)과의 관계

말갈은 대체로 그 뿌리를 숙신으로 보고 있는데, 학계에서는 숙신으로부터 읍루, 물길, 말갈, 여진, 만주로 이어지는 일원적 계통론과 숙신계, 예맥계, 동호계 등 다양한 계통론이 존재한다. 현실적으로 다양한 계통론이 좀 더 설득력을 얻고 있다. 그리고 숙신은 고조선의 거수국으로 중국 한족과는 고조선보다 더 이른 시기에 교섭 기록이 있었다. 숙신은 고조선 시대에 만주 북동방면에서 수렵생활을 하였다. 숙신이라는 호칭은 중국의 『국어』·『사어(史語)』 및 그 밖의 고전에서 볼 수 있고, 특히 『국어』의 숙신공시(肅愼貢矢)는 전설로도 유명하여 성천자(聖天子)의 출현과 그들의 입조공헌(入朝貢獻)을 결부시켜 설명하기도 한다. 중국의 『사기』에는 식신(息愼)·직신(稷愼) 등으로 기록되어 있다. 고구려 서천왕 때 일부가 고구려에 복속되었으며, 398년(광개토태왕 8년) 완전히 병합되었다. 뒤에 일어난 읍루, 말갈 종족이 숙신의 후예로 추측되기도 한다. 한편 당나라 때는 선진(先秦)시대의 북동방면 거주 민족의 총칭으로 쓰였다.[26]

사서에 등장하는 숙신의 기록은 다음과 같다.[27] 숙신이 최초로 문헌에 나타나는 것은 『죽서기년』이다.

---

26) 네이버 지식백과 - 숙신

27) 남주성 역주, 『흠정만주원류고』, 글모아출판, 2019.11. pp. 53~57.

가-(1) :『죽서기년』[28] 제순유우씨 25년 식신씨가 활과 화살을 조공하였다.

가-(2) :『사기·우제기』남쪽으로 교지·북발을 위무하고, 서쪽으로 융·석지·거수·저·강, 북쪽으로 산융·발식신을 위무하였다.

가-(3) :『급총(즉, 죽서기년)주서』「왕회해」에 말하기를 주나라 성왕이 사방을 안정시키자, 사방의 나라들이 축하사절을 보냈다. 사방 축하사절을 보면, 서쪽에 있는 자와 정북방에 있는 직신(稷愼)이 큰 사슴을 보냈다.

가-(4) :『공자가어』주나라 무왕이 상(商)을 쳐서 이기자 숙신씨가 호시(楛矢)를 바쳤다.

가-(5) :『상서서』성왕이 동이를 정벌하자 숙신이 와서 축하하였다.

가-(6) :『사기·공자세가』호시(楛矢)에 꿰뚫린 새매(隼)가 여러 마리 진나라의 궁정 안에 떨어졌는데, 돌화살 촉이 달린 화살의 길이가 한 자 여덟 치였다. 진의 민공(湣公)이 사람을 보내 중니(공자)에게 일어난 사실을 말하고 그에 대해 물어보았다. 공자가 "새매는 먼 곳에서 날아왔다. 이것은 숙신에서 쓰는 화살이다."라고 대답하였다.

가-(7) :『진서(晉書)』숙신국 동북에 있는 산에서 나는 돌은 그 예리함이 능히 쇠를 뚫고 들어갈 정도이다. 이것을 캐고자 할 때에는 반드시 먼저 신에게 제사를 지낸다. 주나라 무왕 때에 호시(楛矢)와 돌화살촉(石砮)을 바쳤다. 주공(周公)이 성왕(成王)을 보좌할

---

28) 죽서기년(竹書紀年)은 『기년(紀年)』·『급총기년(汲冢紀年)』이라고도 한다. 죽간에 씌어졌기 때문에 이와 같은 이름이 붙었다. 전국시대(B.C.475~B.C.221) 위나라 사관이 썼다. 280년경(晉의 태강초) 급군(汲郡)에 있는 전국시대 위나라 양왕의 묘에서 발견되었다. 모두 20편으로 하나라에서 전국시대 위나라 양왕 20년(B.C.299)까지의 역사를 서술하고 있다. 역사적 자료로서 가치가 있다.

때에 다시 사신을 보내 축하하였다. 이후 천여 년 간 비록 진(秦)과 한(漢)이 강성한 때에도, 숙신에게 조공하도록 하지 못하였다.

가-(8) : 『책부원구』송 효무제 대명 3년(459년) 숙신국이 호시를 바쳤다.

숙신의 가장 빠른 기록은 가-(1)처럼 순임금 25년에 등장하여 활과 화살을 조공하였다는 기록이다. 가-(2)는 B.C. 2000여 년 전 중국 우왕조 유우씨 우임금 시대의 숙신관련 내용이다. 가-(3)부터 가-(8)까지 나오는 식신(息愼), 숙신(肅愼), 직신(稷愼)은 모두 같은 나라이며, 식(息)·직(稷)은 숙(肅)의 음이 전해지면서 변화된 것이다. 이러한 숙신은 산을 등지고 바다를 두르고 있으며 땅은 넓고 산물이 다양하였고, 또한 사람들의 성품이 순박하여, 우(虞)·하(夏)·상(商)·주(周)부터 위(魏)·진(晉)에 이르기까지 이천여 년간 단절 없이 이어져 왔던 것이다.

중국사서에 기록되었다는 것은 중국의 동북지역 경계에 숙신이 존재했을 것이고 오늘날 난하 동쪽 지역에 해당된다. 이와 같이 기원전 11세기까지는 숙신이 중국문헌에 등장하였고, 기원전 9세기부터는 조선이 나타난다. 이것은 동일한 지역에 존재했던 숙신과 조선이 같은 집단인데 시기에 따른 명칭의 차이만 있는 것인지 아니면 서로 다른 집단이나 조선이 그 지역을 차지하거나 세력이 커져서 중국사서에 나타난 것인지는 현재로서는 알 수가 없다. 한 가지 분명한 것은 조선이라는 명칭이 나오기 이전에 중국의 동북지역의 대표적인 세력이 숙신이었다가 조선으로 교체가 된다는 것이다.

우리 사학계에서는 대체로 숙신과 조선을 같은 집단으로 보고 있는 것 같다. 최남선은 숙신과 조선은 '주신'의 다른 표현이라고 했고, 정인보는 조선이 한족들에 의해 숙신, 식신, 직신 등으로 기록되었다고 주장하고 있다.[29] 신채호도 『오월춘추』에 나오는 주신(州愼)은 숙신, 식신, 직신이고 이는 곧 조선을 가리킨다고 하였다.[30] 김정학은 한국민족이라고 생각되는 숙신 또는 식신이라는 이름이 『춘추좌전』등 선진문헌에 보이는데, 이 숙신은 『관자』에 나오는 발(發)·조선의 조선과 같은 민족이라고 보았다. [31]

일반적으로 중국의 기록은 자신들과 인접한 주변 세력에 대해서 기록하는 것이 관행이다. 그런데 사서 기록상 숙신이 조선보다 먼저 나오므로 숙신이라는 집단이 조선보다 먼저 중국의 동북지역 경계에 있었다고 보는 것이 합리적이다. 즉 숙신이 먼저 중국의 동북지역에 있었다고 보고, 그 원래의 숙신세력은 상주 교체기에 서쪽에서 밀려오는 새로운 세력들의 도전에 밀려 동쪽으로 이주했다고 보는 것이 합리적이다.

상주 교체기 이전에 중국의 동북지역에 있던 숙신에 단군이 있었어야 된다. 여기서 조선이라고 부르는 집단과 숙신으로 부르는 집단을 구별하여 이해해야만 고대사의 흐름을 정확하게 이해할 수 있다.

일반적으로 한국의 학자들은 숙신과 조선이 같은 집단을 지칭하고 있었던 것으로 생각하는 사람들이 많다. 『관자』에 발·조선이라고 나오는 것과 조선과 전한의 대성이 편찬한 것으로 알려진 『대대례』에 나오는 발·식신의 식신이 대응하는 것으로 보아 조선과 식신이 같은 집단을 가리키는 이칭이었을 것이다. 따라서 숙신에서 비롯된 것이 조선이고, 숙신이 동쪽으로 이동 한 후 비롯된 것이 읍루, 물길, 말갈 등 만주지역의 제 종족들이었다고 할 수 있다.

---

29) 정형진, 『고깔모자를 쓴 단군(부여족의 기원과 이동』, 백산자료원, 2003.
30) 신채호, 『조선상고사』, 일신서적출판, 1988.
31) 김정학, 「문헌 및 고고학적 고찰」, 『한국사론』14, 국사편찬위원회, 1985.

중국 한족과는 역사와 문화적 경계가 확실하게 구분되는 고대 숙신과 조선 그리고 그러한 체제가 붕괴된 이후 여러 나라로 흩어질 때부터 등장하는 말갈, 그들 간에는 일정한 관계가 있음을 추정할 수 있다. 동일한 지역에서 유래되었고 동일한 정치적 체제 하에 있었다고 한다면 동일한 정신문화를 공유하였을 것이다. 따라서 발해 건국 후 말갈계 고구려인, 대조영은 전대의 역사인 고구려 역사가 아닌 단군조선의 역사인 『단기고사』를 간행했던 이유가 여기에 있을 것이다.

2. 부여와의 관계

말갈과 부여의 직접적인 관계기록은 없다. 하지만 말갈의 전대로 일컬어지는 물길과는 관계기록이 있다. 부여가 선비족의 침략을 받아 약화되었고, 물길의 침략을 받고 몰락의 길로 접어들게 된다. 남북조시대의 부여에 관해서는 전하는 사료가 극히 적어 삼국시대 이래 부여의 대외 관계를 통해 말갈의 전신인 물길과의 관계를 통해 말갈과의 관계를 유추해 보고자 한다. 3세기 중반 부여는 사방 2천리에 달하고, 8만여호의 국력을 자랑하였다. 같은 시기 요하 상류유역에서도 선비족이 점차 강성해져, 그 부족 출신 모용외가 285년에 부여를 침입하였다. 『진서』「동이열전」 '부여전'에 보면,

> 나-(1) : "서진의 무제 때에는 자주 와서 조공을 바쳤는데, 태강 6년
> (285년, 고구려 서천왕 16년)에 이르러 모용외의 습격을 받아 패하
> 여 부여왕 의려는 자살하고, 그의 자제들은 옥저로 달아나 목숨을
> 보전하였다."[32]

---

32) 『晉書』「東夷列傳」夫餘, "武帝時, 頻來朝貢, 至太康六年(285年, 高句麗 西川王 16年), 爲慕容廆所襲破, 其王依慮自殺, 子弟走保沃沮."

위의 기록으로 보았을 때 모용외의 침략으로 큰 타격을 입고 그 후 부여는 겨우 명맥만 유지한 것으로 보인다. 『삼국사기』「고구려본기」문자왕조에 보면,

나-(2) : "2월에 부여의 왕과 왕비, 왕자가 나라를 들어 항복해왔다."[33]

위의 기록은 겨우 명맥만 유지하던 부여가 물길에 쫓기다가 부여왕가가 나라를 들어 고구려에 항복한 내용으로 실질적으로 부여 멸망을 알려주는 내용이다. 결국 부여의 세력이 약화되면서 주변 종족들에 대한 영향력이 없어졌고, 숙신계인 물길이 중국 왕조와 교섭을 할 수 있게 되어 역사의 전면에 등장하게 되었다.

고조선부터 한민족의 뿌리로 보는 모든 국가들은 한반도에 한번쯤은 영토가 있었던 이력이 있었으나 부여는 한반도에 영토를 가진 적이 없었다. 하지만 한국사에서 중요한 위치를 점하고 있다. 이후 발생하는 국가인 고구려와 백제 모두 부여를 정신적으로 계승한 국가이다. 특히 백제는 왕실의 성을 부여씨로 했고, 국호를 남부여로 바꾸는 등 부여의 정통성을 상당히 중요하게 생각하였다. 삼국 성립 전의 만주지역의 패권을 쥐고 있었던 나라가 부여다. 만주지역의 제종족들에게 영향력을 행사하며 부여의 문화를 정착시켰을 것이다. 그래서 말갈 7부중 속말말갈과 백산말갈은 대표적인 예맥계 말갈로 부여계 말갈이라고도 한다. 이러한 부여계 말갈은 같은 부여계인 고구려에 자연스럽게 흡수되어 고구려인이 되었고, 고구려 멸망 후 고구려의 정통성을 계승하기 위하여 발해 건국을 주도하게 이르렀다.

---

33) 『三國史記』卷19「高句麗本紀」第7 文咨王 3年, "春二月 扶餘 王及妻孥以國來降."

3. 고구려와의 관계

말갈과 고구려 관계는 처음부터 힘의 균형이 고구려로 기울어져 있었다. 고구려가 말갈부락을 대상으로 실력행사를 하여 말갈을 고구려의 영향 하에 둔다. 초기에 약간의 충돌은 있었지만 우호적인 관계를 유지한다. 때로는 군사동맹을 통해 백제와 신라를 침략하기도 한다. 또한 고구려가 관구검의 침략을 받았을 때 말갈이 군사를 동원해서 도와주기도 한다. 4~5세기 고구려 전성기 때 장수왕이 남하정책을 펼치면서 고구려에 복속되거나 일부는 고구려의 북쪽으로 이동한다. 『삼국사기』「고구려본기」'동명성왕조'에 보면,

> 다-(1) : "나라 이름을 고구려라 하였는데 이로 인하여 고를 성씨로 삼았다. 혹 말하기를 주몽이 졸본부여에 이르렀는데, 왕이 아들이 없어 주몽을 보고는 보통사람이 아님을 알고 그 딸을 아내로 삼게 하였다. 왕이 죽자 주몽이 왕위를 이었다라고 하였다. 이때 주몽의 나이가 22세로, 한 효원제 건소 2년(B.C. 37), 신라 시조 혁거세 21년 갑신년이었다. 사방에서 듣고 와서 따르는 자가 많았다. 그 땅이 말갈부락에 잇닿아 있기에 침입과 도적질의 피해를 입을까 두려워하여 마침내 그들을 물리치니, 말갈이 두려워 굴복하고 감히 침범하지 못하였다."[34]

위의 기록에 의하면 고구려 첫 도읍지에는 이미 말갈부락이 존재하고 있었고 힘의 우위에 있었던 고구려가 힘으로 밀어 내고 고구려를 세운다. 고

---

34) 『三國史記』卷13「髙句麗本紀」第1 東明聖王 1年, "上居之國號 髙句麗 因以髙爲氏 一云朱蒙 至 卒本扶餘 王無子見 朱蒙 知非常人以其女妻之王薨 朱蒙 嗣位 時 朱蒙 年二 十二歲是 漢 孝元帝 建昭二年新羅始祖 赫居世 二十一年甲申年也 四方聞之來附者衆其地連 靺鞨 部落恐侵入爲害遂攘 斥之 靺鞨 畏服 不敢犯焉王見."

구려는 건국 후 얼마 안 되어서 비류국, 행인국, 북옥저 등 압록강 및 두만 강 유역의 소국들을 병합하게 되는데 이것은 건국 당시 상당한 세력을 갖고 있었다는 것이다. 그런데 기록에 의하면 백제와 신라는 끊임없이 침략을 하는데 고구려와는 상당히 우호적이라는 것을 알 수 있다. 그렇다면 말갈 입장에서는 백제 및 신라와는 다르게 고구려와 특별한 관계를 갖고 있었다는 것이 된다. 고구려는 4~5세기가 되면 남하정책에 의해 도읍지도 옮기고 백제와 신라를 공략해서 영토를 넓혀 나간다. 그때 말갈은 고구려에 지배하에 들어가거나 일부는 고구려를 피해 북쪽으로 이동했을 가능성이 높다. 그래서 4~5세기 이후에는 말갈은 단독으로 행동하기 보다는 고구려와 함께 군사행동을 한다. 이렇듯 고구려와 말갈이 군사동맹을 통해 군사행동을 같이 한다는 기록은 『삼국사기』 말고도 다른 기록들에서도 찾아 볼수가 있는데, 특히 선가사서로 분류되는 『환단고기』 「태백일사」 '고구려국본기'에도 다음과 같은 기록이 있다.

> 다-(2) : "연수 등이 말갈병과 함께 군사를 합하여 진을 치고 지구전에 들어 가는가 싶더니 하룻밤 사이에 태도가 돌변하여 급습하고 번개같이 공격하자 세민의 군사들이 몇 겹으로 에워싸여 꼼짝 못하더니 비로소 두려워하는 낌새가 있었다."[35]

> 다-(3) : "연수 등이 말갈병과 더불어 협공하고 양만춘은 성에 올라 싸움을 독려하니 고구려군의 사기가 더욱 떨쳐 일당백 아닌 사람이 없었다."[36]

---

35) 『桓檀古記』 「太白逸史」 高句麗國本紀, "延壽等 與靺鞨 合兵爲 持久作戰 一夜豹變 急襲電擊 世民 幾被圍迫 始有懼色."
36) 『桓檀古記』 「太白逸史」 高句麗國本紀, "延壽等 與靺鞨夾攻 楊萬 登城督戰 士氣益奮 無一當 百矣."

위의 기록들을 볼 때 말갈인들은 나중에는 고구려의 변방세력으로 고구려인이 된다고 볼 수 있다. 이것으로 인해 말갈을 고구려의 변방세력으로 보는 견해가 있는 것이다. 이것이 확대되어서 만주 제종족의 범칭이라는 견해도 있었다.[37]

결국 말갈은 초기부터 고구려와 밀접한 관계가 있었고 별도의 독립된 세력집단으로 존재했었지만 고구려의 남하정책으로 고구려 지배하에 들어가서 군사행동도 같이 하면서 점차 고구려인이 되어 갔고, 고구려를 구성하는 제 종족의 일원이 되었을 것이다. 고구려가 멸망하고 고구려를 계승하는 발해를 세우는 주체에 말갈인들이 포함될 수 있었던 이유가 여기에 있었던 것이다.[38]

『삼국사기』「고구려본기」 중 고구려와 말갈과의 관계 기록은 [표1]과 같다.

[표 1] 『삼국사기』「고구려본기」 중 말갈과의 관계 기사

연대	고구려본기
기원전	**1대 추모왕** • 말갈부락과 인접하여 있었으므로, 그들이 침범할까 염려하여 물리쳐 버리니, 말갈이 두려워하여 감히 침범하지 못하였다.(BC 37년)
401 ~ 500년 (5세기)	**20대 장수왕** • 56년 봄 2월, 왕이 말갈의 군사 1만을 거느리고, 신라의 실직주 성을 공격하여 빼앗았다. 여름 4월, 위 나라에 사신을 보내 조공하였다.(468년)
501 ~ 600년 (6세기)	**26대 영양왕** • 9년, 왕이 말갈 군사 1만여 명을 거느리고 요서를 침공하였으나, 영주 총관 위충이 우리 군사를 물리쳤다. (598년)

37) 한규철, 앞의 논문.
38) 민성욱, 「한국사에서 말갈인식에 관한 연구」, 국제뇌교육종합대학원대학교 박사학위논문, 2012.

이와 같이 기록만 보면 고구려는 건국 초기부터 강력한 군사력을 바탕으로 말갈을 제압할 수 있었고, 그러한 말갈을 부용세력처럼 활용하였다. 신라나 요서지역을 공격할 때 말갈의 군사들을 거느리고 전쟁을 수행하였다. 그리고 말갈은 분포지역에 따라 다른 형태의 말갈이 존재하였고, 예맥계 말갈인 속말말갈과 백산말갈은 자연스럽게 고구려에 동화되거나 복속되었고, 속말말갈 출신인 대조영은 고구려 멸망 후 고구려의 정통성을 계승하기 위하여 고구려 유민들과 말갈인들을 주축으로 해서 발해를 건국하였다.

4. 백제와의 관계

말갈과 백제의 관계는 시조 온조왕 때부터 공격·친화 등 다양한 관계를 유지했다. 말갈이 백제를 끊임없이 공격한다. 『삼국사기』「백제본기」'온조왕조'에 보면,

> 라-(1) : "2년 봄 정월, 왕이 군신들에게 말했다. 말갈이 우리의 북부 국경과 인접하여 있는데, 그 사람들은 용맹스러우면서도 거짓말을 잘 한다. 그러므로 우리는 병기를 수선하고 식량을 저축하여, 그들을 방어할 계획을 세워야 한다."[39]

백제의 온조왕은 나라를 세운 후 가장 먼저 한 일이 말갈의 침입을 대비하여 방어계획을 수립하는 것이었다. 즉 백제는 건국한 후 가장 먼저 수립한 대외정책이 말갈과의 전쟁이라고 할 수 있다. 이 전쟁은 말갈이 단발적으로 침략을 했다가 돌아 갔다가를 반복한다. 여기서 백제와 말갈이 이렇

---

39) 『三國史記』卷23「百濟本紀」第1 溫祚王 2年, "春正月, 王謂羣臣曰 靺鞨 連我北境其人勇而多詐宜繕兵積穀爲拒守之計."

게 오랜 기간 끊임없이 전쟁을 하는 데는 특별한 사정이 있다고 보아야 된다. 그 사정이라고 하는 것은 토착민 집단과 외래인 집단 간의 세력 다툼이라고 설정해 볼 수 있다. 말갈은 기록들을 보면 농경을 주로 하는 정착민은 아니었다. 유목민이거나 반농반목 생활을 했을 가능성이 높다. 그래서 한 거주지에 오래 머무는 것이 아니라 일정한 영역 범위 내에서 주기적으로 이동생활을 했을 것으로 추정된다. 그런데 어느 날 갑자기 그들의 영역 범위 내에 외래집단이 허락도 없이 들어 왔다고 한다면 가만히 있을 수는 없었을 것이다. 또한 기록들에 의하면 말갈은 항상 백제의 북쪽에 위치한다. 백제의 강역이 바뀌고 도읍지를 옮겨도 항상 말갈은 백제의 북쪽에 위치하는 것으로 되어 있다. 이것만 보아도 말갈은 유목민으로서 이동생활을 하고 있었다는 것을 알 수 있다.

그런데 백제와의 관계에서 특이한 점이 있다. 바로 백제 왕계의 변화다. 백제는 건국 당시부터 멸망하는 그 날까지 말갈과 전쟁을 한다. 그런데 그렇게 서로 싸우다가 한 동안 평화기간이 존재한다. 그런데 그것이 공교롭게도 백제왕계가 바뀌는 시점과 일치한다. 『삼국사기』「백제본기」 '고이왕조'를 보면,

> 라-(2) : "고이왕은 개루왕의 둘째 아들이다. 구수왕이 재위 21년에 사망하자, 그의 맏아들 사반이 왕위를 이었으나 나이가 어려 정사를 잘 처리하지 못하였으므로 초고왕의 동복 아우 고이가 왕위에 올랐다."[40]

라는 기록에서 흔히들 왕계가 바뀌면 정통성을 위해 앞선 왕의 둘째 아들

---

40) 『三國史記』卷24 「百濟本紀」第2 沙伴王·古尒王 1年, "古尒王 蓋婁王 之第二子也 仇首王 在位二十一年薨長子 沙伴 嗣位而幼少不能爲政 肖古王 母弟 古尒 即位."

로 되어 있는 경우가 많다. 백제도 장자가 즉위를 해야 함에도 불구하고 석연치 않은 이유로 왕위를 넘겨주고 있다. 분명 이것은 왕계가 바뀌는 것인데, 왕계만 바뀌는 것은 중요하지 않다. 이후 말갈과의 관계 기록이 중요하다.

『삼국사기』말갈 관련 기록 중 앞 뒤 상황과는 전혀 어울리지 않는 특이한 기록이 있다. "사반왕(沙伴王)·고이왕(古尒王) 25년(258년) 봄에 말갈의 추장이 좋은 말 열 필을 바쳤다."라는 기사 이후에 말갈과 백제 간에는 일정 기간 평화가 지속되다가 진사왕(辰斯王) 3년(387년)이 되어서야 다시 전쟁을 한다. 구수왕(仇首王) 16년(229년) 말갈의 침범 기록으로부터 따지면 158년 동안 말갈과 백제 간에는 뜻밖의 평화기간이 존재한다는 것이다. 이러한 말갈과의 평화기간과 고이왕계의 150년이 공교롭게도 거의 일치한다. 고이왕계에서 온조왕계인 근초고왕이 다시 왕위에 오르면서 말갈과 백제간의 평화관계는 깨진다. 이것은 고이왕계와 말갈 간의 상당한 연관성이 있다는 것을 의미한다.『삼국사기』기록을 그대로 믿는다고 한다면, 고이왕이 개루왕의 둘째 아들이라고 했을 때 고이왕이 비록 개루왕의 말년인 166년에 태어났다고 하더라도 그가 즉위한 해가 234년이기 때문에 68세라는 고령에 즉위를 하게 되며, 그의 재위 기간이 53년이라 사망할 당시 나이는 적어도 121세가 되는 것이다. 정말 이게 사실이라면 기록이 바뀌어야 한다. 고이왕이 역대 왕들 중에서 최고로 장수한 왕이 되어야 하는 것이다. 그게 아니라면 백제의 왕계가 바뀌었다는 것으로 보아야 되고, 말갈과 평화관계를 유지한 것으로 보아 이것은 고이왕계가 친 말갈계일 가능성이 높고 경우에 따라서는 말갈계일 가능성도 있다. 고이왕은 잘 알다시피 고대 국가로서의 기틀을 마련한 왕으로서 한성백제 시기를 주도했던 왕이다. 만약 말갈계가 백제의 왕이 되었고 고대 국가로서의 근간을 만들었다고 한다

면 한국고대사는 다시 쓰여져야 할 것이다.[41]

『삼국사기』「백제본기」 중 백제와 말갈과의 관계 기록은 [표2]와 같다.

[표 2] 『삼국사기』「백제본기」 중 말갈과의 관계 기사

연대	백제본기
기원전	**1대 온조왕** • 11년 여름 4월, 낙랑이 말갈로 하여금 병산의 목책을 습격해서 파괴한 다음 100여 명을 죽이거나 사로 잡았다.(BC 8년) • 13년 봄 2월, "동쪽에는 낙랑이 있고, 북쪽에는 말갈이 있다. 그들이 변경을 침공하여 편안한 날이 없다."
101 ~ 200년 (2세기)	**3대 기루왕** • 49년, 신라가 말갈에게 침략을 당하자 서신을 보내와 구원병을 요청하였다. 왕이 다섯 명의 장수를 보내 구원하게 하였다.(125년)
201 ~ 300년 (3세기)	**8대 고이왕** • 25년 봄, 말갈의 추장 나갈이 좋은 말 열 필을 바쳤다. 왕이 그 사자를 우대하여 돌려보냈다.(258년)
601 ~ 700 (7세기)	**31대 의자왕** • 15년 8월, 왕이 고구려, 말갈과 함께 신라의 30여 성을 공격하여 함락시켰다. 신라왕 김 춘추가 당 나라에 사신을 보내 표문을 올려 "백제, 고구려, 말갈 등이 우리의 북쪽 국경에 침입하여 30여 성을 함락시켰다"고 하였다. (655년) • 20년, 당 의봉 년간에 그 지역이 이미 신라, 발해, 말갈에 의하여 분할 통치되고 있었으므로 나라의 계통이 마침내 단절되었다. (660년)

이와 같이 기록만 보면 백제는 낙랑과 말갈의 인접 지역에서 건국하였고, 건국 초기부터 낙랑과 말갈로부터 침략을 받았다. 말갈과의 전쟁을 통해 고대국가로서의 체제를 갖추어 나갔으며, 고이왕계에 이르면 말갈과 백제

41) 민성욱, 「한국사에서 말갈인식에 관한 연구」, 국제뇌교육종합대학원대학교 박사학위논문, 2012.

간의 평화관계가 유지되는데, 이것은 고이왕계가 말갈계인 진씨왕통이었기 때문이다. 다시 온조왕계인 근초고왕이 왕위에 오르자 백제와 말갈은 다시 전쟁이 시작되었고, 고구려의 영향권에 있었던 말갈은 고구려와 백제와 연합해서 신라를 공격하였으며, 신라의 30여 성을 함락시키기도 하였다. 백제가 나당연합군에 의해 멸망하자 신라, 발해 등과 같이 분할 통치를 하기도 하였다.

5. 신라와의 관계

말갈과 신라는 125년 지마이사금부터 921년 경명왕까지 주로 말갈이 신라를 침범하는 관계였다. 신라가 백제를 병합한 후 말갈계를 포용하기 위해서 중앙군사조직인 9서당 중에서 '흑금서당'을 '말갈국민'으로 그 편제를 구성한다. 말갈이 고구려 유민과 함께 발해를 건국하자 남북국의 형태로 존재하기도 한다. 신라가 백제를 병합하고, 고구려를 멸망시킨 후 삼한의 백성들을 포용하기 위해 왕의 친위부대 성격인 중앙군사조직 '九誓幢'을 편성하게 되는데, 규모에 따라서 편성 군대의 수는 달라도 분명 고구려, 백제, 신라, 말갈을 동등하게 취급하고 있음은 분명한 사실이다.

그런데 신라에서는 백제보다는 약 142년 정도나 늦게 말갈이 등장한다. 『삼국사기』「신라본기」지마 이사금조 기록인 "말갈이 북쪽 변경을 침입하다.(125년)"가 그것이다. 그러면 백제의 북쪽에 있으면서 백제를 끊임없이 괴롭혔던 말갈과 신라의 북쪽에 위치하면서 신라를 괴롭혔던 말갈은 서로 다른 말갈인가? 그렇지는 않은 것 같다. 왜냐하면 서로 다른 말갈이었다면 같은 시기에 각각 백제와 신라를 침략하는 기록도 나올 수 있는 법한데 기록상으로 보면 백제를 침략할 때는 신라에는 침략을 하지 않는다. 반대로도 마찬가지다. 그러므로 동일한 집단으로 인식을 해야 한다. 신라에 말갈이 늦게 등장한 것은 초기 신라의 강역이 오늘날 경주지역에 머물러 있었고 점차 세력이 강성해지면서 강역을 넓힌 탓에 북쪽에 위치한 말갈을 만날 수 있었다. 말갈은 신라를 상대할 때 백제와 똑같이 취급했다. 그런데 앞서 살펴 본 바와 같이 『삼국사기』「신라본기」일성왕조 기록인 "가을 7월, 왕이 여러 대신을 불러 말갈을 정벌할 것을 논의하였으나, 이찬 웅선이 불가능하다고 왕에게 아뢰자 이를 중지하였다."(142년)의 기사 내용은 신라의 북쪽 국경지대에서 침략을 반복하면서 백성들을 괴롭힌 말갈에 대해 정벌하려고 했지만 한 신하가 불가하다고 하자 바로 중지한다고 하는 것은 상식에 어긋난다. 이 기록을 보더라도 말갈과 신라 간에 특별한 관계가 성립하고 있음을 추정할 수 있다. 『삼국사기』「신라본기」성덕왕조 기록인 "唐 현종은 발해말갈이 바다를 건너 등주로 쳐들어오자 대복원외경 김사란에게 귀국하게 하였다. 왕에게 '開府儀同三司寧海軍使'를 더 제수하고는 군사를 일으켜 말갈의 남쪽 도읍을 치게 하였다."(733년) 여기에서 말갈은 바로 발해를 말하는 것이다. 신라는 초기에 발해를 말갈족이 세운 말갈국으로 인식했음을 알 수 있다.[42]

『삼국사기』「신라본기」 중 신라와 말갈과의 관계 기록은 [표3]과 같다.

[표 3] 『삼국사기』「신라본기」 중 말갈과의 관계 기사

연대	신라본기
101 ~ 200년 (2세기)	[제7대 일성왕] • 9년 가을 7월, 왕이 여러 대신들을 불러 말갈을 정벌할 것을 논의하였으나, 이찬 웅선이 "불가능하다"고 왕에게 말하자 이를 중지하였다.(142년)

42) 민성욱, 앞의 논문.

연대	신라본기
401 ~ 500 (5세기)	**20대 자비왕** • 11년 봄, 고구려가 말갈과 함께 북쪽 변경의 실직성을 습격하였다. (468년)
601 ~ 700년 (7세기)	**29대 무열왕** • 2년 봄, 3월, 왕이, 하슬라는 지역적으로 말갈과 연이어 있으므로 백성들이 편안히 지낼 수 없다고 생각하였다.(655) • 8년 봄 2월, 5월 9일[11일이라는 설도 있다.], 고구려 장군 뇌음신이 말갈 장군 생해와 군사를 합쳐 술천성을 공격했으나 승리하지 못했다.(661년) **30대 문무왕** • 당 나라 군사가 말갈·거란 군사와 함께 와서 북쪽 변경을 침범하였는데, 아홉 번 전투에서 우리 군사가 승리하였다. • 겨울에 당나라 군사가 고구려 우잠성(牛岑城)을 쳐서 항복을 받았다. 거란과 말갈군사가 대양성과 동자성을 쳐서 멸망시켰다. • 당나라 군사가 거란 및 말갈군사와 함께 칠중성을 포위하였으나 이기지 못하였다.
701 ~ 800 (8세기)	**33대 성덕왕** • 32년 가을 7월, 발해에 소속된 말갈이 바다를 건너 등주를 침범하므로, 당 현종이 태복원외경 김사란을 귀국시키면서, 동시에 왕에게 개부의동삼사영해군사의 작위를 더하여 주고, 김사란에게 군사를 주어 말갈의 남부 지방을 공격하도록 하였다. (733년)

이와 같이 기록만 보면 말갈은 항상 신라의 북쪽에 있었고, 경제적인 이유로 신라의 북쪽 국경을 침략하여 약탈해 가는 것이 그들의 생존방식이었다. 그런데 신라 일성이사금 때 이찬 웅선은 말갈 정벌에 불가함을 아뢰었고 왕은 그것을 받아 들여 말갈을 정벌하지 않았다. 이것은 물론 다른 이유도 있겠지만 신라와 말갈 간의 특별한 관계가 있음을 유추해 볼 수 있다. 말갈은 삼국 성립기 이전에 이미 만주 및 한반도 지역에 분포하고 있었고,

삼국이 성립된 이후에는 일정한 관계를 유지하면서 결과적으로는 삼국의 발전을 도왔다고 할 수 있다. 말갈의 뿌리가 숙신에 있고 그 숙신이 단군조선과 관련이 있다면 말갈의 위상은 달라지는 것이다. 그래서 신문왕 때 통일 이후 중앙군사조직(구서당)에 말갈국민으로 조직한 '흑금서당'을 편성한 것은 당시 고대 신라인들의 말갈관을 반영한 것이라고 할 수 있다.

6. 발해와의 관계

말갈과 발해의 관계는 한마디로 말하면 '渤海如靺鞨'이다. 즉 발해는 곧 말갈이라는 것이다. 만주에는 발해라는 옛 고대국가가 있었다. 현재 만주에는 만주족이 살고 있고 그 만주족의 전신인 말갈족이 살았던 곳이다. 그 만주에는 옛 말갈인들이 그러했던 것처럼 수렵과 낚시만으로 살아가는 사람들이 있다. 발해 땅에 살고 있는 말갈족의 후예인 '우데계족'과 '나나이족'이 그들이다. 그들은 스스로 말갈족의 후예라고 자처하며 살아가고 있다.[43] 러시아 연해주 솔빈강에는 옛 발해의 흔적을 찾을 수 있다. 그것은 바로 발해 고분이다. 최근에 발굴된 발해 고분은 약 830년, 즉 9세기 초, 중반에 해당된다고 한다. 발해 토기로 알려진 점열무늬(點列紋) 토기가 9세기 발해 병사 무덤에서 나왔다. 지역 명을 따라 체르냐찌노 발해고분[44]이라고 한다. 이 고분에서 발해 병사의 것으로 보이는 고분 42기가 나왔고 상황을 추정해 볼 때 격전의 현장이라고 볼 수 있다. 발굴된 발해 병사의 토광묘는

---

43) 제임스 포사이스 저; 정재겸 역, 『시베리아 원주민의 역사』, 솔출판사, 2009.
44) 한·러 공동 연해주 발해유적 발굴 조사단에 의해서 발굴된 연해주 우수리스크 부근 체르냐찌노 지역의 발해 고분유적으로 발해의 솔빈부가 위치하였던 지역이다. 발해(698년 ~ 926년) 武將의 석실분과 철제 창, 검, 화살촉, 갑옷편, 인골 등이 출토되었던 곳이다. 이 고분 주변에는 발해의 산성과 주거유적이 함께 있어 발해인들의 생활과 문화를 밝힐 수 있는 중요한 유적이라 할 수 있다.

9세기 발해시대로 말갈계 병사의 무덤으로 밝혀졌다. 시대적으로 보나 위치로 보나 발해의 유적임에는 틀림이 없다. 우리 조상의 유물이지만 현재 지역이 러시아 지역이므로 러시아 극동기술대 발해 연구실과 한국 발굴단이 합동으로 발굴을 하였다고 한다. 발해 토기 안에는 병사가 먹다 남은 음식 찌꺼기 일부 남아 있었고 그것 외에 화살촉, 철제버클, 철제 찰갑(갑옷의 갑편), 청동 패식 등이 보인다. 9세기 전반의 발해산성, 즉 체르냐찌노 발해산성은 고구려 건축양식을 그대로 사용했다. 이 산성 안에는 군사지역, 행정구역, 주거지역 등으로 구성되어 있는 것을 알 수 있었다. 발해 고분에서는 병사 무덤과는 다른 장군 것으로 추정되는 석총이 발견되었다. 즉 고구려계 장군과 말갈계 병사들의 무덤으로 정리가 되었다.[45] 한규철에 의하면 발해의 지배계층은 고구려 유민들이고 피지배계층은 말갈족이라고 해서 서로 다른 민족이 발해를 구성하고 있었다는 견해는 주로 일본에 의하여 주장되다가 우리나라에서도 그대로 받아 들여 고착화된 것이라고 한다. 그래서 고구려계와 말갈계로 분류가 된 것이라고 한다.[46]

　말갈족의 후예라고 하는 우데계족은 지금의 연해주지역에 살고 있다. 그들이 살고 있는 곳에는 비긴강이라는 강이 있다. 만주지역의 젖줄이라고 할 수 있는 비긴강은 만주어로 '길다란 강'이라는 뜻이다. 우데계족에 있어서 비긴강은 집이자 일터이다. 그 옛날 말갈인들이 그러했던 것처럼 숲에서 사냥하고 낚시하는 것이 전부인 사람들이다. 살아있는 자연 속에서 먹을 것을 찾고 자연과 함께 살아왔던 사람들이다. 우데계족에 있어서 고유문화란 그저 사냥과 '우데게어' 뿐이다. 문화가 독특하다고 하지만 말갈인만이

45) 정석배, 체르냐찌노 2 주거유적: 제5차 한·러 공동 연해주 발해 문화유적 발굴 조사, 한국의 고고학 통권 6호, 주류성출판사, 2007.
46) 한규철, 고구려의 계승성을 통해서 본 발해국의 정체성, 고구려연구 제18집, 고구려연구회, 2004.

그들의 문화를 이해할 수 있다. 발해의 실체를 밝히는 데는 말갈의 실체가 아주 중요하다. 크라스노야르는 우데게족의 집성촌이다. 매년 8월이면 우데게 축제가 있다. 연해주에 사는 소수민족들이 모이는데 곰 토템이 있어 왔음을 알 수 있다.

서병국에 의하면 말갈족을 미개한 야만족으로 취급했던 것은 작은 중국, 소중화주의에서 나온 것으로 우리와 별개 민족으로 보려고 했던 것이다. 이렇게 역사를 보는 것은 온당치가 않다. 이로 인해 우리의 역사 무대는 더욱 좁아지게 되었다.[47]

만주족의 샤먼의식은 애니미즘으로 무생물에도 영혼이 있다는 세계관으로 바위(산)을 숭배한다. 우리의 성황당처럼 되어 있다. 바위산에서 고사를 지내고 가장 소중한 것을 바친다. 그리고 우리들처럼 3배를 한다. 자연숭배사상이 유사하다. 매장할 때 생장, 화장의 두 경우가 있고 유물로 홍옥 목걸이 등이 부장품으로 들어가 있다. 발해시대 관습으로 청동방울, 은장신구 등은 고구려와 비슷하다. 발해문화는 고구려의 천손문화를 계승했기 때문에 중국문화와는 다르다. 그리고 발해인들은 스스로 독자적인 문화를 발전시켰다. 내세에도 현세의 삶을 계속 유지한다는 의미에서 무덤에 평소 갖고 있었던 물건을 같이 매장을 했다. 토기를 보더라도 고구려계 토기, 발해 토기, 말갈계 토기가 각각 존재하고 때로는 같이 출토되는 것으로 보아 말갈계 토기가 있던 지역도 다 발해의 영역이라고 볼 수 있다. 말갈, 발해, 여진은 한국인들의 관념 속에서는 순차적인 관계로 받아들여진다. 하지만 러시아 학계의 의견은 한국과는 다르다. 말갈 다음에 발해가 존속하는 것은 맞지만, 그렇다고 말갈과 발해가 모든 지역에서 순차적인 관계를 보이

---

47) 서병국,『고구려인과 말갈족의 발해국』, 한국학술정보, 2007.

는 것은 아니라는 것이다. 오히려 말갈을 발해와 병행적인 관계로도 볼 수 있다는 것이다. 이러한 복잡한 상황을 염두에 두지 않는다면 말갈과 발해에 대한 연구는 모두 명백한 한계를 지닐 수밖에 없다는 것이다.[48]

아무르 및 연해주 전 지역에서 말갈과 발해 문화 유적이 발굴되는데, 정확하게 시대 구분은 어렵지만 발해문화 유적은 정확하게 발해의 동경용원부와 솔빈부가 있었던 곳에 위치하고 있는 것으로 보아 발해유적이 틀림이 없다. 그리고 아무르강 위쪽은 말갈 유적과 일부 여진 유적도 보인다. 이것은 바로 발해 초기에 별도로 존재했던 흑수말갈의 유적들이다. 흑수말갈의 후예들이 생여진이고 금나라 건국의 주체가 되기도 한다. 시대별로 정확하게 나눌 수는 없어도 분명 동시대에 발해와 말갈은 공존했었고, 문화적으로 영향을 받으며 상대적으로 우수한 발해문화를 공유하면서 결국 발해에 복속되었을 것이다. 말갈과 중국이 연관된 것은 아무 것도 없다. 예로부터 말갈과 한민족은 만나왔고, 말갈과 한민족은 함께 발해를 이루었고 서로 협력하고 교류하였다. 말갈과 한민족은 하나로서 발해의 주인이었다. 중국과는 언어, 종교, 풍습 등 모두가 다르다. 그래서 말갈사와 발해사가 중국으로 포함된다는 것은 터무니없는 말이다.[49]

7. 옥저와의 관계

옥저는 기원전 4~3세기경부터 지금의 함경도 지역에 정착하면서 동해안을 따라 연해주로 이어지는 환동해 지역에 살았던 집단이다. 옥저의 북쪽

---

48) 정석배, 「아무르·연해주 지역의 말갈 – 연구현황과 과제」『고구려발해연구』35집, 고구려발해학회, 2009, pp.75~76.
49) 민성욱, 「한국사에서 말갈인식에 관한 연구」, 국제뇌교육종합대학원대학교 박사학위논문, 2012.

에 있던 집단인 읍루는 더욱 알려지지 않은 존재이다. 읍루인들은 옥저인들이 살고 있는 곳에 내려와서 자연스럽게 섞여 살았고, 나중에 고구려와 백산말갈을 형성하였다. 강인욱은 한국고대사에서 한 축을 담당한 북방민족인 옥저와 읍루를 고고학 자료를 통해 과거 사람들이 살았던 모습을 밝히고, 알려지지 않은 북방의 역사를 소개하고 있다.[50]

옥저와 읍루는 '환동해 문화권'이라고 알려진 러시아 아무르강 하류 유역부터 연해주를 거쳐 한반도 동해안에 이르는 지역에서 살았다. 두만강 건너편 평야지대에서는 발해 유적이 집중적으로 발견됐다. 하지만 조사 결과 2000년 전의 옥저 사람들이 온돌집을 짓고 밭농사를 지으며 살던 유적이 드러났다. 옥저인들은 한국의 전통적인 배산임수(背山臨水) 형태의 마을을 이루고 살았다. 철제 농기구를 통해 농사를 지으며 고조선, 중국과 원거리 교역을 했다.

고고학에서 '폴체 문화'라고 불리는 읍루는 기원전 8세기부터 서기 3세기까지 이어졌다. 이들은 강력한 군사력을 가지고 산속에 요새처럼 마을을 만들고 살았다. 옥저와 교역하거나 때로는 충돌하기도 했다. 산속에서는 모피동물을 사냥하고 양과 염소를 목축했지만, 평지에서는 잡곡 농사를 지었다. 이들은 어느 지역에나 적응할 능력이 있었으므로 북방으로 큰 범위에 걸쳐 존재했다.

최신 고고학 자료들은 옥저와 읍루를 변방의 작은 오랑캐 집단으로 보는 것을 거부한다. 그들은 동해안의 독특한 지리환경에서 고유한 문화를 발달시킨 사람들이고 문화적 저력이 매우 컸다고 할 수 있다. 따라서 이들 북방지역 연구를 통해 남한이라는 좁은 틀에서 벗어나 유라시아 대륙과 끊임없

---

50) 강인욱, 『옥저와 읍루』, 동북아역사재단, 2020.11.

이 영향을 주고받았던 한민족의 역사를 다시 조명해야 할 필요가 있다.

IV. 한국고대사 인식 체계의 확립

한국·중국·일본 등 동북아시아의 말갈에 대한 기존 연구 결과를 전체적으로 파악해 보니 다음과 같은 문제가 있었다. 우선 전통적인 한국 고대사 인식체계에 따라 『삼국사기』 초기기록을 부정하고, 중국사서의 기록만 맹신함으로써 말갈의 실체를 정확하게 파악을 못하는 오류가 발생하였으며, 한국·중국·일본 및 러시아 등 각 국가별로 자국의 이해관계에 따라 말갈의 실체나 역사 귀속의 문제를 자의적으로 해석하고 있다는 것이다. 특히 중국학계의 경우 말갈연구가 결국 동북공정과 연결하여 중국사로 편입하려는 의도를 갖고 있고, 일본의 말갈연구 결과는 과거 만선사관과 일선동조론에 맞춰진 내용으로 현재는 그 설득력을 잃고 있다. 한국학계는 『삼국사기』 초기기록에 등장하는 말갈을 동예 등으로 보는 등 거짓말갈이라는 '위말갈설'이 지배적인 견해였었고, 중국사서에 등장하는 말갈은 한민족과는 다른 이민족 오랑캐로 보았다. 『삼국사기』와 중국정사 25사는 그 특성이 다르다. 그렇기 때문에 특정 사서의 기록만 인정할 것이 아니라 그 특성에 따라 상호 보완적으로 관련 기록을 비교 및 검토하면 말갈을 인식할 때 오류를 줄이고 말갈의 실체에 보다 가깝게 접근할 수 있으리라 본다. 또한 기존 연구결과를 종합적으로 판단해 보면 말갈은 역사에 등장하는 시기별로 다르게 인식해야 한다는 결론에 도달하게 된다. 초기에는 말갈을 만주 및 한반도 일대에 분포하고 있었던 예맥계통으로 보아야 하고, 고구려의 세력이 커져서 제국의 면모를 갖추어 갈 때 고구려에 복속되어 고구려의 변방주민을 일컫는 범칭이 되기도 하였다가 후기에는 예맥계와 숙신계의 융합 형태로서 고구려를 구성하는 종족이 되었으며, 발해 건국의 주체와 기층민으로 각각 참여하게 되었다.

이제부터라도 말갈을 한국·중국·일본 등을 포함한 동북아시아의 역사적 갈등을 해소하고, 한국고대사의 인식체계를 바꿀 수 있는 핵심 키워드 중 하나라고 인식할 필요가 있다. 그 동안 한국사에서 말갈을 어떻게 인식해 왔는지, 국내사서인 『삼국사기』와 『삼국유사』 등을 면밀히 검토하고, 후대의 기록인 『고려사』나 『조선왕조실록』 등에도 말갈(여진)관련 기록이 나오고 있음도 확인하였다. 또한 중국25사나 일본사서인 『일본서기』나 『속일본기』 등에도 말갈(발해)관련 기록들이 나오고 있음도 확인하였다. 역사문화적으로나 종족계통으로 보아도 우리나라와는 그 친연성이 많았고 연관성이 많았던 말갈은 분명 한국사에서 일정한 지분을 갖고 있었다고 할 수 있으며, 나아가 현재 대한민국을 구성하는 여러 집단 중 하나이므로 한민족의 한 갈래로 볼 수 있다. 그렇게 인식해야만 발해사를 온전하게 한국사로 편입할 수 있을 뿐만 아니라 고구려와 발해를 중국의 지방정권의 역사라고 주장하는 중국의 동북공정에 적극적으로 대응할 수 있는 전략이라고 생각한다. 이제 더 이상 말갈의 실체 유무를 논할 것이 아니라 말갈이 그 실체가 있음을 전제로 한 실체적인 접근 방법으로 연구를 해야 된다. 또한 특정 사서나 특정 사관이라는 제한된 연구방법으로는 더 이상 의미가 없음을 이해해야 된다.

말갈은 광범위한 지역에 다양한 형태로 존재했다. 그리고 오랜 기간 만주지역에서 존속했다. 만주와 한반도를 오가며 한민족의 한 갈래로 그들 나름의 역할을 해왔던 말갈을 다양한 관점과 연구방법으로 연구를 해야 된다고 본다. 말갈 유적지라고 알려진 중국 만주지역과 러시아 연해주 등을 현장 답사하고, 해당 지역 전문가의 자문과 함께 말갈의 후예들이라고 자처하며 살고 있는 만주족이나 러시아 연해주 등에 소수 민족으로 살고 있는 우데게족이나 나나이족 등에 대한 인터뷰나 현지조사도 필요할 것으로 보이며, 동일한 북방민족에 대한 여러 연구자들과 만나 학술토론을 실시하고 나아가 그러한 학문적 성과들을 학술회의 등의 방식으로 공개하는 방식으로 연구를 전개해 나가야만 말갈에 대한 실체적 접근이 가능하다. 그렇게 되면 정확한 역사 이해를 통한 현실 속 동북아시아 지역의 역사문제들을 해결할 수 있는 기반을 마련하게 될 것이다.

말갈을 비롯한 만주지역의 제 민족들은 변화무쌍하고 매우 복잡하다. 이 사람들이 한번 움직일 때 마다 세계사가 한 번씩 바뀌었다. 우리가 평소에 잘 안다고 하지만 그렇지 못한 것이 현실이다. 소위 말하는 북방유목민족들의 역사를 보면 가장 먼저 세계사에 영향을 미친 민족은 스키타이 이다. 스키타이의 뒤를 이어 온 유럽을 두려움에 떨게 한 훈족(흉노), 다음으로 아바르족, 불가르족, 하자르족, 마자르족 등이 뒤를 이었고, 우리가 잘 알고 있는 선비족, 거란족, 몽골, 여진족 등이 차례로 등장했다가 만주와 한반도를 거쳐 일본으로 건너간 일본족이 막판에 세계를 뒤흔들었다. 그런데 무슨 이유로 이 사람들이 움직일 때마다 세계사가 뒤바뀌는지를 제대로 이해할 수 있다면 우리 스스로의 정체성을 확립하는 데도 큰 도움이 될 것이다.

말갈족이 광범위하게 분포하고 있었다는 만주는 한국사에서는 특별하다. 한국의 고대 및 근대의 역사가 살아 숨 쉬는 곳이다. 그래서 만주는 한국사와 많이 연결되어 있다. 그러므로 말갈사를 비롯한 만주사를 제대로 정리할 필요가 있다. 만주 제 종족에 대한 민족사 정립이 제대로 안되어 있다 보니 말갈사를 비롯한 만주사가 중국사로 둔갑해 버린 것이다. 러시아도 만주에 대한 연고권을 주장하고 있고, 최근 연해주 지역의 발해 유적 발굴 조사에 적극적이다. 최근 몇 년 동안 한국·러시아 공동으로 발해 및 말갈 유적·유물 조사를 러시아 연해주지역에서 실시해서 많은 성과가 있었다. 여기서 검토가 필요한 것은 과연 그 유적 및 유물이 발해 혹은 말갈의 유적·유물이 맞는가와 맞는다면 한반도 및 만주지역에서 언제 어떻게 연해주 지역까지 이동 하였는가 이다. 발해 및 말갈관련 사료들을 종합적으로 분석해 볼 때 말갈이 유목민으로서의 특성을 갖고 있고, 시·공간적으로 광범위한 지역에서 거주하였다고 한다면 다른 북방 제 종족들과의 융합이 이루어지는 과정 속에서 그 중 일부가 현재의 연해주 지역으로 이동했을 가능성이 높다. 따라서 러시아 연해주 지역에서 발굴되는 말갈 유적 및 유물은 원래 말갈의 고유한 형태라기보다는 다른 종족과 융합된 형태라고 볼 수 있다. 만주사는 중국사도 아니고 아주 혼란스럽고 복잡해 졌다. 그래서 말갈사를 포함한 제대로 된 만주통사가 하루 빨리 집필이 되어야 할 것이다. 말갈을 비롯한 만주의 여러 민족들을 포함하는 만주통사가 정리가 된다면 한국사뿐만 아니라 동북아시아의 역사체계가 바르게 확립될 것이다.

V. 맺음말

말갈은 실체가 있었고 실존했던 집단이기 때문에 여러 국가(민족)들과의 관계사들이 남아 있다. 이러한 관계사적 고찰을 통하여 종족 계통과 함께 역사 귀속의 문제도 밝혀질 수가 있다. 중국 입장에서 한낱 중국 동북지방의 역사이지만 한국은 그 근원이 되면서 주된 역사라고 말해도 과언이 아니다. 한국사의 첫 출발점이라고 할 수 있는 고조선(숙신)의 역사가 그러하고 그 이후 부여가 있었고, 고구려 때에 오면 다물이라고 하여 고조선의 옛 영토를 회복하고자 하였다. 결국 고조선의 정통성을 계승한 고구려가 대제국을 건설하였다. 고구려가 멸망한 이후 고구려를 계승하고자 했던 발해의 대조영은 동생 대야발을 시켜 단군조선의 역사서인 『단기고사』를 쓰게 하였다. 이것은 고구려도, 발해도 모두 그 뿌리는 단군조선에 있음을 잘 알 수 있는 내용이다. 발해를 건국한 주체의 성격도 규정이 가능하고 대조영의 출자관계도 정리할 수 있다. 이렇듯 말갈이 한민족의 한 갈래이고 오늘날 대한민국을 구성하는 한 일원이라면 한국고대사는 새로 쓰여 져야 할 것이다.

위와 같이 고구려사와 발해사가 그러했고 그 뿌리가 되는 고조선의 역사가 동북아시아의 중심이었다. 한반도를 비롯하여 만주지역과 요동·요서지역을 모두를 아우르는 지역은 동북아시아를 주도하는 민족과 국가들의 역사를 갖고 있다. 그 역사를 제대로 이해하기 위해서는 광범위하게 전 지역에서 그 생활터전을 갖고 있었고 유목민족으로서 이동을 반복하면서 여러 민족들을 만났고 그들과의 관계를 통해 그 지역의 새로운 역사를 써 왔던 말갈, 비록 스스로 역사서를 남겨 놓지는 않았지만 관계사적 측면에서 말갈과 여러 민족 간의 관계에 대한 고찰을 통해 한국사를 비롯하여 동북아시아의 역사를 올바르게 이해할 수 있으며, 그러한 역사적 이해를 바탕으로 동북아시아의 역사적 갈등을 해소할 수 있고, 새로운 동북아시아의 질서를 재편할 수 있을 것이다. 이러한 말갈과 한국사를 구성하는 여러 국가(민족) 간의 관계사 연구를 통해 밝혀진 내용을 다음과 같이 정리해 볼 수 있다.

첫 번째, 고구려와의 관계에서 고구려 건국지에 이미 말갈집단이 존재했으므로 말갈은 만주지역의 원주민이며, 한민족의 원류인 고조선과 관련이 있다. 조선이라는 국호가 생기기 전에 숙신이 존재하였고 그 숙신에서 중국 한족과 다른 한민족의 고유한 문화가 형성되었다. 숙신은 중국 한족들의 팽창에 따라 지금의 요동지역으로 이동하게 되었고, 이동한 그 자리에 조선이라는 국호를 가진 고대국가, 즉 고조선이 생겨났던 것이다. 한편 요동지역에 정착한 숙신은 퉁구스계와 섞이면서 다양한 종족계통이 생겨나게 되었다. 고구려는 토착민이자 고조선과 관련이 있는 말갈에 대하여 존중과 협력을 바탕으로 한 친말갈 정책을 펼쳤을 것이고 말갈은 고조선의 정통성을 계승하고 건국 초기부터 세력이 강했던 고구려에 우호적이고 협조할 수밖에 없었을 것이다.

두 번째, 백제와의 관계에서 말갈은 기록상으로 보면 유난히 백제를 많이 괴롭힌 것으로 되어 있다. 온조왕은 백제를 건국하고 첫 번째 대외정책이 말갈과의 국경분쟁을 해결하는 것이었다. 백제는 말갈과의 대외관계를 통해 고대국가로서의 체제를 조기에 갖추게 되었고, 그래서 고구려와 신라보다는 백제가 가장 먼저 최전성기를 이룰 수 있었다. 그런데 제8대 고이왕 때에 이르러 말갈과 뜻밖의 평화관계가 성립된다. 특히 이러한 평화관계가 고이왕계에서 다시 온조왕계로 바뀌는 기간까지 유지된다는 것이다. 고이왕 때 말갈과 백제 간의 상호 우호적인 관계 형성은 고이왕이 말갈계가 아닌가 하는 합리적인 추정을 가능하게 한다. 만약 고이왕이 말갈계통 이라면 이것은 우리 고대사를 다시 써야 될 지도 모를 일이다. 왜냐하면 백제는 고이왕 때 관등을 정비하였고, 좌평과 같은 주요 관직과 제도 등이 생겨나는 등 고대국가로서의 체계를 갖추었기 때문이다. 또한 『삼국사기』「백제본기」온조왕조에 기록에 따르면 백제의 동쪽에는 낙랑이 존재하고, 북쪽에는 말갈이 분포한다고 되어 있다. 이것은 말갈의 위치를 추정할 수 있는 내용이고, 여기서 낙랑은 낙랑국이 아니라 요서지역에 있었던 한군현 중 하나인 낙랑군이다. 즉 한군현이 한반도가 아니라 요서지역에 있었다는 것을 알려 주는 내용으로 백제의 건국지가 한반도 중부지역이 아니라 요서지역이었다는 사실 또한 알려주는 내용이라고 할 수 있다.

세 번째, 신라와의 관계이다. 신라와 말갈의 교섭 기록은 고구려와 백제보다는 상당히 늦은 시기에 나온다. 이것은 초기 신라와 말갈은 서로 만날 수 있었던 위치가 아니라는 것을 알 수 있고, 첫 교섭 이후에 말갈은 항상 신라의 북쪽 국경을 침범하는 것으로 봐서 신라의 북쪽에 위치하고 있었다고 할 수 있다. 따라서 경제적인 이유로 신라의 북쪽 국경을 침략하여 약탈해 가는 것이 그들의 생존방식이었다. 그런데 신라 일성이사금 때 이찬 웅선은 말갈 정벌에 불가함을 아뢰었고 왕은 그것을 받아 들여 말갈을 정벌하지 않았다. 이것은 물론 다른 이유도 있겠지만 신라와 말갈 간의 특별한 관계가 있음을 유추해 볼 수 있다. 말갈은 삼국 성립기 이전에 이미 만주 및 한반도 지역에 분포하고 있었고, 삼국이 성립된 이후에는 일정한 관계를 유지하면서 결과적으로는 삼국의 발전을 도왔다고 할 수 있다. 말갈의 뿌리가 숙신에 있고 그 숙신이 단군조선과 관련이 있다면 말갈의 위상은 달라지는 것이다. 그래서 신문왕 때 통일 이후 중앙군의 군사편제를 9개의 서당, 즉 신라계(3개), 고구려계(3개), 백제계(2개), 말갈계(1개)로 편성한 구서당이 있었는데, 여섯 번째 서당이 '흑금서당'으로 그 구성원을 '말갈국민'으로 하였다. 이것은 규모만 달랐을 뿐 고구려, 백제, 신라와 동등하게 말갈을 인정하고 있는 것이다. 따라서 통일 전후 신라인들의 세계관으로 보면 삼국시대가 아니라 말갈을 포함하는 사국시대가 되어야 하는 것이다.

네 번째, 발해와 관계이다. 고구려가 나·당연합군 의해 멸망한 후 고구려 영토 내에서 고구려 부흥운동이 일어났다. 고구려의 왕족이나 귀족 등 핵심집단들은 당나라의 산개정책에 따라 뿔뿔이 흩어졌고, 거기서 자유로울 수 있었던 말갈인들이 고구려 부흥운동에 적극적으로 참여할 수 있었으며, 흩어졌다가 도망쳐 온 고구려 유민들과 말갈인들 중심으로 발해가 건국이 되었다. 그래서 당나라에서는 처음에는 말갈의 나라라는 의미에서 '말갈국'이라고 불렀고, 신라도 '발해말갈' 혹은 '말갈'이라고 불렀다. 그러다가 최치원 때 와서 발해를 '북국'이라고 표현한다. 이것은 '사불허북국거상표(謝不許北國居上表)'에 나오는 말로 바로 발해에서 스스로 강대국을 자처하면서 신라보다 윗자리에 앉아야 된다고 당나라에게 정식으로 요청하였지만 당나라는 발해의 요청을 거절하였고, 이에 최치원은 너무나 감읍한 나머지 '사불허북국거상표(謝不許北國居上表)'라는 표문을 지어 당나라 황제에게 감사의 글을 올리게 된다. 이 글에서 최치원은 발해의 원류를 말갈이라고 하였고, 최치원이 올린 표문을 통해 알 수 있는 것은 당시 당나라인과 신라인들은 발해를 말갈로 인식하였다는 것이다. 그리고 최치원의 영향을 받은 신라인들은 발해를 북국이라고 표현하면서 신라와 발해를 남·북국으로 인식하려고 하였다. 따라서 당시 역사인식으로 보면 발해와 말갈을 동일 시 했음을 알 수 있다.

다섯 번째, 우리 역사에서 주변으로 인식되어 왔던 부여, 옥저와 타자화되어 주변으로도 인식되지 못했던 말갈, 그들 간의 관계를 살펴보면 우리가 역사를 어떻게 바라보아야 되는지 잘 알 수가 있다. 부여는 고구려와 백제와 같은 예맥계 국가들이 정신적으로 계승했다는 기록이 남아 있다. 말갈 7부 중 속말말갈 및 백산말갈은 예맥계 말갈로서 부여계 말갈이라고도 한다. 이러한 부여계 말갈은 자연스럽게 고구려인이 되었고, 고구려 멸망후 발해를 건국하는 주체 세력이 되었으며, 이러한 이유로 중국사서에서는 발해말갈이라고도 한다. 옥저는 동해안의 독특한 지리환경에서 고유한 문화를 발달시켰고, 온돌이라는 독특한 난방문화를 만들어 한민족 고유의 난방문화로 정착시켰다. 또한 지리적으로 가까운 읍루와 교류하면서 환동해문화권을 형성하였다. 비록 이른 시기에 고구려에 복속되어 독립적인 국가로서 발전하지는 못했지만 고구려라는 천하질서 안에서 상당한 기간 동안 정체성을 유지하면서 고구려문화라는 한민족의 대표적인 문화를 형성하는 데에 기여하였다. 따라서 이들 북방지역의 연구를 통해 한반도라는 좁은 틀에서 벗어나 유라시아 대륙과 끊임없이 영향을 주고받았던 한민족의 역사를 다시 한 번 조명해야 할 필요가 있다.

이렇듯 말갈족이 광범위하게 분포하고 있었다는 만주는 한국사에서는 특별하다. 한국의 고대 및 근대의 역사가 살아 숨 쉬는 곳이다. 그래서 만주는 한국사와 많이 연결되어 있다. 그러므로 말갈사를 비롯한 만주사를 제대로 정리할 필요가 있다. 따라서 앞으로 만주 제 종족들에 대해서 깊이 있는 연구가 필요하다. 말갈의 전신이라고 하는 숙신, 예맥, 동호 등에 대한 연구와 후대의 제 종족들과의 연관성 그리고 북방유목민족들 간의 상호 연관성과 그들의 움직임이 갖는 세계사적 의의를 살펴봄으로써 한민족의 기원과 원류를 알아볼 수 있고, 주변 제 종족들 간의 관계를 다시 설정하여 동북아시아에 갇힌 것이 아니라 세계사적으로 연구 범위를 확대해 나가야 할 것이다. 이제 한국사를 넘어 동북아시아에서 말갈과 여러 민족 간의 관계 연구를 통하여 새로운 역사 인식과 한국 및 동북아시아 고대사 연구 발전에 기여했으면 한다.

말갈은 어느 날 갑자기 나타났다가 사라진 종족이 아니다. 동일한 시간적, 공간적 배경을 갖고 보면 우리 이웃으로 존재하기도 하였고, 우리 역사의 일부로서 존재하기도 하였다. 최근 고고학적 발굴 성과에 따라 말갈 문화가 밝혀지고 있다. 연해주와 하바로프스크 등 극동 전역에서 3세기 ~ 6세기에 큰 세력을 이루고 살아왔던 것이다. 이것은 여전히 현재진행형이며, 말갈의 후예들이라고 하는 다수의 종족들이 있어 말갈의 실체를 제대로 연구하고 밝혀야 할 필요성이 생겼다. 만주지역에서 광범위하게 살면서 그들은 때때로 고구려나 발해에 복속되기도 하며 점차 선진문명을 흡수하면서 발전하였다. 말갈은 많은 사서에 등장하지만 독립된 국가체제를 갖추지 못하였고 자체 기록으로 남겨진 역사서가 없기 때문에 그 실체를 규명하기가 어려웠다. 하지만 몇몇 사서에 보면 그냥 넘겨버릴 수 없는 내용들이 나온다. 『삼국사기』에서는 서기전 37년부터 921년까지 958년 간 말갈이 등장하고, 563년 『북제서』에 등장한 이래로 『수서』 「동이열전」에 독립된 열전으로 들어갔으며, 그 뒤에도 『구당서』 『신당서』 등에도 「말갈전」이 존재한다. 일본에서도 말갈관련 기록이 많지는 않지만 존재한다. 『속일본기』 『유취국사』 등의 말갈관련 기록이 그것이다. 이렇듯 한·중·일 사서에 직·간접적으로 말갈기록이 많이 남아 있다는 것은 말갈이 존재했던 그 시대만큼은 말갈이 동아시아 국가 내에서 무시할 수 없는 존재감을 갖고 있었다는 증거일 것이다.

　동북공정을 극복하고 이겨낼 수 있는 방법은 고구려 역사만 수호하는 데에 그치면 안 된다. 위대한 고구려의 역사가 홀로 존재했던 것이 아니라 고조선부터 이어져 왔고 그것이 고구려와 발해를 지나 현재의 한민족과 만주족까지 끊임없이 이어져 역사적 공통성이 존재했음을 밝혀내는 것이다. 한민족과 만주족의 가교 역할을 하는 존재가 바로 말갈이다. 사실 과거가 중요한 것이 아니라 과거로부터 현재에 이르기까지 단절 없이 이어져 왔다는 역사의 영속성, 그리고 그것이 미래까지 연결될 수 있다는 희망이 중요한 것이다. 그 미래에 대한 희망을 통하여 인류의 역사는 발전해 왔던 것이다. 고구려와 발해 시대 때 만주지역에 살았지만 그 이전부터 만주 전역에 살고 있었던 말갈, 우리 역사에서 고구려와 발해가 중요한 만큼 말갈도 중요하게 인식해야 된다. 만주지역 역사의 영속성과 우리 역사와의 연계성을 찾아내는 과정이 필요하며, 본 논문도 그러한 과정의 일환이라고 할 수 있다.

참·고·문·헌

【원전】

- 『三國史記』, 『三國遺事』, 『朝鮮王朝實錄』, 『高麗史』, 『中國正史朝鮮傳』

【단행본】

- 강인욱, 『옥저와 읍루』, (동북아역사재단, 2020.11.)
- 김교헌 지음; 고동영 옮김, 『신단민사』, (한뿌리, 2006.)
- 김교헌 지음; 이민수 옮김, 『신단실기』, (한뿌리, 1994.)
- 김락기, 『고구려의 동북방 경역과 물길 말갈』, (경인문화사, 2013.10.)
- 김정학, 「문헌 및 고고학적 고찰」, 『한국사론』14, (국사편찬위원회, 1985.)
- 남주성 역주, 『흠정만주원류고』 상권, (글모아출판, 2019.)
- 문안식, 『한국고대사와 말갈』, (혜안, 2003.)
- 서병국, 『고구려인과 말갈족의 발해국』, (한국학술정보, 2007.)
- 신채호, 『조선상고사』, (일신서적출판, 1988.)
- 유소맹 지음; 이훈·이선애·김선민, 『여진부락에서 만주국가로』, (푸른역사, 2013.5.)
- 이병근 [외저]; 서울대학교 한국문화연구소 [편], 『한반도와 만주의 역사와 문화』, (서울대학교출판부, 2003.)
- 이성근, 『만주·몽골은 조선의 땅이었다』, (한솜미디어, 2009.3.)
- 장국종, 『발해국과 말갈족』, (중심, 2001.)
- 장진근 역주, 『만주원류고』, (파워북, 2008.)
- 정형진, 『고깔모자를 쓴 단군(부여족의 기원과 이동』, (백산자료원, 2003.)
- 정형진, 『천년왕국 수시아나에서 온 환웅』, (일빛, 2006.8.)

【학술지 및 논문】

- 강인구, 「백제초기 동계의 형성에 관한 일고찰(말갈과의 관계를 중심으로)」, 한

국정신문화연구원 한국학대학원, (1990.8.)

- 강인욱, 「靺鞨文化의 形成과 2~4세기 挹婁·鮮卑·夫餘系文化의 관계」, 『高句麗渤海研究』 33輯, 고구려발해학회, (2009.03.)

- 권은주, 「발해의 말갈 복속과 지배」, (경북대 대학원, 2002.)

- 권은주, 「靺鞨7部의 實體와 渤海와의 關係」, 『高句麗渤海研究』 35輯, (고구려발해학회, 2009.11.)

- 권은주, 「8세기말 발해의 천도와 북방민족관계 」, 『고구려발해연구』 제41집, (2011.11.)

- 김락기, 「고구려의 말갈 지배방식에 대한 고찰 : 백산부를 중심으로」, (인하대 대학원, 1999.)

- 김영천, 「말갈의 성장을 통해 본 고구려와의 관계」, (한국학중앙연구원 한국학대학원, 2006.)

- 김용백, 「춘천지역과 낙랑·말갈의 관계 검토」, 『江原史學』 제24·25합집, (강원대학교 사학회, 2010.)

- 김흥복, 「고구려와 말갈 관계의 연구」, (한국교원대학교 교육대학원(석사), 2006.)

- 민성욱, 「낙랑과 백제와의 관계 고찰을 통한 말갈의 위치 연구」, 『선도문화』 제15권, (국제뇌교육종합대학원대학교 국학연구원, 2013.8.)

- 민성욱, 「말갈과 여러 민족 간의 관계에 대한 시론적 연구」, 『선도문화』 제24권, (국제뇌교육종합대학원대학교 국학연구원, 2018.2.)

- 민성욱, 「한국사에서 말갈 인식에 관한 연구」, 국제뇌교육종합대학원대학교 국학과(박사), (2011.12.)

- 민성욱, 「한국사에서 말갈의 위상과 역할 정립에 관한 연구」, 『고조선연구』 제3호, (고조선학회, 2014.8.)

- 송옥진, 「삼국사기』 말갈(靺鞨)에 대한 기록 검토 」, 『선도문화』 제21권, (국학연구원, 2016.)

- 양시은, 「말갈 문화에 대한 고고학적인 검토」, 『高句麗渤海研究』 65집, (고구려연구회, 2019.)

- 조이옥, 「통일신라시대의 말갈연구」, 『이대사원』 26권, 이화여자대학교 사학

회, (1992.)

- 한규철, 고구려의 계승성을 통해서 본 발해국의 정체성, 고구려연구 제18집, (고구려연구회, 2004.)

- 한규철, 「『三國史記』의 靺鞨문제 」,『인문학논총』 제31집, (경성대학교 인문과 학연구소, 2013.)

거란어와 한국어의 친연성(親緣性)에 대한 연구

김태경
경영학박사, 『거란소자사전』 편저자

I. 서론

오랫동안 자기들의 고유문자를 가지지 못했던 북방 유목민족들은 제국을 건설한 후에 어느 정도는 독창적으로, 어느 정도는 이방인들의 조력을 받아가며 자기들의 언어구조에 맞는 문자를 창제하였는데, 거란문자도 그 중 하나이다.

거란족은 요 왕조 창건 직후인 10세기 초에 그들의 고유문자인 거란문자를 창제하였다. 먼저 태조 신책 5년(920)에 거란대자라는 것을 만들었으나 표의문자 성격이 강하여 자신들의 언어를 온전히 표현하기에는 충분하지 못하였다. 그래서 곧 이어 거란소자를 만들기에 이른 것이다.[1] 이 거란소자는 비록 표의문자가 일부 남아 있고 발음이 중복되는 알파벳이나 글자가 여럿 있어 한글처럼 과학적이지는 못하나 거란대자에 비해서는 많은 발전을 이루었다.[2]

그 동안의 거란문자 연구를 통하여 밝혀진 거란어[3]의 특성을 보면 같은

---

1) 거란소자의 제정 계기에 대하여는 "淸格爾泰, 「關於契丹文字的特點」, 『아시아 제민족의 문자』(태학사, 1997), p.106"을 참조하라.
2) 거란대자는 약 2천 개의 글자가 한자(漢字)처럼 독립적으로 사용되는 데 비하여, 거란소자는 약 4백 개의 낱글자(알파벳)를 조합하여 글자를 만드는 형태이다.
3) 거란어의 계통문제는 과거 중국학자들간에 의견이 분분했다. 어떤 이는 청조가 일찍이 솔론어(索倫語)로 『요사』, 「국어해」의 역사기록을 대조하였음에 근거하여 솔론어가 바로 거란어이니 거란어는 마땅히 만주-퉁구스어족에 속한다고 인식하였다. 어떤 이는 수사(數詞)나 간지(干支)의 기록방식이 몽골어와 부합한다는 이유로 몽골어족에 속한다고 인식하였다. 거란문자연구소조는 어휘자료 등으로 보아 몽골어족에 가깝거나 그 지파일 것이라는 결론을 내렸다(淸格爾泰·劉鳳翥·陳乃雄·于寶麟·刑復禮, 『契丹小字硏究』, 中國社會科學出版社, 1985, p.3); Janhunen의 결론도 유사한데, 거란어가 고대 몽골어와는 자매관계이며 거란-몽골어계(Khitano-Mongolic)라고도 부를 수 있는 훨씬 오래된 특정언어에서 두 언어가 갈라져 왔다고 주장한다(Juha A. Janhunen,"Kitan: Understanding the Language Behind the Scripts", *Script: International Journal of Writing System* 4, 2012, p.114).

알타이 제어에 속하여 우리말과 어순이 동일할 뿐만 아니라, 모음조화현상이 있고 동사연결어미(부동사) 등도 두고 있어 어법상으로는 별로 낯설지가 않다. 또한 나중에 만들어진 거란소자의 경우에는 글자를 구성하는 방식이 한글과 유사한 점이 많고, 어휘에 있어서도 우리말과 어원이 동일하다고 볼만한 것들도 제법 나타나고 있어 우리말 비교 연구에도 유익한 정보를 제공해 줄 수 있으리라는 생각이 든다.

　본 논문은 이러한 점에 주목하여 거란어와 한국어의 어법구조, 제자 형태 및 어휘 비교 등을 통하여 두 언어간의 친연성이 과연 어느 정도인지를 살펴보는 데 목적을 두고 있다. 그러나 현재까지 해독된 거란문자가 전체의 절반 정도에 불과할 뿐만 아니라 해독결과에 대해서도 다른 견해들이 난무하는 상황이다 보니, 다른 언어와의 관련성을 논한다는 자체가 쉽지 않은 일이고, 특히 한국어와의 친연성 따위는 연구대상조차 되기가 어려운 분야이다. 그래서 선행 연구도 단지 몇 개의 유사 어휘만을 가지고 서로간의 언어 접촉이 있었을 것이라고 추정할 뿐이다. 실제 이와 관련하여 국내에서 처음으로 학문적 연구를 시도한 이는 단국대의 이성규 교수(2009, 2010, 2013)인데, 중국학자(孫伯君·聶鴻音)의 거란어 연구결과를 바탕으로 주로 두 언어간의 공통어휘를 비교하는 방식으로 진행하였고, 유사성 있는 9개의 어휘에 대한 비교결과를 제시한 바 있다. 이어 필자(2020)는 어휘의 비교 범위를 다소 넓혀 거란문 묘지(墓誌)나 『요사』에 등장하는 어휘 뿐만 아니라 중국 헤이룽장성의 다고르족과 윈난성의 "본인(本人)" 등 거란족의 후예라고 추정되는 이들의 언어 중에 잔류하고 있는 일부 유사 어휘에 대하여 살펴보기도 하였다.[4]

---

4) 필자는 2020년 6월 20일에 사단법인 "동북아시아역사연구회"가 주최한 학술세미나에서 "거란어와 한국어의 유사성에 대한 검토"라는 주제로 발표를 한 바 있으며, 그 내용은 조만간

이제 본 논문에서는 이러한 기존의 단편적 비교에서 벗어나 두 언어의 친연성을 어법상 특징, 자형구조(제자 방식), 한자어(한어 차용어) 표기방식, 유사 어휘 등 다각도로 비교 분석해 나가고자 한다. 즉, 중국어나 몽골어·만주어의 입장에서 바라본 거란어가 아닌 한국어의 입장에서 거란어와의 친근 관계를 비교해 보자는 것이다. 그럼으로써 두 민족의 역사적 관계성 뿐만 아니라 당시 동북아 지역의 언어 분포에 대한 몇 가지 기초자료를 도출해 낼 수 있으리라고 본다.[5] 아울러 이를 통해 우리말의 어원 연구 등 인접 학문에도 어느 정도 도움을 줄 수 있을 것으로 본다.

II. 어법구조에서 본 유사성

거란어가 알타이 제어에 속하는 만큼 우리말[6]의 어법구조와 유사한 여러 가지 특징들을 가지고 있다. 예컨대 ① 문장의 구조가 '주어 + 목적어 + 동사(S+O+V)' 순으로 이루어진다는 점, ② 모음조화현상이 존재한다는 점, ③

『고려시대 서북계 이해』라는 책자에 소논문으로 수록될 예정이다. 참고로, 당시 발표문의 제목이 본 논문과 다소 유사해 보이나, 당시 발표문은 주로 거란문자에 대한 해설과 두 언어의 어휘부문 유사성에 집중하고 있어 본 논문과는 내용면에서 크게 상이하다.

5) 현재 중국과 일본의 언어학계에서는 몽골계 제 언어들과 만주·퉁구스계 제 언어들의 공통 어휘 등에 대한 조사·연구가 활발히 이루어지고 있다.

6) 한국어의 계통적 위치는 람스테트(Ramstadt G. J.)의 가설에 의하면 몽골어·만주어·튀르크어와 함께 알타이어족에 속하는 것으로 되어 있다. 이러한 알타이어 가설이 많은 논쟁의 여지를 남겨둠에 따라 그동안 한국어와 알타이어와의 가설적 연관성에 대하여 국내·외적으로 다양한 연구가 진행되었다. 주목할 만한 것은 한국어의 기원을 탐구하기 위하여 유전학적 방법까지 동원된 적이 있다는 사실이다. 이 연구에서는 한국과 일본 인종 사이가 가장 가까운 거리라는 결과가 나왔는데, 하나의 조상에서 몽골인·퉁구스인, 그리고 제3의 조상으로 분화되고, 제3의 조상에서 터키인과 한국·일본인이 분화되었다는 결론을 내리고 있어 이채롭다. 이에 대하여는 "이상억 외, 「비교언어학 및 유전학적 방법에 의한 한국어 기원의 탐구」(『인문논총』 48, 2003), pp.109-145"를 참고하라.

동사연결어미가 존재한다는 점, ④ 소유 관계를 표시하거나 방향·위치 등을 나타내는 토씨(조사)를 명사와 같은 체언의 뒤에 두어 후치 수식이 이루어지도록 한다(즉, 영어나 중국어에서와 같은 전치사를 사용하지 아니한다)는 점 등을 들 수 있다.

물론 이러한 특징은 알타이 제어들에서 대동소이하게 나타나는 특징이라 할 수 있다. 그러나, 여타 알타이 제어들과는 달리 거란어만이 가지고 있는 특징도 있다. 즉, 고대 몽골어에서 일부 흔적이 나타나는 성(性) 구분이 대표적인 것이다. 우잉저(吳英喆)에 의하면 거란어에서는 성 구분이 두드러지는데, 명사·형용사·동사형 어미 형식에서 이러한 현상이 나타난다고 한다.[7] 핀란드의 알타이 언어학자인 유하 얀후넨(Juha A. Janhunen)의 경우는 그러한 이유 등으로 거란어가 정확히 어떠한 어군에 속하는지를 결정하기가 어렵다고도 토로하고 있다.[8]

그러다보니 이러한 제반 특징을 지닌 거란어를 실례로 들어서 다른 언어와 세부적으로 비교한 글은 쉽사리 찾아보기가 어렵다. 우리말과의 비교는 더욱 그러하다. 군이 들자면 고대 몽골어와의 부분적인 비교 정도가 있을 뿐이다. 따라서 본 장에서는 비록 초보적인 시도이긴 하지만 거란어가 가지고 있는 위의 어법상 특징들을 우리말과 구체적으로 비교해 보는 기회를 가지고자 한다.

1. 어순의 비교

거란어의 어순은 한국어의 어순과 거의 동일하며, 한문과는 현격히 차이

---

7) 吳英喆, 『契丹語靜詞語法範疇硏究』(內蒙古大學出版社, 2007), p.126.
8) Juha A. Janhunen, *op cit.*, p.112.

가 난다. 실례로 1900년대 초기에 요대 경릉에서 발굴된 거란의 제8대 황제인 도종황제(道宗皇帝)의 한문 애책(哀冊)과 거란소자 애책의 관련부분을 비교[9]하여 보더라도 이를 쉽사리 확인할 수 있다. 이러한 비교방법은 2020년에 필자가 소규모 학술세미나에서도 한 차례 소개한 적이 있는데, 바로 아래와 같은 내용이다.[10]

즉 첫 번째 문장은 한문으로 된 애책의 본문이고 두 번째 문장은 거란소자로 된 애책의 본문인데, 두 문장의 내용은 거의 유사하다. 이 두 문장을 비교하여 보면 한문은 전형적으로 S+V+O 형태를 띠고 있으나 거란문은 이와는 달리 S+O+V 형태인 것이 명확하게 드러난다.

[한문 애책 제4행]

大行天佑皇帝 崩于 詔陽川行在所
　　S　　　　V(*prep.*)　　　O

"대행천우황제께서 소양천 행재소에서 붕서하였다."

[거란소자 애책 제5행]

　　S　　　　　[O(*post.*)+*adv.*+V] [O(*post.*)+V] [O(*post.*) + V]

"도종인성대효문황제께서 북나수(北那水)에서 일찍이 [미해독]
　　S　　　　　[　　O(*post.*)　　+ *adv.* +　V　]

---

9) 1930년 도종 능을 발굴하였을 때에 마침 도종황제와 선의황후의 한문 애책과 거란문 애책이 각각 1조씩 발굴되었는데, 상호 대역 관계는 아니었지만 서로 비슷한 부분이 많아 거란소자 연구의 첫 단계인 한자·거란자 비교연구의 발단이 되었다.
10) 앞에서 언급한 2020년 6월 20일자 학술세미나 발표문 p.12의 내용을 조금 수정하여 옮겼다.

이달복(二撻卜) 못에 이르러

[O(*post.*)   + V]

알로타(斡魯朶) 행장(行帳)에 머물렀다가 붕서하였다.”

[O(*post.*)   +   V   ]

　상황이 이러하니 거란어 어휘의 의미만 분명해진다면 거란문으로 된 문
장을 우리말로 자연스럽게 읽어 내려가는 데에는 전혀 무리가 없게 된다.
반대로 이러한 어법 구조가 당시의 한인들에게는 무척 낯설게 보였던 모양
이다. 이러한 거란어의 어법을 짐작할 수 있는 내용이 송나라 때 사람 홍매
(洪邁)가 쓴 『이견지』(夷堅志)에 일부 기술되어 있는데, “거란의 아이들은
처음 글을 읽을 때 먼저 거란어로 그 문구의 앞·뒤를 바꾸어서 익히고, 한
글자를 가지고 두·세 글자로 사용한다(契丹小兒初讀書, 先以俗語顛倒其
文句而習之, 至有一字用兩三字者)”는 것이다.[11] 이 문헌은 거란의 어법관습
을 사실적으로 기록한 유일한 자료인데, 거란어가 한어와는 어법구조 자체
가 명확히 다름을 설명해 주는 것이라 하겠다.

2. 모음조화현상의 존재

　모음조화현상은 모음이 한 단어 안에서 나타날 때에 서로 공존하거나 배
척하는 현상을 말하는데, 알타이 제어가 다른 언어들과 구별되는 중요한
특징이다.[12]

　거란어에 모음조화현상이 존재한다는 사실을 최초로 입증한 이는 거란

---

11) 『夷堅志』(中華書局, 1971), p.514.
12) 알타이 제어의 모음조화현상과 각 언어별 특징에 대하여는 “김방한 외, 『몽골어와 퉁구스
어』, pp. 211~219.”를 참고하라.

문자연구소조[13]의 학자들이다. 이들은 여러 단어들을 대비시켜 연구한 결과, "**圥**[ha/a]·**为**[a]·**屮**[an]·**辛**[ai]·**木**[ar]·**方**[all]·**刋**[qa/aq]·**廾**[ʊ/o]·**內**[on]" 등의 알파벳(양성모음)과 "**态(态)**[gə]·**万**[əi]·**与**[ən]·**汖**[ər]·**圠**[əl]·**尺**[u/ö]" 등의 알파벳(음성모음)은 자기들끼리만 같은 글자 속에 함께 출현한다는 사실에 주목하였는데, 바로 모음조화현상의 영향이라는 설명이다. 그리하여 그들이 추가적인 연구를 진행하여 내린 결과가 거란어에는 "**圥**·**态**·**廾**·**尺**" 등의 모음을 중심으로 모음조화현상이 명확히 존재한다는 것이다.[14]

이러한 전설모음과 후설모음끼리의 조화현상을 구개적조화(口蓋的調和, palatal harmony)라고 부르는데, Nicholas Poppe의 주장에 따르면 하나의 단어에는 후설모음(a, o, u)은 후설모음끼리, 전설모음(e, ö, ü)은 전설모음끼리 오직 한 종류의 모음들만 출현한다고 한다. 외국어를 차용한 경우가 아니고서는 어떠한 단어에도 이들 두 종류의 모음들이 함께 등장할 수 없다는 것이다.[15] 거란어는 이러한 구개적조화 외에도 순적조화(labial harmony)[16]의 특징도 가지고 있는바, 이는 키르기즈어 같은 일부 터어키계 언어나 몽골제어에도 공통적으로 나타나는 일반적인 규칙이다.[17]

---

13) 1930년대부터 시작된 초창기 거란문 연구작업은 칭걸타이(清格爾泰)·류펑주(劉鳳翥) 등 5인의 거란·몽골어 학자들로 구성된 "거란문자연구소조(契丹文字研究小組)"에 의하여 집대성되었는데, 그 연구의 최종 결과물이 바로 1985년에 출판된 『거란소자연구(契丹小字研究)』라는 불후의 명작이다. 이 조직은 1975년에 결성되었는데, 그 구성 경위 등 자세한 내용에 대하여는 "劉鳳翥, 『契丹尋踪 — 我的拓碑之路』(商務印書館, 2016), pp.47~49."를 참고하라.

14) 契丹文字研究小組, 「關於契丹小字研究」, 『內蒙古大學學報』 1977-4(契丹小字研究專號), pp.77~83.

15) Nicholas Poppe, *Grammar of Written Mongolian* (Otto Harrassowitz, 1964), p.11.

16) 순적조화(脣的調和, labial harmony)라 함은 한 단어 내에서 원순모음(圓脣母音)만 또는 평순모음(平脣母音)만 나타나는 모음조화를 말한다.

17) 김방한 외, 앞의 책, p.217; 契丹文字研究小組, 앞의 논문, p.83.

참고로 이러한 모음조화현상이 구현됨에 있어 거란어와 우리말 간에는 차이점도 존재한다. 예컨대, 단음절 글자 체계인 우리말은 주로 여러 글자가 합쳐진 개별 단어 내에서 모음조화현상이 나타나는 데 비하여, 거란어는 단음절과 다음절 글자가 혼재하다 보니 이러한 모음조화현상이 주로 다음절의 개별 글자 내에서 완성되는 특징을 가지고 있다는 점이다.

3. 동사연결어미의 존재

동사연결어미는 보통 "부동사어미"라고 부른다. 알타이 제어의 어법상 특징 중 가장 두드러진 것이 부동사(副動詞) 용법이다. 인도유럽어에서는 두 동사를 연결하기 위해서는 접속사를 쓰지만 알타이 제어에서는 접속사 대신에 앞 동사의 어미를 변화시켜 두 동사를 연결시킨다. 한국어의 "날아가다", "타고 가다" 등의 "~아"나 "~고" 같은 어미를 가진 앞 동사를 "부동사"라고 하는데, 즉 부사의 역할을 겸하고 있는 동사형식이다. 이것 자체로는 문장을 완결 지을 수가 없으며 동사를 수식하는 역할을 해서 행위의 순서나 인과관계 등을 나타낼 수 있다.

거란소자의 연결어미를 비롯한 동사어미의 전반에 대해서는 중국의 칭걸타이(淸格爾泰, 1992)와 일본의 아이씬죠로 울히춘(愛新覺羅 烏拉熙春, 2004)의 연구가 대표적이라 하겠다. 거란대자의 연결어미에 대해서는 2013년과 2015년에 네이멍구대학의 일부 석사학위논문에서 간략하게 소개되기도 하였다. 우리나라에서는 최근 이성규가 "거란대자 동사연결어미의 초보적 연구"라는 제목으로 본격적인 논문을 발표한 바 있다.[18]

---

18) 이성규, 「거란대자(契丹大字) 동사 연결어미(動詞連結語尾)의 초보적 연구」,『몽골학』61, 2020), p.3.

가장 먼저 동사연결어미에 대하여 연구한 칭걸타이의 주장에 따르면,"**ヰ ·万·火·比·关**"가 동사연결어미의 대표적인 형태가 된다.[19] 아이씬죠로의 주장도 대체로 이와 유사한데, 그는 동사의 어미들을 보다 세분화하여 5가지의 기능으로 구분하였는데, 이를 표로 정리하면 다음과 같다.[20]

그룹	구 분	거란소자	기 능
①	[-i]로 끝나는 어미	**ヰ**[ai] / **火**[ui] / **杰**[oi] / **万**[əi] / **关**[i] **比**[ɨ]→[əl]	행위의 순서
②	[-sai/-səi/-soi]	**冬比**[sa.i]→[as.əl] / **仐比**[sə.i]→[sə.əl] **구比**[so.i]→[ləs.əl]	조건 및 원인, 과거시제
③	[-tʃ]	**坐**[tʃ]→[d/t]	행위의 병렬
④	[-tʃi]	**朩**[tʃi] / **芴**[tʃi]→[dʒi]	행위의 순서
⑤	[-l]	**ち**[al]	순서관계(?)

주: 아이씬죠로의 2004년 발표 당시 추정음이 오류가 있어 현재의 추정음으로 변경된 것은 화살표(→)를 사용하여 전후를 구별하고, 기존의 오류부분은 "-"로 표시하였다.

그러나 아이씬죠로의 주장에도 다소 오류가 나타나는데, 표 안에서 보는 바와 같이 2004년 발표 당시의 거란소자 추정음이 현재 밝혀진 음과는 상당부분 차이를 보이기도 하고, ①·④그룹과 ②·⑤그룹의 경우 기능이나 추정음가의 마지막 음이 대체로 중첩되는 문제도 있다. 그러다보니, 우선 "**比**"를 그 추정음가만을 가지고 본다면 과연 ①그룹에 포함하거나 잔류시키는 것이 타당한지에 의문이 들고,[21] ④그룹의 경우 추정음가나 기능면에

19) 淸格爾泰,「契丹小字中的動詞附加成分」(『民族語文』 1992-2), pp.6~8.
20) 愛新覺羅 烏拉熙春,『契丹語言文字硏究』(東亞歷史文化硏究會, 2004), pp.147,155~162.
21) 아이씬죠로는 당초(2004년)에는 "**比**"의 음가를 선배 학자들의 의견을 좇아 [i]라고 추정하였으나, 2011년에는 "음가가 [əl]이며, [ə]모음을 가진 어간에 뒤따르는 동사의 부동사형 어

서 볼 때 사실상 ①그룹에 포함되어야 하는 것 아닌지에 의문이 들며, ②그룹과 ⑤그룹은 공통적으로 [l]로 끝나므로 서로 기능면에서 동일성이 있는 것 아닌지에 의문이 든다. 향후 이에 대한 추가연구가 필요한 상황이다.

여하튼 거란어의 경우에도 한국어처럼 동사연결어미가 존재한다는 것은 주지의 사실이다. 그리고 앞으로 한국어의 "~아"·"~고" 따위의 동사연결어미들이 거란어로는 구체적으로 각각 무엇과 무엇에 대응할 수 있는지 등의 체계적인 연구가 이루어진다면 일본이나 중국학자들이 이룩하지 못한 연구 분야에까지 도달할 수 있을 뿐만 아니라 한국어와 거란어의 유사성 내지 친연성을 증명하는 데에도 도움이 될 것이다.

4. 후치 조사의 사용

거란어는 우리말과 같이 후치 조사를 사용한다. 이는 여타 언어, 특히 중원의 한어(漢語)와는 특별히 차이가 나는 부분인데, 실례로 이 장 제1절에서 어순비교를 위하여 예로 든 거란 도종황제의 한문 애책과 거란소자 애책의 관련 내용을 확인하여 보더라도 이러한 차이가 명확히 드러난다.

애책에 있는 글자들을 일일이 풀어 보면 주격조사가 없다는 것만 제외하고는[22] 한국어의 조사 쓰음새와 거의 같음을 알 수 있다. 실례로 12번째 글자, 17번째 글자 및 20번째 글자의 끝에 각각 붙어있는 "矢"[tə]·"㸒"[ər]·"卍"[ud] 등의 알파벳은 모두 장소를 나타내는 후치 조사로서 명사 등의

미"라며 본인의 기존 주장을 수정한 바 있다(愛新覺羅烏拉熙春·吉本道雅, 『韓半島から眺めた契丹·女真』(京都大學, 2011), p.137 참조).

22) 몽골어와 퉁구스 제어에서는 주격 조사가 생략되는 경우가 일반적이다. 만주어 등에서는 주어와 이를 설명하는 연접부분으로 나타나는데 이 사이에 주격조사는 명확히 드러나지 않는다. 그러한 실례에 대하여는 "김방한 외, 앞의 책, pp.236-243; 吳英喆, 앞의 책, p.33; 최학근, 「만주어의 격·성·수에 대하여」(『어학연구』 12-1), pp.1-3" 등을 참고할 수 있다.

체언 뒤에 붙어서 "~에 · ~에서" 등의 의미를 지닌다는 것도 우리에게는 익숙한 형태이다. 다만 한글은 조사가 체언 뒤에 개별 글자의 형태로 따라 붙지만, 거란어에서는 이 조사가 개별 글자로 독립되지는 못하고 체언의 글자 끝부분에 포함되는 형태로 나타나는 차이가 있을 뿐이다.

III. 자형구조 등에서 본 유사성

한글은 세계에서 유래를 찾아보기 어려울 정도로 독창성이 강하고 과학적이며 사용하기도 편리한 문자라는 것이 대내 · 외의 일반적인 평가이다. 그런 측면에서 본다면 이러한 한글을 대상으로 주변 국가나 민족의 문자와 비교하여 상호간에 유사성을 찾아낸다는 것이 그다지 실익이 없는 작업이 될 수도 있다.

그러나 우리가 간과해서는 안 되는 기록들이 있다. 사서에는 세종 27년 (1445) 1월에 집현전 부수찬 신숙주, 성균관 주부 성삼문 등이 운서를 질문하려고 당시 요동에 유배되어 와있던 명나라 유학자 황찬(黃瓚)을 만나러 갔다(그 후 총 13번이나 만났다고 한다)는 내용이 있고, 이를 뒷받침하듯이 유희(柳僖)의 『언문지』·「초성례」에는 "세종께서 유신들에게 명하여 몽고자양(蒙古字樣)에 의거하여 명나라 학사 황찬에게 질문하여 만들었다"는 기록이 있으며, 이익(李瀷)의 『성호사설』(星湖僿說)에는 "정음이 몽고문자에서 기원하였다"라는 기록까지 있을 정도이다.[23] 그러다보니 한글이 동아시아 여러 민족의 표음문자로부터 영향을 받아 제정되었으며, 특히 원나라 때 제정된 팍빠 문자가 한글 발명에 적지 않은 영향을 주었다는 주장이 대

---

23) 정광, 『한글의 발명』(김영사, 2015), pp.388, 389, 466.

세를 이룬다.[24]

이에 더하여 우리는 한글 창제에 즈음한 1444년에 당시 집현전 부제학인 최만리 등이 올린 상소문을 주목할 필요가 있다. 그 상소문은 한글 창제를 비판하는 내용이 주를 이루는데, 몽골·서하·여진·일본·티베트 등 아시아에서 제정되고 사용된 문자들을 오랑캐의 글이라고 폄하하는 내용이 언급되어 있다.[25] 그런데 여기서 이상한 것은 국력이 그리 강대하지 아니하고 영토도 비교적 협소한 서하의 문자까지 언급하면서 이와는 정 반대라 할 수 있는 거란의 문자에 대하여는 전혀 언급이 없다는 것이다.[26] 그 이유에 대한 추정은 후술하도록 하겠다.

필자는 이 기회를 빌려 위의 상소문에서 언급된 아시아 제 문자의 자형과 한글과의 유사성을 비교하는 작업을 시도해 보고자 한다. 물론 상소문의 내용이 해당 문자들이 한글과 연관성이 높다는 걸 지칭하는 의미는 아니지

---

24) 위의 책, p.43.

25) 『세종실록』 103권 세종26년 2월 20일 경자(최만리 등의 상소) "自古九州之內, 風土雖異, 未有因方言而別爲文字, 者唯蒙古·西夏·女眞·日本·西蕃之類, 各有其字, 是皆夷狄事耳, 無足道者, 《傳》曰: '用夏變夷, 未聞變於夷者也.' 今別作諺文, 捨中國而自同於夷狄, 是所謂棄蘇合之香, 而取螗螂之丸, 也豈非文明之大累哉? (옛부터 구주의 안에 풍토는 비록 다르나 지방의 말에 따라 따로 문자를 만든 것이 없사옵고, 오직 몽고·서하·여진·일본과 서번의 종류가 각기 그 글자가 있으되, 이는 모두 이적의 일이므로 족히 말할 것이 없사옵니다. 옛글에 말하기를, '화하를 써서 이적을 변화시킨다.' 하였고, 화하가 이적으로 변한다는 것은 듣지 못하였습니다. 역대로 중국에서 모두 우리나라는 기자의 남긴 풍속이 있다 하고, 문물과 예악을 중화에 견주어 말하기도 하는데, 이제 따로 언문을 만드는 것은 중국을 버리고 스스로 이적과 같아지려는 것으로서, 이른바 소합향을 버리고 당랑환을 취함이오니, 어찌 문명의 큰 흠절이 아니오리까?)

26) 김주원은 이에 대하여 "여기에서 거란자가 언급되지 않은 점은 다소 놀랍다"고 표현하면서도(김주원, 「세계 여러 문자의 모음 표기 양상과 훈민정음의 모음자」, 『국어학』 80, 2016, p.79), 한편으로는 "거란문자가 한글과 유사한 점은 있으나, 훈민정음은 한자가 아닌 발음기관을 상형화했고, 한 단위의 글자가 한 음절을 나타내며, 글자의 운영원리가 초성—중성—종성을 순서대로 조합하고 있어 거란문자와는 그 제자 원리나 글자운영 면에서 모든 것이 다르다"고 주장하고 있다(김주원, 『훈민정음』, 민음사, 2013, pp.255~256).

만, 한글의 창제 과정에서 몽골문자를 참조하였다는 사서의 기록이 있는 이상 이러한 문자들이 한글과 유사성이 있는지 여부를 개별적으로 살펴보는 것도 나름대로 의미 있는 일일 것이다.

문자의 차용이나 문자의 영향 관계를 다루려면 먼저 자형의 유사성을 살피고, 그런 연후에 문자의 운용원리 즉 음절구조를 살펴야 한다. 우선 일본문자는 현재에도 널리 사용되고 있고 우리 한국인의 인지도도 높으므로 여기에서는 생략하고, 창제 순서대로 티베트·서하·여진·몽골문자의 순으로 비교하여 보겠다. 그런 후에 본 논문의 연구대상인 거란문자와 별도로 비교하는 식으로 진행하고자 한다.

1. 상소문에 언급된 문자들과의 비교

① 티베트문자(西藏文字)와의 비교

티베트문자는 북방민족들이 한자를 벗어나서 만든 최초의 표음문자이다. 일찍이 7세기 중엽에 티베트 왕이 톤미 아누이브(Thon-mi Anu'ibu)라는 대신을 인도에 파견하여 고대 인도의 음성학을 배우게 하고 그에 근거하여 티베트어를 표기하기 위하여 만든 문자라고 알려져 있다.[27] 이 티베트문자는 후에 몽골에 의해 창제된 팍빠문자에도 많은 영향을 미치게 되었다.

티베트문자는 자음이 30개이다. 이 가운데 24개는 산스끄리뜨어에서 가져오고, 산스끄리뜨에 없는 6개는 티베트어의 음가에 따라 새로 만들었다고 한다. 모음은 14개인데, 산스끄리뜨 문자의 모음 16개 가운데 하나인 /a/[아]음만을 수용하고 그 /a/자에 여러 가지의 기호를 붙여 만들었다고

---

27) 정광, 앞의 책, pp.61~64. 이 책에서 정광은 티베트문자를 만든 이는 기존의 학설에 따른 '톤미 삼보다(Thon-mi Sam-bho-ṭa)'가 아닌 '톤미 아누이브'일 것이라며 제반 증거를 들어 주장하고 있다.

한다.[28] 이를 표로 정리하면 다음과 같다.[29]

〈티베트어 자음〉

연구개음	ཀ /Ka/[까]	ཁ /kha/[카]	ག /ga/[가]	ང /nga/[응아]
경구개음	ཅ /ca/[쨔]	ཆ /cha/[챠]	ཇ /ja/[쟈]	ཉ /nya/[냐]
치경음	ཏ /ta/[따]	ཐ /tha/[타]	ད /da/[다]	ན /na/[나]
양순음	པ /pa/[빠]	ཕ /pha/[파]	བ /ba/[바]	མ /ma/[마]
파찰음	ཙ /tsa/[짜]	ཚ /tsha/[차]	ཛ /dza/[자]	ཝ /wa/[와]
마찰음	ཞ /zha/[샤]	ཟ /za/[사]	འ /'a/[아]	ཡ /ya/[야]
유음	ར /ra/[라]	ལ /la/[라]	ཤ /sha/[싸]	ས /sa/[싸]
후음		ཧ /ha/[하]	ཨ /a/[아]	

〈티베트어 모음〉

발음	/a/[아]	/i/[이]	/u/[우]	/e/[에]	/o/[오]	/r/[르]	/l/[르]
단모음	ཨ	ཨི	ཨུ	ཨེ	ཨོ	ཨྲྀ	ཨླྀ
장모음	ཨཱ	ཨཱི	ཨཱུ	ཨཻ	ཨཽ	ཨྲཱྀ	ཨླཱྀ

이렇게 외형만을 살펴보면 티베트문자가 한글의 자모와는 유사하거나 공통되는 바를 거의 찾기가 어렵다. 그러나 우리는 여기서 중요한 점 하나

---

28) 심영환, 『몽고자운』(민속원, 2020), p.18.
29) 티베트어 자음과 모음의 표는 "위의 책 pp.19~22"와 "정광, 앞의 책 p.65"를 참조하여 필자가 재구성한 것이다.

를 주시하여야 한다. 앞서 언급하였다시피 7세기경에 제정된 이 티베트문자는 인도 음성학의 이론에 근거하여 만들어졌으며, 다른 문자에도 크게 영향을 주었다는 사실이다. 그 실례로 이후 13세기경에 만들어진 팍빠문자, 그리고 15세기에 만들어진 한글에까지 영향을 미쳐 똑 같이 그 첫 글자가 'ㄱ' 즉 /k/로 시작되고, 이어서 /kh·g·ng/의 문자가 이어지도록 한 것이다. 훈민정음에서도 /ㄱ·ㅋ·ㄲ·ㅇ/의 순서로 문자를 배열하고 있다. 이 세 가지 문자가 모두 인도 음성학의 영향을 받아 제정되었음을 말해주는 것이라 하겠다.[30]

② 서하문자(西夏文字)와의 비교

서하문자는 선비 탁발계의 당항인들이 세운 서하국(1038~1227)의 공식 문자이다. 그들은 인접 국가이자 외교적 경쟁상대라 할 수 있는 요나라가 10세기 초부터 고유문자(거란대자와 거란소자를 말한다)를 창제하여 사용하고 있는 사실에 크게 자극 받았다. 그리하여 그 보다 약 1백년이 지난 시점에 자신들의 문자를 만들었던 것이다. 『송사』에 의하면 서하국 초대황제 이원호(李元昊)가 야리인영(野利仁榮)이라는 대신에게 명하여 정방형의 문자를 제정하였으며, 건국 바로 직전(1036)에 이를 공포하였다고 한다.[31] 서하국은 1227년 몽골제국에 의하여 멸망했지만 그들의 문자는 이후에도 상당기간 사용된 것으로 추정된다. 명나라 홍치 15년(1502)이라는 연호가 적힌 서하문 석당(石幢)이 발견되었기 때문이다.[32] 이때를 가장 마지막 시점이라 보더라도 거의 5백년 가까이 문자가 사용된 셈이다.

---

30) 정광, 앞의 책, p.247.
31) 『宋史』 권485 「夏國·上」 참조.
32) 吉池孝一, 「疑似漢字系文字2(西夏文字)」, 『古代文字資料館』(http://kodamoji.her.jp), 2021.5.27. 최종 방문).

서하문자는 그 창제시점이 거란문자보다 1백년이나 경과하였음에도 불구하고 거란문자보다는 크게 후진적이다. 여전히 한자의 틀을 벗어나지는 못하였고, 오히려 한자보다 더 복잡한 자형구조를 가지고 있었던 것이다. 그래서 서하문자는 거란[33] · 여진문자와 더불어 대표적인 한자 유사문자로 분류되고 있으며, 현재까지 확인된 문자만해도 6천 여 자나 된다.

서하문자는 한자와 마찬가지로 한 글자가 대략 한 단어 내지 한 형태소(의미를 가지는 최소단위)이며, 성조를 가지는 1음절을 나타낸다. 뜻글자라는 특징도 한자와 마찬가지이다. 즉 서하문자는 "1음절 = 한 단어 = 한 글자"이며 소리의 단위로 보면 한자에 가장 가깝다. 또한 ① 기존에 있는 문자의 전부나 일부를 조합하여 새로운 문자를 만들었다는 점, ② 같은 발음이면서 의미가 다른 동음이자(同音異字)가 다수 존재하는 점, 아울러 ③ 한자 해서의 기본적인 필획(가로 · 세로획, 삐침, 갈고리 등)을 사용한다는 점도 한자와 공통된다.[34]

다만, 한자와 다른 점은 ① 필획이 매우 복잡하다는 점, ② 갑골문자와 같은 "상형성"(象形性)이 없다는 점, 그리고 ③ 한자의 문자 구성요소인 변이나 방이 그 단독으로는 글자를 구성하는 사례가 거의 드물다는 점이다.[35] 이러한 점들이 이해될 수 있도록 몇몇 특징적인 서하문자를 적어보고자 한다.

---

33) 거란문자가 한자 유사문자로 분류되는 이유는 거란대자가 한자와 비슷하게 생겼기 때문인데, 거란소자는 한자의 체계 및 구조와 많이 상이하다(John A. Janhunen, *op.cit.*, p.108 참조)

34) 아라카와 신타로(荒川愼太郎), 「서하문자 - 독특한 특징과 최근 연구」,『구결연구』 38, 2017), pp.61,66.

35) 위 논문, p.61 참조. 즉 한자는 "土(흙)"처럼 다른 글자의 변 역할을 하면서 그 자체가 단독으로도 글자를 구성하는 사례가 많으나 서하문자의 경우에는 이런 사례가 거의 없다는 것이다. 참고로 서하문자에서 "흙"(絹)은 이처럼 복잡하게 나타난다.

129

𣲖 '날(日)' 㺲 '달(月)'

豕 [1]leu '一', 㭬 [1]nyI' '二', 骰 [1]soq '三', 𤲟 [1]ldyIr '四',

𠆉 [1]ngwI '五',

㣖 [1]cheu' '六', 薁 [1]sha:q '七',

𠕂 [1]ya:r '八', 𤳳 [1]gwyI' '九', 㪅 [2]aq '十' [36]

이상과 같은 점들을 종합하여 보면 서하문자는 뜻글자로서 한자 유사문자 중에서도 가장 한자에 근접한 특징을 가진 문자인 바, 음소 단위의 소리글자인 한글과는 공통적인 면을 거의 찾을 수 없을 것 같다.

③ 여진문자와의 비교

여진문자는 금나라 창건 직후인 금나라 태조 천보(天輔) 3년(1119)에 창제되었다. 대부분 거란대자와 한자의 필획을 이용하여 만들었는데, 현존하는 여진문자 가운데에는 거란대자나 한자와 거의 동일한 문자가 상당수 있다. 1985년에 출판된 『거란소자연구』에 쉬운 예가 실려 있는데, 우리들이 자주 사용하는 "연·월·일" 세 글자를 가지고 한자·거란대자·여진자의 3자간 관계를 비교해 보면 다음과 같다.[37]

한자   : 年 月 日
거란대자   : 𣲖 月 日
여진자   : 𣲖 月 日

---

36) 위 논문, pp.61~62.
37) 淸格爾泰 외, 앞의 책, p.7.

또 어떤 것은 한자의 필획을 증감하여 글자를 만들면서 발음은 한자음 그대로 한 경우들도 있다고 한다.[38]

이러한 바탕 위에서 여진문자의 주요 특징을 열거해 보면 다음과 같다. 첫째, 여진문자 중에 어떤 것은 뜻글자이고 어떤 것은 소리글자인데, 이렇듯 소리글자와 뜻글자가 섞여 있다 보니 글자 수가 많아져 전체가 거의 700개에 이른다. 여진문을 가장 처음 연구한 서방학자는 독일의 구루베(Wilhelm Gurube)인데, 베를린본 『여진역어』(女眞譯語)를 기초로 한 그의 연구결과에 따르면 여진문자의 수는 총 698개이다.[39] 진광핑(金光平) 등은 구루베의 연구결과를 분석하여 그 중에 중복된 글자가 있을 뿐만 아니라 오탈자도 있음을 발견하고 이를 감안하여 재환산해 본 결과 총 695개라고 주장하고 있다.[40]

둘째, 뜻글자 중에서도 문자 하나로 완전한 뜻을 표현할 수 있는 '완전 뜻글자'가 있는 반면, 반드시 뒤에 다른 글자를 붙여서 이용해야만 완전한 낱말이 될 수 있는 '불완전 뜻글자'도 있다.[41]

셋째, 여진문자는 단음절 글자가 주를 이루나, 2개 또는 3개(3음절을 가진 문자는 9개 정도가 있다)의 다음절 문자도 있으며, 유일하지만 숫자 90을 의미하는 "土"[ujewund3u]와 같이 4개의 음절을 가진 문자도 있다.[42]

이상과 같은 점들을 감안하면 여진문자도 앞서 예로 든 서하문자와 마찬가지로 단음절 알파벳의 소리글자인 한글과는 글자의 특성이나 자형 등 모든 면에서 유사한 점이 거의 없다는 결론을 내릴 수밖에 없다.

---

38) 金光平·金啓孮, 『女眞語言文字硏究』(文物出版社, 1980), pp.57~58.
39) Wilhelm Gurube, *Die Sprach und Schrift der Jučen*, LEIZIC, 1896. p.79.
40) 金光平 외, 앞의 책, pp.96~97.
41) 위의 책, pp.59~60.
42) 위의 책, p.58.

④ 몽골문자(팍빠문자)와의 비교

팍빠문자는 원 세조 쿠빌라이 칸이 라마승 팍빠를 시켜 한자음을 표기하기 위하여 만든 문자로 원 지원(至元) 6년(1269)에 반포하였다.[43] 이 때 팍빠는 자신의 모국인 티베트 글자를 증감하고 자양을 고쳐 새로운 문자를 만들었는데, 기존에 몽골제국이 사용했던 위구르식 몽골문자와 구별하여 파스파자(八思巴字), 몽고자(蒙古字), 국자(國字) 등으로 호칭하였다.[44, 45]

팍빠문자에는 모두 41개의 알파벳이 있는데, 그 동안 照那斯圖 등의 연구결과에 따르면 팍빠문자로부터 훈민정음이 받은 영향은 지대하다고 한다. 『몽고자운』에 있는 팍빠문자의 성모체계로부터 한글의 자모체계를 얻었고, 그 중 상당수가 한글의 초성자에 반영되었다는 것이다.[46] 특히 照那斯圖는 "세계의 문자역사상, 훈민정음은 독자적 특색을 지닌 일종의 신형문자이자, 세계문자의 보고(寶庫)이다. 이 문자는 산스크리트문과 한어의 음운학적 이론과 방법을 지침으로 삼고, 거란·여진 등 많은 민족문자를 참고로 하였으며, 소량의 팍빠 자모의 필획을 뽑아 제자원소로 삼았다"라고 하면서 "ㄱ, ㄴ, ㅁ, ㅅ, ㅇ" 5개 기본자와 "·, ㅡ, ㅣ" 3개의 중성자를 팍

---

43) 정광, 『몽고자운 연구』, 박문사, 2009, p.16.

44) 위의 책, p.140.

45) 참고로 이 문자는 일반적으로 "파스파 문자"라고 부르고 있다. 그러나, 이 문자에 대하여 전통적 호칭인 "파스파"나 "팍스파"를 사용할 것인지 아니면 현대의 티벳음인 "팍빠"를 사용할 것인지를 두고 아직도 국내외적으로 논란이 있다. 따라서 본 논문에서는 가장 최근에 출판된 심영환의 『몽고자운』(민속원, 2020)의 예에 따라 "팍빠 문자"로 통일함을 밝혀 둔다.

46) 훈민정음과 팍빠문자의 관계에 대한 연구는 왕옥지가 2000년 8월에 중국의 한 학술대회에서 「論八思巴文字對中韓兩國的價值」를 발표한 것으로 시작하여, 2001년에 照那斯圖의 「訓民正音的借字方法」(民族語文 3기), 「訓民正音和八思巴的關係探究-正音字母來原揭示」(民族語文 3기) 등의 논문이 발표되었다. 국내에서는 정광이 2008년 8월에 개최된 "2008 한글 국제학술대회"에서 「蒙古字韻의 八思巴文字와 훈민정음」을 발표하였고, 이어 그 해 11월 한국학중앙연구원이 개최한 "훈민정음과 파스파문자 국제학술 workshop"에서 「훈민정음 자형의 독창성-몽고자운의 파스파문자와의 비교를 통하여」라는 주제를 발표하였으며, 照那斯圖도 「訓民正音基字與八思巴字的關係」라는 주제를 발표하였다.

빠문자와 연계시키기도 하였다.[47]

그러나 훈민정음의 자형은 매우 독창적이라는 주장이 대세를 이룬다.[48] 이러한 주장을 입증하기 위하여 우선 훈민정음의 초성자(初聲字) 및 중성자(中聲字)를 팍빠문자와 비교해 보는 과정을 거치도록 하겠다.

『훈민정음』 초성자와 팍빠문자 자모의 비교[49]

아음	설음	순음		치음		후음	반설음	반치음
		순중음	순경음	치두음	정치음			
(ㄱ)	(ㄷ)	(ㅂ)	(ㅸ)	(ㅈ)	(ㅊ)	(ㆆ)		
(ㅋ)	(ㅌ)	(ㅁ)	(ㆄ)	(ㅊ)	(ㅊ)	(ㅎ)		
(ㄲ)	(ㄸ)	(ㅃ)	(ㅹ)	(ㅉ)	(ㅉ)	(ㆅ)		
(ㆁ)	(ㄴ) (ㄴ)	(ㅁ)	(ㅱ)			(ㅇ) (ㅇ)	(ㄹ)	(ㅿ)
				(ㅅ)	(ㅅ)			
				(ㅆ)	(ㅆ)			

이렇게 보면 훈민정음과 팍빠문자는 일부 유사한 자형은 있어도 전반적으로는 많은 차이가 있음을 알 수 있다. 즉, 팍빠문자가 티베트문자를 조금 변형시켜 만든 것임에 반하여 훈민정음은 분명한 제자원리에 의거하여 독창적으로 제정된 것임을 알 수 있다.

---

47) 照那斯圖, 「訓民正音基字與八思巴字的關係」(『훈민정음과 파스파문자 국제학술 work-shop』, 2008), p.42.
48) 정광, 앞의 책, pp.295~296; 왕옥지, 「파스파문자와 한글의 음소 결합적 특징 연구」(『중국인문과학』 55, 2013), p.166.
49) 정광, 앞의 책, p.256 참조.

중성자(모음)를 비교하여 보면 더욱 그러한 점이 두드러진다. 앞서 살펴보았듯이 티베트문자나 팍빠문자에서 모음자는 자음자에 부속되어 표시되었으며 독립된 글자로 보기 어려운 점도 있다. 그러나 훈민정음에서는 중성자를 완전히 독립시켜 초성과 종성보다도 그 중요성을 높이 여기고 문자 구성에서 핵심부분으로 인정한 것이 엿보인다 할 것이다.[50]

팍빠문자의 모음자와 『훈민정음』의 중성자 비교[51]

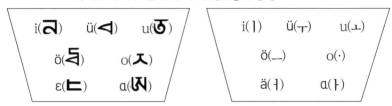

다음으로는 자형구조를 떠나서 운용원리 측면에서 살펴보도록 하겠다. 이와 관련하여 훈민정음과 팍빠문자의 음절구조를 비교한 연규동의 연구 결과가 있어 흥미롭다. 그는 훈민정음의 음절관련 특징을 ① 음절단위 인식, ② 음절핵으로서의 모음, ③ 삼분법(초·중·종성), ④ 종성부용초성(終聲復用初聲), ⑤ 초성독용자(初聲獨用字), ⑥ 모아쓰기 등 6가지로 정의하고, 훈민정음의 이러한 음절관련 기술이 모두 팍빠 문자에 똑같이 적용될 수 있다고 결론내리고 있다.[52] 아울러, 팍빠 문자에서도 음절은 가장 기본적인 단위인데, 한글처럼 음절 단위로 띄어쓰기 때문에 시각적으로 음절을 가장 쉽게 인지할 수 있다는 말도 덧붙이고 있다.[53]

---

50) 위의 책, p.296.
51) 정광은 당시 중국 한자음 표기에 이용된 팍빠문자의 모음자와 15세기 한국 한자음(東音)의 표기에 이용된 중성자는 대체로 이러한 모음체계를 의식하고 문자를 제정하였을 것이라고 추정하고 있다(위의 책, p.204 참조).
52) 연규동, 앞의 논문, pp.5-6.
53) 위의 논문, p.11

이러한 학설이 다소 파격적인 느낌을 주는 것은 사실이나, 그 주장이 틀렸다고 보기도 어려운 게 현실이다. 다만, 팍빠문자는 음절 모아쓰기를 하면서도 그 형태가 티베트문자처럼 선형(線形)을 이루고 있음에 반해, 한글은 정방형의 모아쓰기 방식을 채용하고 있어 상당한 차이를 보이는데, 그는 이에 대하여는 합리적인 이유를 설명하지 못하고 있다.[54]

2. 거란문자와의 비교

그러면, 거란문자와의 유사성은 어떠한가? 거란문자는 먼저 만들어진 대자와 나중에 만들어진 소자가 있는데, 거란대자는 표음문자의 성질을 지니고 한자와도 유사하므로 여기에서는 이보다 발달된 형태인 거란소자에 대하여만 논의하기로 한다. 거란소자는 창제 과정에서 위구르문자와 같은 여러 표음문자의 영향을 받았다는 기록이 있으나, 그 알파벳 자체는 기존의 거란대자와 한자의 필획을 이용하여 창제되었다.[55] 앞서 거란문자를 '한자 유사문자'에 포함된다고 한 연유가 바로 여기에 있는 것이다.

그러다 보니 거란소자의 알파벳들은 당연히 한자와 필획이 유사할 수 밖에 없고, 거란문자는 이러한 알파벳을 조합한 것이므로 문자의 외형을 얼핏 보면 당연히 한자처럼 생겼다는 느낌을 가질 수밖에 없다. 그러나 조금만 주의를 기울여 뜯어보면 한자와는 전혀 다른 구성방식임을 인지하게 된다. 그리고 이 문자를 좀 더 깊이 연구하게 되면, 우선 알파벳만을 놓고 보면 그 형태와 탄생과정이 한글과 많은 차이가 있지만, 이 알파벳을 가지고 글자를 만들어 사용하는 방식(글자구성 측면)에 있어서는 한글과 닮은 점이

---

54) 연규동은 훈민정음이 낱글자를 모아써서 정사각형 모양을 하게 된 것은 한자의 영향을 받은 결과일 것이라고만 추측하고 있다(위의 논문 p.26 참조).
55) 淸格爾泰 외, 앞의 책, p.147.

매우 많다는 점을 인식할 수 있다.[56] 즉 알파벳을 조합하여 개별 글자를 만드는 방법에서부터, 이렇게 만들어진 글자들을 연결하여 단어로 활용하는 방법에 이르기까지 여러가지 측면에서 그 어떤 문자보다 한글과 유사한 방식이라는 점을 발견하게 되는 것이다.

첫째, 각각의 알파벳이 한글처럼 고유의 발음기호 역할을 한다는 것이다. 물론 이것은 표음문자 알파벳의 공통된 성질이긴 하지만 같은 알타이어 계통의 여진문자 등과는 완전히 다른 것이다.[57]

둘째, 알파벳을 왼쪽에서 오른쪽으로 가로로 두자씩 쓰고는 밑으로 내려와 다시 똑 같은 방식으로 적어 나간다는 것이다(특별한 경우에는 한 줄에 알파벳 하나만을 적는 경우도 있다). 그리고 마지막 줄에 하나의 알파벳이 남게 되면 이 알파벳은 줄의 가운데에 놓이게 된다. 한글이나 한자서체에 익숙해 있는 우리에게는 이러한 서사방식이 당연하다고 여겨질지 모르나, 모든 알파벳을 뭉치지 않고 가로나 세로 방향으로 일렬로 죽 이어 쓰는 몽골 · 여진 · 일본 · 티베트문자 등과는 확연히 다른 것이다.

셋째, 이러한 알파벳들이 여러 개 모여 정방형 또는 직사각형의 음절자를 구성하여 앞 · 뒤의 다른 글자들과 구분한다는 것인데,[58] 이렇게 음절자가 한자와 비슷하게 네모난 합자(合字)로 표기되는 비선형성(非線形性, non-

---

56) 이러한 견해는 일찍이 200년 전부터 서구 학자들에 의하여 제기되었는데, 자세한 내용은 "이기문, 「19세기 서구 학자들의 한글 연구」(『학술원 논문집』 39), 2000"와 "김주원, 「한글과 거란소자에 대한 단상 — Wylie(1860)에 나타난 한글과 거란소자 비교에 대한 논평」(『건지인문학』 8), 2012"에 자세히 소개되어 있다.

57) 현재까지 밝혀진 거란소자의 발음에 대하여는 졸저 『거란소자사전』 pp.15~28을 참조하면 된다.

58) 한글과 거란소자의 정방형 특징에 대해서는 "Nicolas Tranter, "The 'Ideal Square' of Logographic Scripts and The Structural Similarities of Khitan Script and Han'g□l", *Pathways into Korean Language and Culture*, 2002."을 참고하면 된다.

linearity)은 한글의 가장 두드러진 특징중 하나가 되기도 한다.[59] 이러한 방식의 문자는 한글과 거란소자 밖에 없다. 물론, 한글은『훈민정음』해례본의 부서(附書) 규정에 따라 정사각형의 모양을 지향하도록 설계됨에 반해, 거란소자는 글자 내에 알파벳의 수가 늘어감에 따라 세로로 조금 길어져 직사각형을 이룰 수도 있다는 것이 약간의 차이점일 뿐이다.[60]

넷째, 이 독립된 음절자들이 단독으로서 또는 여러 개가 모여 하나의 단어를 완성한다는 것이다.

다섯째, 거란소자로 한어 차용어를 표기할 때 대부분 한자 한 글자에 거란소자 한 글자가 대입되도록 한다는 것이다.

제 문자의 서사방식 비교

한글	거란소자	팍빠문자	서하문자	여진문자	티베트문자
훈①②③ 민①②③ 정①②③ 음①②③	①② ③	①②③ ①② ①②③ ①②	① ② ③ ④	① ② ③ ④ ⑤	①②③④⑤⑥
					일본문자
					ひらがな ①②③④

---

59) 연규동, 앞의 논문, p.11. 한편 일본의 나까무라 마사유끼(中村雅之)는 거란문자가 작성 초안 단계에서는 위굴문자와 같이 선형을 이루었으나, 이후 한자풍에 영향을 받아 지금과 같은 형태로 수정된 것이라며 앞서 연규동의 한글에 대한 주장과 유사한 입장을 취하고 있는데 ("中村雅之,「表音文字の配列」(『KOTONOHA』72), 2008, p.2." 참조), 이는 거란소자의 알파벳이 선형구조에는 적합하지 않다는 특성을 제대로 파악하지 못한 데에서 나온 추측성 주장에 불과한 것이라고 판단된다.
60) 김주원,「세계 여러 문자의 모음 표기 양상과 훈민정음의 모음자」, p.100.

3. 소결론

이상과 같은 유사성 비교결과를 바탕으로 한글의 창제에 가장 큰 영향을 미친 문자를 따져보자. 먼저 알파벳 제자 측면에서는 티베트문자와 팍빠문자가 한글과 공통적인 특징을 다수 가지고 있어 유사성이 높다고 볼 수 있다. 그 중에서도 알파벳의 자형만을 놓고 본다면 팍빠문자가 그나마 가까운 편이다. 그러니 몽고자운을 참조했다는 사서의 내용과 방향이 어긋난다고 보기는 어렵다. 다만, 발음기관을 상형화한 것이 한글의 가장 두드러진 특징이고 우수성인데, 팍빠문자도 이와는 다소 거리가 있다 하겠다.

그 다음으로 글자의 구성이나 글을 적어나가는 방식을 보자. 이 부분에서는 한글이 팍빠문자 등과는 많은 다름을 알 수 있다. 굳이 같은 점을 찾자면 알파벳 조합방식과 음절단위 띄어쓰기 정도가 같을 뿐이다. 그러나 이에 더하여 알파벳을 몇 개씩 모아 4각형의 글자 단위를 만드는 모아쓰기 방식과, 그 과정에서 알파벳을 2개씩 가로로 쓴 후 세로로 이동(물론 다른 경우도 있다)하는 서사방식까지 보자면 거란소자 외에는 달리 설명할 방법이 없다. 이는 다음과 같이 표로 요약 정리하여 보면 명확히 구분이 된다.

한글과 제 문자의 특징 비교

한글의 특징		여러 문자의 특징					
		티베트	서하	여진	팍빠	일본	거란소자
알파벳	음성학에 기초	○	×	×	○	×	×
	발음기관을 상형화	×	×	×	×	×	×
	자음과 모음 분리	○	×	×	○	×	△
	음소단위 표기	○	×	△	○	○	△
	단음절	○	△	△	○	○	△

한글의 특징		여러 문자의 특징					
		티베트	서하	여진	팍빠	일본	거란소자
글자 구성	알파벳 조합방식	○	×	×	○	○	○
	음절단위 띄어쓰기	×	×	×	○	×	○
	가로쓰고 세로이동	×	×	×	×	×	○
	정방형 조합	×	○	×	×	×	○

그렇다면, 이와 관련하여 궁금한 점 하나가 생긴다. 우리 사서에는 몽고 자운에 대하여는 이야기하면서 왜 거란문자에 대한 언급은 한 번도 등장하지 않는 것인가? 아직까지 이에 대하여 시원한 답을 제시한 연구 결과는 없다. 그래서 필자가 나름대로 그 이유를 추정해 보았다.

가장 큰 그 이유는 명·청 시대로 말하자면 거란문자가 사라진 지 이미 수 백 년이 지난 때이므로, 아마도 중국과 조선을 통틀어 그 문자의 실체를 아는 사람이 아무도 없었기 때문일 것이다. 그 실례로 거란소자와 한자가 함께 새겨져 있는 『대금황제도통경략랑군행기』(大金皇弟都統經略郎君行記, "랑군행기"로 약칭한다) 비석을 들 수 있다. 과거 금나라 황족이 각석한 이 비석은 이후 수 백년 동안 당 건릉의 측천무후 묘 앞에 그대로 서 있었고 그 내용물 또한 명·청대의 중요 금석학 저작물에 여러 차례 수록된 적이 있다. 그러나 이 비석의 제목에 금나라(大金)가 새겨져 있고 그 내용에 한자로 금나라 연호가 기록되어 있다는 이유만으로 모든 사람들이 이 낯선 문자를 여진문자인줄로만 여겼지 거란문자(거란소자)라는 사실은 꿈에도 생각하지 못하였다.[61] 금나라가 창건된 후 약 80년 동안은 전조의 문자인 거란

---

61) 『랑군행기』를 여진문자라고 잘못 알게 된 이유는 명대 금석학자 조함(趙□)이 그의 저서 『석묵전화(石墨鐫華)』(1618)에 그 비문을 수록하면서 비문 내용에 금나라 연호(천회 12년)가 적혀 있음을 근거로 여진문자라고 처음 오인하였는데, 이 오류를 이후 청대의 모든 금석·고

문자를 그대로 사용하였다는 기록이 『금사』에 엄연히 존재하고 있음에도 그러한 오류에 대하여 아무도 의문을 가지지 않았던 것이다.

최근까지의 우리나라 사정도 마찬가지이다. 현재 국립중앙박물관이 소장하고 있는 문화재 중에 거란문자가 양각으로 주조된 구리거울이 있다. 이 거울은 과거에 개성에서 출토되었다고 전해지는데, 그 뒷면에 칠언절구의 거란소자가 새겨져 있는 매우 귀중한 유물이다. 이 거울은 원래 이왕가박물관(李王家博物館)의 소장품으로 있다가 광복이후에 국립중앙박물관으로 이관된 것이다. 국립중앙박물관이 소장품으로 등록한 일자는 2005.7.13.인데, 등록 당시에 작성된 「보관등기표」에는 "1908년에 아가와 시게로(阿川重郞)라는 일본인으로부터 구입"한 것이며 유물의 명칭은 "동제여진문자명원형경"(銅製女眞文字銘圓形鏡)이라고 기록되어 있었다.[62] 분명히 거란문자임에도 중앙박물관조차 이를 주의 깊게 살피지 못하여, 과거 조선총독부가 발간한 『조선금석총람』(朝鮮金石總覽)에 기록된 오류[63]를 2000년대 초까지 그대로 이어 온 것이다.

명나라 홍무제의 명에 의하여 발간된 외국어 번역서인 『화이역어』(華夷譯語)를 보아도 실정은 마찬가지이다. 거란문자에 대하여는 전혀 기록이 없다. 이렇듯 과거 명·청 뿐만 아니라 조선에서도 거란문자에 대한 인식은 애초에 없었다. 그러니 황찬과 같이 아무리 뛰어난 음운학자라 하더라도 거란문자에 대하여 알 수가 없었을 것이고, 당연히 조선의 학자들에게 거란문자라는 이름 자체가 알려질 수도 없었던 것이다. 설사 그들이 거란소

고학자들이 그대로 답습해 왔기 때문이다. 이 오류는 1920년대에 요 경릉에서 거란소자 애책이 발견된 직후에야 바로 고쳐졌다(清格爾泰 외, 앞의 책, pp.15~16).

62) 愛新覺羅烏拉熙春 외, 앞의 책, p.115.

63) 『朝鮮金石總覽』 상권(1919년)의 554면에는 위 거울의 탁본 사진이 실려 있는데, 그 명칭이 "여진자경"(女眞字鏡)이라고 적혀 있다.

자를 직접 본 적이 있고 나름대로 제자 방식을 파악하여 활용하였다 하더라도 이를 단지 여진문자의 한 형태 정도로만 인식하는 데 그쳤을 가능성이 높다. 상황이 이러하니 당시의 사서에 거란문자에 대한 기록이 전혀 존재하지 않는 것은 어찌 보면 당연하고 자연스런 결과라 할 것이다.

IV. 한자어 발음에서 본 유사성

우리의 한자어 발음은 현대 중국의 한자 발음과는 판이하게 다르다. 그래서 우리의 한자음이 과연 어느 시대의 음을 반영하는지가 항상 연구의 대상이 되고 있다. 한국 한자음의 전래시기에 대하여 지금까지 연구된 바에 의하면, 칼그렌(Bernhard Karlgren)처럼 7세기의 장안음(長安音)으로 보는 설이 있기도 하고, 풀리블랭크(Edwin G. Pulleyblank)처럼 8~9세기 이래로 형성되기 시작했다는 설이 있기도 하며,[64] 아리사카 히데요(有坂秀世)처럼 그 시기를 10세기로 내려잡는 설도 있다. 아리사카는 우리나라의 한자음 차입시기는 수당(隋唐) 이후로 볼 수밖에 없으며, 또한 북음계(北音系)의 개봉음(開封音)에 근거했다고 한다.[65] 이처럼 전래시기가 학자에 따라 들쭉날쭉 차이가 나는 것에 대하여 최영애는 한국 한자음의 형성은 한 시기에 단번에 이루어진 것이 아니고 고대부터 오랜 기간을 통하여 형성된 것이기 때문이라는 결론을 내리고 있다.[66]

---

64) Edwin G. Pulleyblank, *Middle Chinese: A study in Historical Phonology*, University of British Columbia Press, 1984, p.100.

65) 有坂秀世, 「漢字の朝鮮音について」, 『國語音韻史の研究』(三省堂, 1957), pp.305-307. 아리사카는 근대 한국의 한자음이 여러 가지 현상으로 볼 때 10세기 송대의 개봉음으로 보는 것이 지극히 합당하다고 주장하고 있다.

66) 최영애, 『中國語音韻學』(통나무, 2000), pp.151-152.

그렇다면 10세기 초에 건국하여 그 즈음에 문자를 만들어 사용했던 거란인들의 경우는 어떠했을까? 당시 거란인들도 한자어를 자기들의 문자로 옮길 때 우리와 마찬가지로 최대한 당시의 중국인들의 발음에 가깝게 적어 내려갔을 것이다. 그러한 연유로 당·송 시대와 그 이전의 한자어 발음에 대한 연구가 초기 거란문자 연구에 기여한 정도는 거의 절대적인 수준이다. 초창기 거란문자 연구 학자들은 거란문자 해독을 위하여 거란소자 비문과 한자 비문을 서로 비교하는 방법을 사용하였는데, 이 때 한어 차용어에 대하여는 주로 『중원음운(中原音韻)』[67]이라는 운서를 참조하여 한자의 당시 음인 중고음(中古音)을 추정하였다.

그 책에 따르면 한자어 중고음은 지금의 중국어 발음과는 상당히 차이점이 있고, 일부는 현재 우리나라의 한자어 발음[68]과 일치하기도 한다. 그래서 그렇게 추정한 한자의 음가를 기초로 그에 대응하는 거란소자 글자의 개별 알파벳을 분해하여 각각의 발음을 추정해 냈던 것이다. 예컨대 한자어 "삼(三)"을 표시하는 거란소자는 "수치乃"이다. 한자어 "삼(三)"에 대한 현대의 발음은 [sān]인데, 『중원음운』에 기록된 당시의 발음은 묘하게도 현재 우리의 발음과 동일한 [sam]이었다.[69] 그러니 거란인들로서는 "수치乃"이라고 쓰면서 이를 당연히 [sam]으로 읽었을 것이라고 추정할 수 있다.[70] 그래서

---

67) 『중원음운』은 1324년 주덕청(周德淸)이 편찬한 것으로 현존하는 최초의 곡운 운서(曲韻韻書)이다. 13~14세기의 북방한어 관화(표준어)의 음운체계를 대표하며, 당시의 북방에 현존하고 있던 언어를 근거로 분류한 것이다("孫伯君 저, 이상규외 역, 『금나라 시대 여진어』(태학사, 2015), pp.64~65" 참조).

68) 우리나라 한자음의 성립과 변천에 대하여는 "정광, 「朝鮮漢字音의 成立과 變遷」(『인문언어』 7-7, 2005), pp.31 46"을 참조하라.

69) 『중원음운』에는 "嵩·監咸"이라 표기되어 있어 [sam]으로 읽는다.

70) 이 글자는 현재까지 출토된 40여 개의 거란소자 애책·묘지명 중 「소령공묘지명」(蕭令公墓誌銘) 등 14개의 묘지에 출현하는데, 총 출현 횟수는 18회이며 "삼사(三司)"와 같이 숫자 "三"이 포함된 한어 관직명에는 어김없이 이 글자가 사용되었다.

이를 근거로 **令**는 [s]음을, **句**는 [a]음을 **乃**는 [am]음을 각각 대표한다는 연구결과가 나왔고, 그 연구결과는 이후에 여러 가지 검증과정을 거친 결과 전혀 오류가 없었음이 입증되었다. "**九**"[k/g]로 시작되는 "김(金) **九又** [g.im], 감(監)**九方**[g.ia.am], 검(檢)**九业**[g.em]" 등의 글자들을 예로 들어 보아도 상황은 거의 유사하다.[71] 이처럼 거란문자라는 재료의 연구를 통해서 약 1천 년 전의 중국대륙, 적어도 그 북방지역에서는 상당수의 한자어 발음이 현재 우리가 사용하는 한자어 발음과 매우 유사하였음이 음운학 또는 문자학적으로 입증될 수 있는 것이다.

이렇듯 우리 한민족이 거란인들이 가장 왕성하게 활동했던 7~12세기[72] 당시의 동북아지역 한자어 발음을 아직도 상당부분 보유하고 있다는 점에서 보자면, 비록 한어 차용어에 국한된다는 한계점은 있겠지만, 거란문자의 발음을 추정해 내고 이를 당시의 한어 관직이나 지명 등과 연결시켜 해독하는 데 있어서는 우리가 상당히 유리한 위치를 점하고 있음은 부정할수 없는 사실이다.

V. 양 언어의 유사 어휘

앞에서와 같이 두 언어의 친연성 여부를 어법·자형구조·한자어발음 등의 유사성을 가지고 각각 살펴보았는데, 그러면 이제 남는 것은 사용 어휘의 유사성 여부이다. 거란어는 역사·지리적 영향으로 인하여 고대 여진·몽골어와 유사한 낱말이 매우 많다. 그 중에서도 특히 몽골어와 동일

---

71) 이와 관련한 보다 상세한 내용은 "清格爾泰외, 앞의 책, pp.81~109"를 참조하라.
72) 이러한 정황은 거란어의 인접 언어인 여진어의 경우에도 거의 비슷하다. 여진어에도 한어 차용어가 많은데, 어떤 음은 송대 중엽 이후(금대 초기)의 음이 아니라 수당(隋唐)의 음이어서 한어를 차용한 시기가 아주 이른 시기였다는 사실이 증명되고 있다(金光平 외, 앞의 책, p.22).

한 어원을 가진 어휘들이 많이 나타나는데 이는 거란족과 몽골족의 뿌리나 그 활동지역 등을 고려할 때 당연한 것이라 하겠다. 그렇다면 거란어와 한국어의 경우는 어떠한가?

거란어의 명사나 형용사 같은 일반 낱말 중에서는 우리와 동일한 어원을 가진다고 볼 만한 것들도 적지 않게 찾아볼 수 있다. 이 부문에 대하여는 중국학자의 연구결과는 거의 없고, 그나마 일본학자나 서구학자의 글이 간혹 있기는 하나 체계적이지 못하며, 보빈(Alexander Vovin)을 제외하고는 대체로 극히 부분적인 내용들만 언급하고 있는 실정이다. 동아시아 고대언어 전문가인 보빈은 거란어 중 몽골어·중앙아시아어 또는 한어에서 차용되지 않은 어휘의 유래를 설명하기 위하여는 한국의 고대어와 비교하는 것이 효율적이라고 판단하여 이의 연구에 매진한 바 있다.[73] 이는 우리에게 시사하는 바가 크다고 하겠다.

따라서 이 부문은 우리가 집중적으로 연구해야 할 대상이다. 이에 대하여는 앞서 서문에서 언급한 바대로 수년 전 이성규가 가장 먼저 연구에 착수하였고, 최근에는 필자가 그 보다 조금 범위를 넓혀 연구하여 그 결과를 소개한 바 있다.[74] 따라서 본 논문에서는 내용의 중첩을 피하기 위하여, 필자의 최근 발표내용을 중심으로 하되 유사 어휘를 이 글의 취지와 체계에 맞도록 재구성하고 설명부분도 기존 내용의 1/10 정도로 축약하여 소개하기로 한다. 그리고 그 말미에는 인칭접미사를 예로 들어 우리말과 거란어의 관련성 여부를 짚어보기로 하겠다.

---

73) Alexander Vovin,"Koreanic loanwords in Khitan and their importance in the de-cipherment of the latter", *Acta orientalia academiae scientiarum Hung*, volume 70(2), 2017, pp.207~215.
74) 앞에서 언급한 2020년 6월 20일자 학술세미나 발표문을 말한다.

(1) 거란소자 석각 자료를 통한 비교

먼저, 거란소자로 된 애책이나 묘지명에 나타나는 거란어 어휘들을 살펴보면, 우리말의 어미·처음(마수)·송골(매)·다섯·아비·날·아사(넓음)·물·노랗다 등의 낱말과 거의 유사한 표현들이 있음을 알게 된다.[75] 이를 표로 정리하여 보면 대략 다음과 같다.

거란소자	丙	毛	叉冬	叉冬欠	兀뽀㐅	圡	中	夬
추정음	[əmə]	[mas]	[m.as]	[m.as.gu]	[ʃ.oŋ.ur]	[tau]	[ai]	[niar]
한글발음	[어머]	[마스]		[마스구]	[송굴]	[타우]	[아이]	[냘]
의미	어미, 암컷	처음(마수), 첫째			송골(매)	다섯	아비	날, 일

거란소자	冬木	乃	山	丹右为㐅	几灵火	㐅化	甶丹	搭
추정음	[as.ar]	[mur]	[niorqu]	[b.ar.a.an]	[g.u.un]	[i.ir]	[su.bu]	[gutug]
한글발음	[아사르]	[물]	[노르고]	[바란]	[구운]	[이르]	[수부]	[구툭]
의미	넓음, 광대함	물, 하천	노랑	바른쪽	고은	이름	술	복, 굿

(2) 『요사』·「국어해」 자료를 통한 비교

『요사』의 「국어해」(國語解)에는 당시 거란인들이 사용하던 200여 개의 어휘를 한자로 음역하여 수록하고 있다. 그 중 일부는 한어 어휘이고 일부는 인명·지명·관직명 등이다 보니 실제 활용할 수 있는 어휘는 40여 개에

---

75) 이에 대하여는 王弘力(1986), 孫伯君(2008), 愛新覺羅烏拉熙春(2011), 이성규(2010, 2013), 大竹昌巳(2015), Alexander Vovin(2017) 등의 연구결과가 참조되었다.

지나지 않는다.[76] 이성규가 쑨보쥔(孫伯君) 등의 연구결과[77]를 기초로 하여 거란어와 한국어를 비교한 결과 다수의 어휘가 연결된다는 결론을 내리고 하나의 표로 정리한 바 있는데,[78] 아래와 같이 요약하여 전재한다.

한자표기	孤穩	捏咿呢	女古	陶里	阿斯	于越	討	樺
의미	玉	日	金	兔	寬大	貴官	五	射
추정음	[güɣön]	[neri]	[nürgü]	[töli]	[as]	[üɣö]	[taw]	[qa]
한국 한자음	고온	날이아	녀고	도리	아사	우월	토	화
한국어	곱다	날	누르고	토끼	넓다	우거	다섯	활

(3) 윈난성 거란후예와 다고르족이 사용하는 어휘와의 비교

이 외에도 자칭 거란족의 후예라고 주장하는 윈난성의 "본인(本人)"들과 헤이룽장성 등에 분포한 다고르족의 어휘와도 비교해 보았다. 중국 역사학계에서는 한 때 번창하였던 거란민족이 어떻게 원나라 이후의 역사에서 갑자기 사라져 버렸는가 하는 게 오랫동안의 수수께끼였다. 그러다가 1980년대에 중국 윈난성에서 거란소자가 몇 자 새겨진 오래된 비석이 발견된 것을 계기로 중국정부가 1990년대 초부터 본격적인 조사에 착수한 바 있다. 그 결과 윈난성의 일부 씨족은 유전학적으로 거란의 후예가 맞는 것으로 밝혀졌으며,[79] 그들이 사용하는 언어 또한 몽골어 뿐만 아니라 그 분지어(分枝語)

---

76) 淸格爾泰외, 앞의 책, p.2.

77) 孫伯君 외, 「契丹語語音的歷史地位」(『滿語□究』 2005-2); 『契丹語硏究』(中國社會科學出版社, 2008)"등을 말한다.

78) 이성규, 「거란어와 한국어의 관련성에 대하여」(『거란연구의 현황과 연구방향 발표논문집』, 2009), p.184.

79) 孟志東, 『雲南契丹後裔□究』(中國社會科學出版社, 1995), pp.172~179.

인 다고르어(達斡爾語)와도 유사한 점이 많은 것으로 조사되었다.[80]

그들의 사용언어 중 우리말과 유사한 것들을 뽑아보면 대략 다음과 같은데, [pələ]의 경우에는 아직까지 거란어에서는 발견하지 못한 단어이다. 이런 단어가 존재한다는 자체가 우리에게 암시하는 바가 크다고 하겠다.

거란후예 어휘[81]	[əməu]	[nān]	[nə]	[məuri]	[pələ]	[təu]	[tolo]
의미	모친	나이	낯	말(馬)	날다	(불에) 타다, 태우다	토끼
한국어	어머니	나이	낯	말	펄럭이다	태우다	토끼

당시 조사단은 윈난성에서의 조사를 마친 후에 곧바로 헤이룽장성에 있는 다고르족에 대하여도 추가적으로 의학적 조사와 음운학적 조사를 병행하였는데, 그 결과 그들도 거란족의 어휘와 유사한 어휘들을 많이 보유하고 있는 것을 발견하였으며, 그 중에서는 다음과 같이 우리말과도 가까운 어휘가 나타나기도 하였다.

다고르 어휘[82]	[baran]	[dur]	[əmə]	[mur]	[nar]	[saar saar]	[taaw]	[uil]
의미	오른쪽, 서쪽	용모, 모양	어미	강, 하천	해, 날	부드럽다, 약하다	다섯	일(事)
한국어	바른쪽 오른쪽	두리	어미	물	날	살살 (의태어)	다섯	일

---

80) 위의 책, p.96 이하.

81) 위의 책은 윈난성 거란후예에 대한 공식 조사보고서나 다름 없는데, 그 책에 수록된 거란어와 유사한 후예들의 어휘 중 한국어와 관련성이 있어 보이는 것들을 뽑아 정리한 것이다 ("위의 책, pp.204~223"에서 발췌).

82) 이 어휘들에 대하여는 "각주 75"에 언급된 학자들의 연구결과에 더하여, 孟志東(1995), 風間伸次郎(2015) 등의 연구결과도 참조되었다.

(4) 접미사 등의 비교

거란어와 한국어 간에는 이렇듯 유사 어휘가 다수 존재하는데, 이러한 유사성은 개별 어휘뿐만 아니라 접미사 등에서도 나타난다. 그 중 인칭접미사를 예로 들어 보겠다. 한국어에서는 명사나 대명사 아래에 "치/-아-치/-바(밧)-치/-와(왓)-치; -지/-바-지/-왓-지" 등의 접미사가 첨가되어 그 어간의 의미·내용에 관계되는 사람, 또는 그것에 종사하는 사람을 가리키는 명사를 형성하는 경우가 있다.[83] 이러한 형태는 몽골어에서도 거의 유사하게 나타나고 있음을 이미 선배 학자들이 명확히 밝힌 바 있고,[84] "-씨" 같이 그 변형된 형태가 만주어에서도 발견된다는 연구결과가 있기도 하다.[85] 그렇다면 거란어에도 그러한 흔적이 남아 있을 것이다.

예컨대 심괄(沈括)의 『몽계필담』(夢溪筆談)과 섭융례(葉隆禮)의 『거란국지』(契丹國志)에 공통적으로 "하발지"(賀跋支)라는 거란어 호칭이 등장한다. 일본의 시라도리 구라키치(白鳥庫吉)는 이 말이 문지기나 의복 담당자를 지칭하는 것이라고 추측하고 있는데, 여기서 "支"는 몽골어 어미의 [-či]에 상당하여 "~하는 사람"을 의미한다는 것이다.[86] 거란소자로 치자면 **芍** [-dʒi](이체자 **芍·句** 포함), **女**[-tʂï/-dʒi], **夂**[-dʒ/-s], **朩**[-tʃï/-ci] 등이 이러한 음가를 지닌 알파벳들이다.

앞서 **芍**가 부동사형 어미의 기능을 한다고 했는데, 칭걸타이나 아이씬죠로의 주장에 따르면 이 알파벳은 그 외에도 형동사나 동명사의 어미로도

---

83) 김형수, 『한국어와 몽고어와의 접미사 비교연구』(형설출판사, 1981), p.82: 이러한 인칭대명사는 일찍이 이두 표기에서도 사용되었는데, 양주동은 『고가연구』(pp.154-157)에서 "尺" 외에 "知/智"자도 인칭대명사로 사용되었다고 한다.

84) 김형수, 앞의 책, pp.88-97.

85) 박은용, 「한국어와 만주어와의 비교연구」(『효성여대 연구논문집』, 1974), p.170.

86) 孫伯君외, 『契丹語研究』, pp.67~68에서 재인용.

쓰인다고 한다.[87] 아울러 **ㄒ·ㅊ·ㅆ**는 명사의 복수형 접미사로서의 기능
도 하는 것으로 알려져 있다.[88] 그렇다면 이러한 알파벳들이 사람의 행동이
나 신분·직업을 나타내는 글자 뒤에 붙어있다면 어찌될까? 아마도 그런
경우에는 대체로 "~하는 사람(들)"의 의미처럼 되어 인칭 접미사로 활용되
었을 가능성이 높다. 이처럼 우리가 한국어에 대하여 가지고 있는 전통적
어휘 상식들은 앞으로 미해독 거란문 어휘들을 다루거나 해독하는 데 있어
충분한 활용가치가 있음을 입증해 주는 것이라 하겠다.

VI. 결론

이상으로 거란어와 한국어의 어법구조, 제자 형태 및 어휘 비교 등을 통
하여 그 친연성이 과연 어느 정도인지를 대략적으로 살펴보는 과정을 거쳤
다. 거란어는 어순·모음조화현상·동사연결어미·후치조사 등 우리말과
유사한 어법적 특징을 가지고 있을 뿐만 아니라, 알파벳을 모아서 하나의
글자를 만들어 나가는 자형구조 상의 유사성도 일부 지니고 있다. 또한 유
사한 어휘를 다수 보유하고 있으며, 거란인들이 한어를 차용한 시기가 우
리나라의 한자음 전래 시기와 그리 멀지 않아 그들의 어휘 중 한어와 관련
된 것들은 우리말로 직접 옮겨 적기도 편리하다는 점도 알게 되었다.

그러나 언어의 관련성이나 친연성을 본격적으로 연구하기 위해서는 제대
로 된 거란문자의 해독이 뒷받침 되어야 하나 그렇지 못한 현실이 가장 큰
장벽이다. 전 세계적으로 보아도 거란문자 해독의 진척상태가 매우 더디고
특정 부분에 가서는 아예 정체되다시피 하니, 그 완전한 해독에 이르기까

---

87) 淸格爾泰, 앞의 논문, p.6; 愛新覺羅烏拉熙春, 앞의 책, p.160.
88) 졸저, 『거란소자 사전』, pp.134, 187, 427.

지는 아직 요원한 실정[89]이라 해도 과언이 아니다. 국내로 눈을 돌려도 안타까움은 마찬가지이다. 현재 국내학자 중 거란문자를 독자적으로 해독하였거나 새로운 해독자료를 발표한 분의 이름을 들어 본 적이 없고, 현재까지 대학의 학부뿐만 아니라 석·박사 과정에서 조차도 이와 관련된 강의가 개설된 적이 없다. 이러한 상황은 앞으로도 지속될 것이기 때문에 너무나도 아쉬운 부분이다.

그럼에도 불구하고 아직 불모지나 다름이 없는 이 분야를 우리가 조금이라도 개척해 나가기 위해서는 먼저 거란문자 금석문의 정밀한 탁본을 수집하는 활동이 선행되어야 할 것인데, 이게 현재 우리의 여건상 그리 만만한 일이 아니다. 중국 내부의 경우에도 정부의 규제와 제한이 점점 강화될 뿐만 아니라 자료 공유에 대한 중국학계의 폐쇄적 관행이 어우러져, 거란문자 탁본의 원본을 구한다는 건 거의 불가능한 현실이 되어 버렸다.[90]

그렇다면 차선책은 기왕 국내외에 나와 있는 거란문자 연구자료들을 체계적으로 정리하여 활용하는 방법을 들 수 있다. 부족하나마 2년전에 필자가 『거란소자사전』이라는 것을 출판하여 그 길의 일부분을 열어 놓았지만, 아직도 이 분야에는 해결해야 할 과제물이 많다. 전 세계적으로 소논문을 포함하여 1천 건이 넘는 연구결과물들이 산재해 있다 보니, 이를 제대로 활용하려면 개별 자료의 정밀한 교감을 거치고 해제를 쓰며 유사 논문의 경

89) 아이씬죠로의 주장에 의하면 현재 자신이 거란소자의 90퍼센트, 거란대자의 80퍼센트의 음가를 복원해 내었다고 하나(愛新覺羅烏拉熙春 외, 앞의 책, 머리말), 중국측 학자들은 이를 그다지 인정하지 아니하는 분위기이다.

90) 거란어 연구의 태두라 할 수 있는 중국사회과학원의 류펑주(劉鳳翥)는 거란문자 탁본 몇십 장을 구하느라 그의 80년 전 생애를 바치기도 했다. 그 과정에서의 어려움은 그의 자서전 겸 탁비(拓碑) 활동 회고록인 『契丹尋踪 — 我的拓碑之路』(商務印書館, 2016)에 자세히 기술되어 있는데, 관련 연구를 하는 학도라면 몇 번이라도 읽어보고 귀감으로 삼아야 할 내용들로 가득하다. 참고로 필자도 거란문자 비문 탁본을 구하고자 노력하였으나 여의치 못하여 현재 거란소자 묘지명 탁본 3부, 거란대자 묘지명 탁본 1부만을 확보했을 뿐이다.

우 내용의 시시비비까지 가려내는 등의 정리작업이 필수적이기 때문이다. 그러나 이는 한 두 사람의 노력으로는 이룰 수 없는 힘들고 광범위한 작업이다. 역사학·언어학 분야에서 여러 뜻 있는 이들이 동참하고 머리를 맞대어야 할 것이며, 대학이나 연구소·박물관 등의 관심과 지원도 뒤따라야 할 것이다.

만약 자료수집 환경이 좀 더 개선이 되고 문자해독이 보다 진전된다면, 거기서 나온 거란어 어휘들을 우리말 고어 및 한반도 북부방언 등의 언어 재료, 요대 불경이나 자서 따위의 문자재료 뿐만 아니라, 몽골어·여진어·만주어·다고르어·어웬키어 등 제반 알타이어 자료들과 비교해 나가면서 차츰차츰 인접 언어와의 관련성 등을 밝혀나갈 수 있을 것으로 본다. 그러다 보면 종국적으로는 아직 미해독 상태로 남아있는 상당수의 거란문자 중 그 일부를 우리 손으로 직접 해독해 내는 소중한 성과를 거둘 날도 올 수 있으리라고 본다.

『요사』의 기록을 보면, "요나라는 본래 조선의 옛 영토이다"(遼本朝鮮故壤)[91]라는 내용이 있다. 그렇듯 거란은 역사적 요인 뿐만 아니라 지정학적 이유로도 오랜 기간 우리민족과 많은 접촉을 통해 서로 간에 주고받은 문화적 영향이 적지 않은 것이다. 그러니 언어와 문화를 찾아 거슬러 올라가다 보면 우리 민족과의 연결점 또한 찾을 수 있을 것이라는 기대를 걸어 본다.

---

91) 『遼史』권49, 禮志1.

참·고·문·헌

【사료】

- 『契丹國志』
- 『夢溪筆談』
- 『宋史』
- 『遼史』
- 『夷堅志』
- 『朝鮮王朝實錄』

【단행본】

- 金光平·金啓孮,『女眞語言文字硏究』(文物出版社, 1980)
- 김방한·김주원·정제문,『몽골어와 퉁구스어』(민음사, 1986)
- 김주원,『훈민정음』(민음사, 2013)
- 김태경,『거란소자 사전』(조선뉴스프레스, 2019)
- 김형수,『한국어와 몽고어와의 접미사 비교연구』(형설출판사, 1981)
- 劉鳳翥,『契丹尋踪 — 我的拓碑之路』(商務印書館, 2016)
- 孟志東,『雲南契丹後裔硏究』(中國社會科學出版社, 1995)
- 孫伯君 저, 이상규외 역,『금나라 시대 여진어』(태학사, 2015)
- 孫伯君·聶鴻音,『契丹語硏究』(中國社會科學出版社, 2008)
- 심영환,『몽고자운』(민속원, 2020)
- 愛新覺羅烏拉熙春,『契丹語言文字硏究』(東亞歷史文化硏究會, 2004)
- ＿＿＿＿＿＿＿＿＿·吉本道雅,『韓半島から眺めた契丹·女眞』(京都大學, 2011)
- 吳英喆,『契丹語靜詞語法範疇硏究』(內蒙古大學出版社, 2007)
- 정광,『몽고자운 연구』(박문사, 2009)
- ＿＿＿,『한글의 발명』(김영사, 2015)
- 淸格爾泰·劉鳳翥·陳乃雄·于寶麟·刑復禮,『契丹小字硏究』(中國社會科學出版社, 1985)

- 清格爾泰외 저, 김태경 옮김, 『거란소자연구』(예문춘추관, 2016)
- 최영애, 『중국어음운학』(통나무, 2000).
- Edwin G. Pulleyblank, *Middle Chinese: A study in Historical Phonology* (University of British Columbia Press, 1984)
- Nicholas Poppe, *Grammar of Written Mongolian* (Otto Harrassowitz, 1964)
- Wilhelm Gurube, *Die Sprach und Schrift der Jučen* (LEIZIC, 1896)

【학술지 및 논문】

- 契丹文字研究小組, 「關於契丹小字研究」, 『內蒙古大學學報』 1977-4 (契丹小字研究專號)
- 吉池孝一, 「疑似漢字系文字2(西夏文字)」, 『古代文字資料館』(http://kodamoji.her.jp, 2021.5.27. 최종 방문).
- 김주원, 「한글과 거란소자에 대한 단상 ― Wylie(1860)에 나타난 한글과 거란소자 비교에 대한 논평」, 『건지인문학』 8 (2012)
- _____, 「세계 여러문자의 모음표기 양상과 훈민정음의 모음자」, 『국어학』 80 (2016)
- 박은용, 「한국어와 만주어와의 비교연구」, 『연구논문집』(효성여대, 1974)
- 연규동, 「훈민정음의 음절 이론과 파스파 문자」, 『국어국문학』 188 (2019)
- 왕옥지, 「파스파문자와 한글의 음소 결합적 특징 연구」, 『중국인문과학』 55 (2013)
- 有坂秀世, 「漢字の朝鮮音について」, 『國語音韻史の研究』(三省堂, 1957)
- 이상억 외, 「비교언어학 및 유전학적 방법에 의한 한국어 기원의 탐구」, 『인문논총』 48 (2003)
- 이성규, 「거란어와 한국어의 관련성에 대하여」, 『거란 연구의 현황과 연구방향 발표논문집』(2009)
- _____, 「거란대자(契丹大字) 동사 연결어미(動詞連結語尾)의 초보적 연구」, 『몽골학』 61 (2020)
- 정광, 「朝鮮漢字音의 成立과 變遷」, 『인문언어』 7-7 (2005)
- ―――, 「契丹·女眞文字와 高麗의 口訣字」, 『일본문화연구』 36 (2010)

- 照那斯圖,「訓民正音基字與八思巴字的關係」,『훈민정음과 파스파문자 국제 학술 workshop』(2008)
- 中村雅之,「表音文字の配列」,『KOTONOHA』72 (2008)
- 淸格爾泰,「關於契丹文字的特點」,『아시아 제민족의 문자』(태학사, 1997)
- _____,「契丹小字中的動詞附加成分」,『民族語文』1992-2 (1992)
- 風間伸次郎,「ダグール語の語彙におけるツングース諸語との共通要素について」,『北方人文研究』8 (2015)
- 荒天愼太郞,「서하문자 – 독특한 특징과 최근 연구」,『구결연구』38 (2017)
- Alexander Vovin, "Koreanic loanwords in Khitan and their importance in the decipherment of the latter", *Acta orientalia academiae scientiarum Hung*, volume 70(2), 2017.
- Juha Janhunen, "Kitan: Understanding the Language Behind the Scripts", *Script: International Journal of Writing System*, volume 4, 2012.
- Nicolas Tranter, "The 'Ideal Square' of Logographic Scripts and The Structural Similarities of Khitan Script and Han'gŭl", *Pathways into Korean Language and Culture*, 2002.

단군세기에 나타난 五星聚婁의 새로운 의미 연구

김윤명

단국대학교 명예교수

융합과학으로 본 동북아 고대사

개요

환단고기를 구성하는 여러 책 중, 단군에 관한 부분이 단군세기(檀君世紀)이다. 이 책 속의 13세 단군(흘달) 50년(BC 1733년)의 기록에 따르면 '戊辰五十年 五星聚婁 黃鶴 來棲苑松'이라는 기록이 나온다. 이 五星聚 현상에 대하여 恒星과 行星의 운동에 관한 현대의 천체물리 프로그램으로 시뮬레이션 한 결과 BC 1734년 7월에 태양의 주요 행성 다섯(水星, 金星, 火星, 木星, 土星)이 일정한 간격으로 떨어져 직선(선분) 형태의 결집 현상이 실제로 구현되었다. 지금까지는 이 五星聚婁 현상을 다섯 행성이 婁宿(루수) 별자리로 聚合하는 것으로 생각하였으나, 이는 천문학 시뮬레이션 결과와 상당히 어긋나므로, 이 논문에서는 '聚婁'의 의미를 語義論的 관점에서 다시 검토하여 보았으며, 검토된 의미의 결과는 천문학 분석 결과와 완전히 일치하였다.

※주제어 : 환단고기, 단군세기, 단기고사, 오성취루, 오성취합

I. 서론

단군세기(檀君世紀)는 고려 후기의 대학자인 행촌(杏村) 李嵒선생이 서기 1363년에 편찬한 史書로서 BC 2333년부터 BC 239년까지 2,096년간 단군조선 43분의 단군이 나라를 다스렸던 치세를 기록한 편년체의 역사서이다. 1911년에 계연수 선생이 三聖紀 上·下, 檀君世紀, 北夫餘紀, 太白逸史라는 5권의 역사책을 묶어 환단고기를 편찬했다.

1980년 초에 환단고기(桓檀古記)라는 새로운 역사 서적이 시중에 나왔을 때, 이 책은 일반 대중들과 재야 사학자들의 큰 관심을 끌었고 오랫동안 best seller로서 큰 인기가 있었다. 일반인들의 생각과는 달리 역사학계 또한 이 책에 주목하였다고 하며, 몇몇 역사학자는 환단고기의 내용을 분석하여 그 결과를 『민족지성』, 『한국사 시민강좌』, 『역사비평』 같은 잡지에 발표하였다.[1, 2] 결론적으로 『환단고기』는 僞書로서 신뢰할 수 없다는 평가가 역사학계로부터 내려졌으며, 이에 『환단고기』는 더 연구할 가치가 없는 폐기된 史書로 여겨졌다. 그런데 전혀 생각하지 못한 엉뚱한 곳에서 眞僞 논란의 거대한 불씨가 살아났다.

1993년 발표된 박창범·라대일(이하 박창범으로 지칭)의 논문「단군조선시대 천문현상기록의 과학적 검증」이 그것이다.[3] 천문학자인 박창범은 프로그램을 이용해 『단기고사』와 『환단고기』 內 『단군세기』의 천문현상 기록의 실현 여부를 확인하였고, 긍정적인 결과를 얻었다. 박창범은 2002년에 해당

---

1) 한국 고대사학회 편, 『우리 시대의 한국 고대사』, (서울:주류성출판사, 2017), 79~80쪽.
2) 이문영 입력, 『과학자가 해석한 고대사 믿어도 좋은 걸까 아닐까』(매일경제신문 매경프리미엄 스페셜 리포트, 2017.3.13)
3) 박창범, 라대일, 「단군조선시대 천문현상 기록의 과학적 검증」『한국상고사학보』, 14, (1993).

논문의 내용을 쉽게 풀어 소개한 『하늘에 새긴 우리역사』(김영사)라는 대중서를 출간하기도 하여[4][5], 단군시대의 五星의 結集현상을 알렸다. 이 주장은 바로 언론 지면을 크게 장식할 만큼 센세이셔널했으며, 역사학계에 큰 충격을 주었다. 과학자들이 증명을 하였다는 것은 그야말로 결정적인 증거라 할 수 있었기에, 재야역사가들은 그동안의 수세를 한 번에 역전시킬 수 있는 근거가 생겼다고 크게 반겼으며, 이에 힘을 얻은 환단고기의 眞書論을 주장하는 재야 학자들의 노력은 지금까지 꾸준히 계속되고 있다.[6] 환단고기 僞書論者들이 提起한 각종 항목들을 일일이 再반박·설명하는 내용은 참고자료[7]에 잘 정리되어 있다.

그러나 일부 五星聚婁의 『환단고기』 僞書論者들은 박창범, 라대일의 연구결과, 특히 五星이 결집한 위치에 대하여 異議를 제기하여 천문학적인 연구결과를 흔쾌히 수긍하지를 않음으로써 오성결집의 年代的 整合性의 가치마저 훼손하고자 하였다.

이 논문에서는 단군세기에 기록되어 있는 '五星聚婁'의 의미를 재검토하여 박창범, 라대일의 해석과는 다른 의견을 제시하고자 한다.

환단고기에서 五星聚婁의 명확한 의미 해석이 중요한 이유는 환단고기의 眞書論과 僞書論이 첨예하게 대립하는 상황에서 기존 史書에서는 記述되어 있지 않지만 오직 환단고기에서 유일하게 서술된 여러 가지 事實들이 있는 바, 대부분의 내용은 그 眞僞 여부의 판별이 매우 어렵거나 불가능하고, 일부의 것들은 그것과 관련된 문헌적 또는 관련된 遺物 발굴 이후에 그

---

4) 박창범, 『하늘에 새긴 우리 역사』 (경기 파주:김영사, 2002).

5) 젊은 역사학자모임, 『한국고대사와 사이비역사학』(경기 고양:역사비평사, 2017), 191-192쪽.

6) 이문영 입력, (2017.3.13.)

7) 안경전 譯註, 『환단고기』(대전:상생출판, 2012), 116-121쪽.

내용에 맞추어 환단고기가 事後에 僞作되었다고 주장하기 때문이다. 반면에 五星聚婁 件은 1949년에 발행된 『檀奇古史』를 제외하고는 국내나 중국의 다른 史書에서는 나오지 않는 내용이다. 或者는 환단고기를 傳授한 李裕岦씨가 AD 1940년의 五星聚合 현상을 단군세기의 戊辰 五十年 기록 (BC 1733년)에 끼워 넣었다고 주장하나, 李裕岦씨가 4,000년 전의 천문현상을 아무 근거 없이 컴퓨터 시뮬레이션과 거의 일치하는 연대에 맞추어 삽입하였다는 주장은 단군세기의 僞書論을 주장하기 위한 억지로서 조그마한 설득력도 가질 수 없다. 반면에 천문학 전용의 현대 컴퓨터 프로그램으로 五星聚婁 현상의 眞僞 여부가 명확하게 판별되므로 五星聚婁의 정확한 의미해석은 환단고기 전체의 진실성 여부와 맞물리게 되어 엄청난 중요성을 지니게 된다.

II. 紀元前 1734년에 일어난 五星聚 현상

단군세기 흘달 단군 50년 무진년 (BCE 1733)의 기록에 있는 五星聚婁에서, 五星은 지구와 가까이 있어서 육안으로 볼 수 있는 다섯 개의 행성, 즉 수성, 금성, 화성, 목성, 토성이다. 이들 행성 다섯 개가 한 군데 모이는 것을 '五星聚'라고 하며, '婁'는 28宿(수)의 별 중 하나인 婁星을 가리킨다고 한다. 즉 다섯 개의 행성이 婁 별자리(宿, 수) 근처에 모인 것이 오성취루라는 것이다.[8]

박창범 교수는 그의 연구에서, 다섯 행성이 하늘에서 매우 가깝게 모이는 때는, ① BC 1953년 2月25日 새벽 6시 (뭉친 형태의 결집각도 2.3°이내)와 ②

---

8) 이문영 입력, 『과학자가 해석한 고대사 믿어도 좋은 걸까 아닐까』(매일경제신문 매경프리미엄 스페셜 리포트, 2017.3.13.)

BC 1734년 7月13日 초저녁 18시 (직선列의 결집각도 10°이내)인 것을 찾아냈다.[9]

①의 현상을 중국에서는 五星聚合이라고 하여, 중국 夏王朝 건국 연대를 정함에 있어서 기준 연도 (reference year)로 하였으며, ②의 현상은 단군세기에 五星聚婁로 기록되어 있다.

필자가 Stellarium이라는 별자리 보기用 전문 Software(tool)로 본 바로는, -1733년 7月 14日 19:30 해가 진 서쪽 하늘에서 中天쪽으로, 사자자리에 있는 金星, 木星, 土星, 水星, 火星들의 五行星이 비교적 일정한 거리로 분리되어 직선 형태로 배열된 것이 가장 뚜렷이 보였다. 이날 해가 완전히 지평선 아래로 넘어가는 시각은 19：10이었다. 사자 자리와 양자리(婁星)는 약 130° 정도 떨어져 있다.

Stellarium은 서력 기원 전후에 0년이라는, 수학적인 연도가 있으므로 기원 전의 서기 연도와는 1년의 차이가 있음에 주의하여야 한다.

Stellarium 연도		서기 연도
2년	=	AD 2년
1년	=	AD 1년
0년	=	BC 1년
-1년	=	BC 2년
-2년	=	BC 3년
-1733년	=	BC 1734년
-1734년	=	BC 1735년

---

9) 박창범, 『하늘에 새긴 우리 역사』(경기 파주: 김영사, 2002), 27-30쪽.

박창범의 연구내용에 대하여 기경량은 오성결집이 실현된 연도의 1년의 불일치는 관대하게 용인하였으나 연도의 시차보다 더 주목해야 할 부분은 오히려 발생 장소에 대한 정보라고 주장하였다.[10] 기경량은, "(박창범 연구 결과의 五星聚) 위치 문제는 더욱 쉽게 넘길 수 없는 사안이다. 기록상 오성이 모였다고 하는 婁星은 서양式 별자리 중, 羊자리에 해당한다. 하지만 실제로 5성이 모인 곳은 그보다 130° 떨어진 張星, 즉 바다뱀(큰 물뱀)자리였다" 라고 하여 박창범의 연구 내용에 대하여 이의를 제기하였다.[11]

기경량이 Stellarium 0.14.3으로 시뮬레이션 한 바에 의하면, BC 1734년 7月13日 18시경의 五星은 태양에서 멀어지는 순서로 金星, 木星, 土星, 水星, 火星 (西→東) 순으로 배열되어 있으나, 그 위치가 張宿, 翼宿, 軫宿 부근에서 일어났으며, 同一한 tool로 시뮬레이션 한 AD 1940년 3月 5日 18시경의 五星結合은 태양에서 멀어지는 순서로 水星, 木星, 金星, 土星, 火星 (西→東)이며, 위치는 壁宿, 奎宿, 婁宿로서, 이것이 聚婁에 해당한다고 하여, 단군세기 기록은 현대, 즉 지금으로부터 대략 80년 전인 1940년 3月의 五星 결집 위치를 끌어다 표현한 것으로 추정하였다.[12]

별자리 28宿(28수)는 달의 공전주기가 27.32日이라는 것에 착안하여 天球의 적도帶를 28개의 구역으로 나눈 것으로 각 구역이 각각의 宿(수)이다.[13]

박창범은 五星 결집의 위치 문제를 인식하며, "여기에는 한 가지 문제가 있다. 오행성이 모이는 위치를 계산해보니 婁星 (羊자리)이 아닌 그로부터

---

10) 젊은 역사학자모임, 『한국 고대史와 사이비 역사학』(경기 고양: 역사비평사, 2017), 201-205쪽.

11) 젊은 역사학자모임, (2017), 199-200쪽.

12) 젊은 역사학자모임, (2017), 201-205쪽.

13) 네이버 지식백과 〉 28수 〉 두산백과.

약 130° 떨어진 바다뱀(큰 물뱀)자리 근처였다. 즉 행성 결집 위치가 컴퓨터 계산과는 다른 것이다. 그러나 서기전 18세기는 아직 동양에서 28수의 이름이 확정되기 훨씬 이전이다. 따라서 기록에 적힌 오행성의 결집 위치는 후대의 해석임이 명백하다"고 주장하였다.[14]

즉 박창범은 오성취루 시점인 서기전 18세기는 동양에서 28수의 이름이 확정되기 이전이므로 오행성의 결집 위치에 대한 정보는 후대의 해석이고 그 때문에 혼란이 발생한 것이라 설명하였는데, 이에 대하여 기경량은, "이는 史書에 기록된 '오성취루'와 기원전 1734년에 발생하였던 오성 결집 현상을 동일한 것으로 판정하기 위하여 중요한 검증 조건 하나를 恣意的으로 제외시켰다는 혐의를 피하기 힘들다"고 하여, 박창범의 解明을 인정하지 않았다.[15]

婁星, 즉 羊자리의 α星(主星)은 Hamal로서, 노란색의 2.0등성이다. 4,000년 전에는 춘분 때 태양이 이곳에 있었다고 한다(춘분점). 지금은 춘분점이 地球의 세차운동으로 그 옆의 물고기 자리에 옮겨와 있다.[16, 17]

오성결합은 內行星인 수성과 금성을 포함해야 하므로 태양과 비교적 근접한 거리에서 일어난다. 따라서 약 4,000년 전인 BC 1734년이나 BC 1953년의 춘분 무렵에 오성 결집이 일어났다면, 그야말로 羊자리(婁宿)에서의 五星聚於婁宿라는 표현이 정확하게 맞게 된다. 그러나 BC 1734년(-1733년)의 봄에는 그러한 오성결집이 일어나지 않았다.

筆者가 Stellarium 0.19.3으로 본 BC 1734년 7月 13日 저녁에, 해가 지

14) 박창범, 『하늘에 새긴 우리 역사』(경기 파주: 김영사, 2002), 27-30쪽.
15) 젊은 역사학자모임, 『한국 고대史와 사이비 역사학』 (경기 고양: 역사비평사, 2017), 199-200쪽.
16) 이태형, 『재미있는 별자리 여행』(경기 파주: 김영사, 1989), 255쪽.
17) 김동훈·김지현 지음, 강선욱 그림, 『풀코스 별자리 여행』(서울: 현암사, 1999), 77쪽.

는 시각은 19:10, 五星 中 태양에 가깝게 보이는 금성과 목성이 수평선 너머로 지는 시각은 20:00이었다. 7월의 여름은 낮이 길어 실제의 자연 상황에서 오후 7~8시 시간帶에 다섯 행성(五星) 주변의 다른 별들은 거의 볼 수 없었다. 별자리란 여러 恒星들이 동시에 나타나야 정확한 星宿를 알 수 있는데 그렇게 되려면 다섯 별들은 이미 서쪽 하늘에 지고 난 다음이다. 이러한 상황에서 行星의 五星列은 분명히 보이기는 하지만, 그 주변에 있는 빛이 약한 恒星은 잔존하는 석양 때문에 보이지 않거나 구별이 쉽지않게 된다. 따라서 五星聚婁를 五星이 婁宿에 聚하였다고 이해한다면 이것은 우리의 이해에 오류가 있을 수도 있다. 환단고기 위서론자들은 이러한 이해의 오류의 가능성을 제외시키고, 1940년 3月의 五星 결합 위치가 婁宿 부근이었다 하여, 단군세기 기록은 AD 1940년 3月의 五星結合을 의미한다고 하면서 다음의 비수(匕首)같은 一刀兩斷의 선택을 들이대었다.[18]

결론: 사이비 역사학 신봉자들은 이것만 대답하면 된다. AD 1940년에 일어난 이 천문현상과 기원전 1734년에 일어난 천문현상 중, 어느 쪽이 '오성취루(오성이 루성 부근에 모였다)'라는 내용과 부합하나?

III. 聚婁의 語義論的 意味 분석

단군세기 13세 단군(흘달) 50년에 기록된 五星聚婁에 대하여 현대의 여러 환단고기 서적들은 다음과 같이 풀어쓰고 있다.

---

18) 기랑, https://kirang.tistory.com/850 (2019.8.14)

(十三世 檀君 屹達) 戊辰 五十年이라. 五星이 聚婁하고, 黃鶴이 來 捿苑松하다.[19]

_ 등사본 환단고기.
아무리 늦어도 1949년 발행된 檀奇古史 以前 또는 이유립이 제자 오형기에게 精書를
시켰다는 1949년 以前의 것으로 추정되며, 현대 환단고기 중의 가장 底本으로 생각됨.

무진 50년 (서기전 1733년)에 다섯 개 별이 일렬로 늘어서고(五星翠 樓)하였고, 누런 鶴이 궁성 안의 소나무에서 깃들어 놀았다.[20]

_ 위 등사본 환단고기에 대한 해설書.
여기서는 聚가 아니라 翠로, 婁가 아니라 樓로 표기되어 있음에 유의한다.

五十年에 五星이 屢星에 聚하다.[21]

_ 1949년 大野勃 원저, 檀奇古史

檀君世紀 十三年 檀君 屹達 戊辰 五十年 五星聚婁 黃鶴來捿苑松[22]

_ 1979년 환단고기 再版本. 初版本은 1911년 발행이며
모두 분실되어 한 권도 남아있지 않다고 하여 桓檀古記 僞書論의 거대한 불씨가 됨.

무진 50년 (B.C. 1733년) 5星이 모이고. 5성 — 木, 火, 金, 水, 土의 다섯 별[23]

_ 1979년 김은수 한단고기 再版本

戊辰 五十年 五星聚婁(る)し, 黃鶴來리て 苑松に 捿(す)む[24]

_ 1982년 鹿島曻 訳, 가지마 노보루 역.

---

19) 이명우, 「환단고기가 위서가 아님을 입증하는 사료의 고찰」『世界桓檀學會誌』6권 2호, (2019), pp. 133~186.

20) 이명우·최현호, 『1909년 환단고기』 (서울 : 북포럼, 2020), 153쪽.

21) 大野勃 원저, 李始榮 敎閱, 金海菴·李華史 번역, 『檀奇古史』, (서울: 文化印刷社, 1949), 22쪽.

22) 桂延壽 原著, 李沂 校閱, 『桓檀古記』, (서울 : 倍達義塾, 光武 十五年(1911년) 初版발행, 1979年 再版발행).

23) 김은수, 『한단고기』, (서울: (주)한문화 멀티미디어, 2017), 114쪽.

24) 鹿島曻 (록도천, 가지마 노보루)訳, 『桓檀古記』(日本 東京都 渋谷區, (株)新國民社, 昭和 57년(1982년) 발행).

무진 50년 (B.C. 1733년) 五星이 모이고. 5성 — 木, 火, 金, 水, 土의 다섯 별[25]

_ 1985년 강수원 桓檀古記

무진 50년 (B.C. 1733년) 오성이 모여들고 : 聚婁라고 하였으니, 별이 모여드는 것을 말함. 규취라고도 함. 길조(吉兆)로 여김.[26]

_ 임승국 한단고기, 1986년

'단군세기'와 '단기고사'에 수록된 12개의 단군시대 천문현상 기록 중에 가장 주목할 만한 것은 흘달단제 50년 (BC 1733)의 5행성이 모인 현상 기록이다. 비록 문헌에 '聚婁'라고 했고, BC 1734년의 결집이 婁星에서 이루어지지는 않았지만…[27]

_ 1993년 박창범, 라대일 논문

열 세 번째 단군인 흘달 50년 (B.C. 1733년)에 다섯 행성이 루 별자리에 모였다.[28]

_ 박창범 2002년

재위 50년 무진 (BCE 1733)년에 五星이 婁星에 모이고[29]

_ 안경전 환단고기, 2012년

재위 50년 무진년 (B.C. 1733년), 五星이 婁星(양자리)에 모이고[30]

_ 이기동 환단고기, 2019년

---

25) 강수원 옮김, 『桓檀古記』(충북 청주시: 온누리, 1985), 52쪽.
26) 임승국, 『한단고기』(서울: 정신세계사, 1986), 90쪽.
27) 박창범, 라대일, 「단군조선시대 천문현상 기록의 과학적 검증」『한국상고사학보』14, (1993).
28) 박창범, 『하늘에 새긴 우리 역사』(경기 파주: 김영사, 2002), 27-30쪽.
29) 안경전 譯註, 『환단고기』(대전: 상생출판, 2012), 133-135쪽.
30) 이기동, 정창진, 『환단고기』(서울: 도서출판 행촌, 2019), 144쪽.

이상과 같이, 초기 환단고기(단군세기)에는 '婁' 字에 대한 명확한 의미부여 없이 五星聚婁를 단순히 五星의 結集 정도로 생각하다가, 1993년의 人文學者가 아니고 천문학자인 박창범·라대일의 논문[31] 이후에야 婁星에의 結集으로 해석하였다.

그렇다면 박창범 이후의 해석, 즉 五星聚婁가 반드시 '五星의 婁宿로의 結集'을 의미하는 것인지는 한번 더 생각해 볼 여지가 있는 것이므로, '聚婁'의 뜻을 알기 위하여 '聚' 字와 '婁' 字에 대하여 한 자씩 그 의미를 분석하여 풀어보기로 한다.

會, 聚[32]

'會'라고 하는 것은 (별의) 하나는 逆方向, (별의 다른) 하나는 順방향으로 움직여 하나의 별자리에 (두 별이) 함께 臨하는 것이다. 또 말하기를 광휘가 서로에게 미치는 것이다. '聚'라고 하는 것은 (행성이) 셋부터 그 이상이 만나는 경우이다(會者一逆一順 同臨一宿 又云 光耀相逮 聚者 自三星以上).

Naver 한자사전에는, '聚' 字가 '형성문자로서 뜻을 나타내는 耳部와 音을 나타내는 取가 합하여 이루어짐'으로 되어 있으나, 이 해설에 동의하기가 어렵고, 오히려 音을 나타내는 取와 의미를 나타내는 乑(衆, 무리중)의 聲形으로 보는 것이 타당하다. 중국에서 가장 오래된 字典인 『說文解字』에서는 '聚' 字를 '會也 從乑取聲'(會로서, 乑의 뜻을 따르고 取의 소리이다.)으로 풀이하여 筆者의 의견과 동일하다.[33]

---

31) 박창범, 라대일 (1993).
32) 젊은 역사학자모임, 『한국고대사와 사이비역사학』(경기 고양:역사비평사, 2017), 201-205쪽.
33) [漢]許慎撰·[淸]段玉裁注, 『說文解字注』, (上海世紀出版股份有限公司·上海古籍出版社, 1981年 10月 第一版, 1988年 2月 第2版).

聚 (모을취)[34]

1. 모으다, 모이다

2. 거두어들이다

3. 갖추어지다

4. 저축하다, 쌓다

5. 함께 하다

6. 무리(모여서 뭉친 한 동아리)

10. 함께, 다같이

聚(耳변)[35]

聚 (字解) ① 모이다, 모여들다. [史記] 五星皆從而聚於一舍

② 달 이름 [史記] 月名 畢聚

聚斂 거두어 들임.

聚首 머리를 맞대고 앉음

聚議 여러 사람이 모여서 의논함.

위의 五星皆從而聚於一舍에서, '聚'의 뜻이 뚜렷이 떠오르게 된다. 여기에 어조사 於 (전치사, ~에, ~으로)가 聚字 다음에 쓰임을 유의한다.

聚合[36]

① 모아서 하나로 합침.

② 분자나 원자가 모여 갖가지 상태를 나타내는 일.

---

34) Naver 한자사전.
35) 『동아 새 漢韓辭典 (제2판)』(서울: 두산동아, 1990년 1月 10日 初版, 1998년 1月 10日 第2版).
36) 『동아 새 漢韓辭典 (제4판)』(서울: 두산동아, 1989년 1月 10日 初版, 2001년 第4版).

③ 여러 가지 결정성 물질이 결합하여 덩어리를 이루는 일.

婁[37]

1. 별 이름

2. 끌 루

3. 자주 루

字解 ① 1. 별 이름(※28宿의 하나), 婁宿 2. 성기다. 드문드문하다. 3. 거두다. 거두어들이다.

② 4. 끌다. 바닥에 대고 당기다.

5. 아로 새기다.

6. 자주 (= 數)

婁 끌 루, 별 이름 루[38]

1. 끌다. 바닥에 대고 당기다

2. 성기다 (물건의 사이가 뜨다), 드문드문하다

3. 거두다. 거두어 들이다

7. 별의 이름(婁宿, 婁星)

婁 별 이름 루, 끌 루, 자주 루[39]

1. 별이름. 28宿의 하나. 婁宿(루수)

2. 성기다. 듬성듬성함. 멀어짐. 五穀之狀婁婁然 (管子)

3. 거두다. 수렴(收斂). 婁驕(루교)

---

37) 『동아 새 漢韓辭典(제2판)』(1990)
38) Naver 한자사전.
39) Daum 어학사전〉한자〉루(婁)

| 벼 이삭 | 콩 이삭 | 보리 이삭 |

여러 한자 사전에 있는 '婁'의 뜻으로서 '성기다(물건 사이가 뜨다), 드문드문하다'가 있으며 다음(Daum) 어학사전(漢字)에서는 五穀之狀婁婁然 (管子) (오곡의 모양이 누누연하다)이라는 적합한 의미풀이가 나온다. 이것으로 볼 때 어떤 알갱이나 낟알들이 줄을 지어 일정한 거리를 두어 뚝뚝 떨어져 모여 있음을 婁의 뜻으로 보고 있다. 콩이나 벼, 보리, 밀, 옥수수 이삭을 생각하면 될 것이다. 특히 콩깍지 속에 든 콩알들의 배열을 생각하면 가장 쉽게 聯想이 된다. 이것은 앞의 박창범이나 '젊은 역사학자 모임'의 기경량이 그들의 저술에서 보여준 五星聚婁의 별모임의 형태와 아주 잘 맞아 떨어지며, 五星結集이나 五星聚合의 표현보다 훨씬 더 정교한 서술이라고 볼 수 있다. 참고로 '管子'에 대한 설명은, "춘추시대 말기 齊의 稷下學派의 저술을 모은 것으로 알려진 「管子」(BC 7C)에서 지금의 오행의 순서인 '木-火-土-金-水'가 비로소 확정되었고…"[40]가 있다.

---

40) 김양진, "(해례본)「훈민정음」의 五行과 五方, 五音1, 五音2, 五常, 五臟 등의 상관성 연구", 국어국문학 194호, p. 7, 국어국문학회, 2021. 3. 31.

婁⁴¹

凡一實一虛, 層見疊出曰婁. 窓牖(들창유)曰麗廔. 是其意也. (일반
적으로 보아 일부는 차고 일부는 비어, 층으로 보여 거듭되어 나타남
을 婁라고 한다. 窓牖(창유)를 麗廔라고 한다. 이것들이 그 뜻이다.)

이 『說文解字注』의 풀이는 이번 五星聚婁 의미에 대한 움직일 수 없는 결
정적 의미를 부여하고 있다. 이 풀이는 앞의 五穀之狀婁婁然의 풀이와 연
관하여 '婁'의 의미에 대하여 더할 나위 없이 분명하게 설명하고 있다. 窓牖
(창유)는 공기나 햇빛을 받을 수 있고, 밖을 내다볼 수 있도록 벽이나 지붕
에 낸 문(네이버 〉 어학사전 〉 국어)이다.

『說文解字』는 後漢(東漢)의 許愼이 서기 100~121년 사이에 편찬한 것으
로서, 그 당시의 한자 9,353字의 字體, 字義와 字形을 說解한 中國 最古의
字書로 알려져 있다. 『說文解字注』에서는 婁의 뜻에 별이나 별자리를 언급
하지 않고 있다.

앞의 窓牖曰麗廔라고 한 부분에서, 廔의 의미를 찾아보면,

---

41) [漢]許愼撰·[淸]段玉裁注, 『說文解字注』(上海世紀出版股份有限公司·上海古籍出版社, 1981年
10月 第一版, 1988年 2月 第2版).

屢 (다락 루)[42]

1. 다락 2.望樓 4. 층집(참고정보 樓와 同字)

樓 (다락 루)

1. 다락 2.望樓 3. 집, 대마루 4. 층집 (네이버) 어학사전) 한자)

『檀奇古史』[43]에서는, '五星이 屢星에 聚하다'라고 한 바, 大野勃 원저의 한문 원본은 발견이 되지 않았지만, 한문 원본에는 '五星聚屢'로 표기되어 있을 것으로 추정하는 것이 매우 합당할 것이다. 박창범은 이 『檀奇古史』의 기록으로부터 五星聚屢의 뜻을 類推하지 않았을까 추측하여 본다.

屢 (여러 루)

1. 여러 2. 자주 3. 數爻(수효)가 많은 4. 언제나 7. (빛이 들어오는) 창

'屢' 字에는 '별자리'의 뜻이나 층집(다락)의 뜻이 없음을 유의한다. 그럼에도 단기고사에는 '五星이 屢星에 聚하다'라고 하였으므로, 단기고사의 記述 내용은 틀렸다고 할 수 있다.

이상의 '聚' 字와 '婁' 字 및 屢(樓) 字에 대한 풀이로부터 五星聚婁를 해석하기를 다음과 같은 두 가지의 경우로 한정지을 수 있다.

가) 五星이 婁宿의 별자리에 聚하다.

나) 五星이 婁 모양으로 聚하다.(五穀之狀婁婁然, 一實一虛 層見疊出曰婁)

그런데 가)의 뜻은 현대 천문학적 사실과 맞지 않으며, 나)의 뜻은 과학

---

42) Naver 한자사전.

43) 大野勃 원저, 李始榮 教閱, 金海菴·李華史 번역, 『檀奇古史』, (서울: 文化印刷社, 1949), 22쪽.

적 사실과 완벽하게 一致한다. 그렇다면 종전의 해석인 가)를 버리고 나)의
뜻을 취함에 아무 문제가 없다. 사실 여러 환단고기 國譯本에서 가)의 뜻을
취한 것은 박창범(1993년, 2002년) 발표[44, 45], 이후이며, 그 이전에는 五星의
結集 정도로 단순하게 이해했었다.

나)의 뜻과 비교되는 표현은 五星聚合이며, 이는 五星이 밀집하여 뭉쳐있
다는 뜻으로서, 실제적 그림으로도 뚜렷이 확인된다.

한편 라대일-박창범 논문에서는 BC 2000~BC 1450년까지 550년 동안, 五
星聚의 분리각이 작은 경우에 단 두 차례의 오성결집이 일어났다고 했다.[46, 47]
그 두 차례는 다음과 같으니, 일반적으로 우리가 역사를 이야기할 때 오성취
루라고 하는 것은 BC 1734년의 오성취루를 말하는 것이고, 소위 중국연표확
정사업에서 말하는 오성취합은 BC 1953년에 일어났던 것을 말한다.[48]

스텔라리움 연대로 -1733년 7월 13일 19시 50분 서울 상공에서 본 五星
聚婁는 다섯 행성이 비교적 일정한 거리를 두면서 직선으로 늘어선 형태인
데 반하여, -1952년 2월 26일 07시 13분의 五星聚合은 다섯 행성이 ran-
dom한 모양으로 훨씬 조밀하게 모여 있는 형태이다. 이는 앞에서 9) 박창
범 저서를 인용하여 설명한 바 있다. 오성취루나 오성취합이나 모두 4,000
년 전의 고대인들에게는 쇼킹한 천문현상이었을 것이며, 이러한 현상이 현
대에 재현된다 하여도 일반인들의 비상한 관심을 끌 수 있을 것이다.

44) 박창범, 라대일, 「단군조선시대 천문현상 기록의 과학적 검증」『한국상고사학보』, 14, (1993).
45) 박창범, 『하늘에 새긴 우리 역사』(경기 파주:김영사, 2002).
46) 박창범, 라대일, 「단군조선시대 천문현상 기록의 과학적 검증」『한국상고사학보』, 14, (1993).
47) 박창범, 『하늘에 새긴 우리 역사』(경기 파주:김영사, 2002).
48) 결마로, 『오성취합과 오성취루』, (Daum 블로그, 동이족의 역사, 출처: http://cafe.daum.
net/hanfuture, (2005).

확대한 五星聚婁의 사진
(실제로는 해는 지평선이나 산마루 아래에 있어 관측자에게는 보이지 않아야 함.)

Stellarium으로 五星聚婁는 五星이 一列로 일정한 간격으로 듬성듬성 성기게 배열되어 있는 반면, 五星聚合은 별들이 일정한 半徑 내에서 훨씬 빽빽히 뭉쳐져 있음을 확인할 수 있다. 따라서 비교적 等간격의 직선배열인 '五星聚婁'가 나타날 확률은 다섯 별이 임의의 형태로 뭉쳐진 '五星聚合'이 나타날 확률보다 훨씬 낮으며, 이에 따라 비교적 자주 나타나는 '五星聚合'의 기록은 『단군세기』에 없으나 지극히 희귀하게 나타날 수 있는 '五星聚婁'의 천문현상은 기록한 것으로 생각할 수 있다.

만약 五星聚婁가 반드시 婁宿에서의 五星結集을 의미한다면, 다섯 행성의 모임으로 많이 사용되는 五星聚合은 合宿에서의 五星결집을 의미해야 한다. 그런데 28宿에서 合宿이라는 별자리는 없으므로 聚合에서 '合' 字가 반드시 合宿를 뜻하지는 않듯이, 聚婁의 '婁' 字가 꼭 婁宿이어야 할 필요도 없는 것이다. 漢字가 상형문자임을 고려하면, '婁' 字의 글자 형태는 一實一虛 層見疊出과 완벽하게 일치하며, 글자 하단부의 '女' 字도 婁 구조의 力學的 强化를 위한 X 字 frame을 나타낸 것으로 생각해 볼 때 옛사람들의 과학 수준까지 엿보게 된다.

결론적으로 '聚婁'의 '聚' 字와 '婁' 字 두 글자가 모두 '모으다, 거두다'의 비슷한 의미이기는 하되, 婁는 '일정 간격으로 듬성듬성 떨어진 직선(선분) 형태의 모임' 즉 婁(慺 또는 樓)의 형태로 모였다는 뜻이다. 만약 '五星이 婁宿에 모였다'라는 뜻을 아주 분명하게 표현하고자 한다면, 그것은 '五星聚於婁(宿)'가 되어야 한다. 聚於 또는 聚于의 사용에 대한 몇가지 用例를 소개하면 다음과 같다.

五星皆從而聚於一舍 [史記][49] 五星이 모두 다 좇으면 (다섯별이 모두 태양을 따라가면), 곧 그것을 聚於一舍(하나의 별자리에 모였다)라 한다.

從[50] ① 좇을 종 ② 시중들 종 ③ 높고 클 총

而[51] ① ㉮(順接) 그리하여, ~에서 ㉯(逆接) 그러나, 그런데
④ ~와 같다 = 如, 若 ⑥ 곧 ㉮이에 = 乃 ㉯ ~이면 =則

於[52] 어조사 어 ① 어조사 (~에, ~에서)

舍 (字解)[53] 1. 집 2. 머무는 곳. ㉮ 거처 ㉯ 해와 별이 머무는 곳

49) 『동아 새 漢韓辭典 (제2판)』, (서울: 두산동아, 1990년 1月 10日 初版, 1998년 1月 10日 第2版), 1543쪽.
50) 『동아 새 漢韓辭典 (제2판)』, (1990)
51) 『동아 새 漢韓辭典 (제2판)』, (1990)
52) 『동아 새 漢韓辭典 (제2판)』, (1990)
53) 『동아 새 漢韓辭典 (제2판)』, (1990)

여기서 '聚' 字 뒤에 어조사 於(~에)가 쓰임에 유의한다. 이 '皆從' 字와 '聚' 字에서 五星이 집합된 그림을 느낄 수 있다. 韓國史書의 기록으로는,

次大王四年五月 五星聚於東方

_『삼국사』고구려 본기 제3[54]

김부식의 三國史(記)의 고구려 차대왕 4년 (AD 149) 기록에 五星聚於東方 (五月에 五星이 동쪽에 모였다)라는 기록이 있다. 박석재·황보승의 논문[55]에 따르면, 이 연대에 가장 가까운 AD 151년 8월 10일 새벽에 3.7°의 퍼짐 각도로 五星이 결집한 데이터가 있다. 五星 中 水星과 金星이 태양에 지구보다 더 가까우므로 (즉 內行星이므로), 五星 결집은 항상 태양 가까운 별자리에서 일어난다. 그래서 새벽의 해 뜨기 전 五星결집은 해가 뜨는 동쪽에 모인 것이다. 三國史 기록에 五星聚於東方이라는 표현에 있어서도 어조사 於(~에, ~에서)가 聚 다음에 씌어 있음을 유의한다.

다른 사서에 나타는 五星聚의 예로서 사기(史記) 천관서(天官書)편에, 漢之興, 五星聚于東井 (漢이 흥기하자, 오성이 동쪽 井宿에 모였다.) 여기에도 어조사 于(~에, ~에서)의 어조사가 쓰임을 유의한다. 거의 동일한 글이 익제 李齊賢의 范增論에도 나타난다. 高祖則初入關也 五星聚于東井 天與之也 (漢나라 高祖 劉邦이 곧바로 처음 관중에 들어갈 때에, 五星이 동쪽 井宿(정수)에 모였으니, 이는 하늘이 준 것이요.) 출처는 모두 인터넷이다.

---

54) 박석재·황보승, 「천문류초의 오성개합 기록 등 오성결집 현상분석」,『세계환단학회 춘계학술대회 및 정기총회 예고집』, (2017), pp. 12~13.

55) 박석재·황보승, 「천문류초의 오성개합 기록 등 오성결집 현상분석」,『세계환단학회 춘계학술대회 및 정기총회 예고집』, (2017), pp. 12~13.

于[56] 어조사 우

1. 어조사 (~에서)

2. 향하여 가다.

3. 행하다. 동작하다.

이상의 여러 예에서 보듯이, 가)의 의미, 즉 五星聚婁가 반드시 '五星이 婁宿에 聚하다'의 뜻을 가질려면, 五星聚于(또는 於)婁로 명확하게 표현하여야 하며, 그렇게 해놓지 않은 이상, 나)의 뜻, 즉 '五星이 婁(樓) 모양으로 聚하다'로 해석하여도 아무 문제가 없는 것이다. Computer simulation으로 보아 五星이 望樓 형태로 나타났으면, 五星聚婁의 뜻은 온전히 나)의 뜻으로 보아야 한다.

五星結合 時에, 다섯 行星이 잘 보이는 저녁시간 쯤에서는 저녁놀 때문에 다른 恒星들이 잘 보이지 않는 점을 고려하면 저녁의 五星의 결집 위치를 별자리로 기술하기가 어렵다는 것을 알 수 있고, 따라서 五星聚婁의 뜻을 '다섯 별이 婁宿에 모였다'라기보다는, '다섯 별이 곡식 낟알처럼 줄을 지어 일정한 거리를 두고 (五穀之狀처럼 婁婁然하게) 떨어져 一實一虛 層見疊出의 층집(望樓)처럼 모였다'라는 이미지가 鮮然히 눈에 들어온다.

---

56) Naver 한자사전.

IV. 五星聚婁 時 다섯 行星의 천문학적 위치

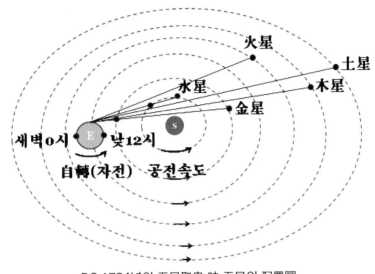

BC 1734년의 五星聚婁 時 五星의 配置圖

위 그림은 五星聚婁가 형성되기 위한 다섯 행성들의 위치를 태양계 원판의 위에서 본 상상도(想像圖)이다. 다섯 행성들은 Kepler의 공식에 따라 內行星일수록 회전운동 속도가 빠르고 外行星일수록 회전 운동 속도는 느리다. 各 행성들의 운동은 다른 행성들의 운동과는 거의 관계가 없다. 各 행성들이 各其의 고유의 운동 속도로 태양을 중심으로 회전운동을 할 때, 어떤 우연한 기회에 다섯 행성들이 그림과 같이 배치되어 있을 때, 즉 ∠화성-지구-수성 ≈ ∠수성-지구-토성 ≈ ∠토성-지구-목성 ≈ ∠목성-지구-금성일 때, 다섯 행성들이 비교적 일정한 거리를 두고 五穀之狀婁婁然(管子)처럼, 즉 콩 알갱이가 콩깍지 안에서 뚝뚝 떨어져 있는 형상으로 보이게 된다. 지구에서 볼 때는 五星이 일직선 상에 늘어져 보이더라도 천문학상으로는 五星의 직선 배열이 아니라, 다섯 행성이 하나의 얇은 원판 위에서 돌 때, 하나의 행성과 그 이웃하는 행성간의 사잇각이 비교적 일정하다는 의 미이다.

V. 결론

환단고기의 眞書的 내용과 僞書的 내용의 판별이 쉽지 않은 상황에서 眞僞의 판가름이 확실한 五星聚婁의 천문학적 眞實性 여부는 진서와 위서의 판별의 가장 핵심적인 승부처라고 할 수 있다.

지금까지는 단군세기에 기록된 약 4,000년 전 五星聚婁의 현상을 '五星이 婁宿 자리에 모였다'로 해석하여, 환단고기(단군세기)에 기록된 것과 Computer simulation과의 1년의 時差에 대해서는 환단고기 진서론자나 위서론자를 막론하고 대체로 이해하는 경향이었으나, 위서론자들은 婁宿에의 모임 위치가 Computer simulation과는 판이하게 다른 것을 지적하여 단군세기 기록을 폄하하였다. 그러나 이것을 '五星이 一實一虛 層見疊出의 婁(또는 樓)모양으로 聚하였다'고 해석하면, 五星 모임의 天球上의 위치에 관한 시비에서 완전히 자유롭게 되며, 단군세기의 기록내용이 현대 과학적 연구결과와 완벽하게 일치함을 증명하게 된다. 고대에 五星聚合이나 五星結集 현상을 手계산으로도 가능하였기 때문에 4,000년 전의 五星聚婁 기록을 현대에 조작하여 삽입하였다는 주장이 있으나,[57] 五星이 모두 서로간의 일정한 거리를 유지하면서 직선 배열된 五星聚婁 현상이 매우 드물고 진귀한 현상임을 미루어 볼 때 이 주장은 설득력이 적어 보인다.

---

57) 전용훈, 「단군세기의 행성직렬 기록은 조작됐다!」 『과학동아』, 2007 12월호, pp. 138-141.

이와 같이 『단군세기』에는 부인할 수 없는 고조선의 역사 및 단군사회에 대한 획기적인 내용을 담고 있다. 五星聚婁 현상을 현대의 천문학적 관점에서 그 기록의 정확성을 검증한 바와 같이 이를 단순히 근대에 나온 위작이라고만 규정해 버릴 수 없는 확고한 과학적 가치를 지니고 있다.[58]

이 속에는 고대사에 대한 귀중한 사료적 가치를 지닌 부분도 있지만 후대에 첨삭되어 있는 부분도 있을 수 있고, 왜곡이나 오류를 범하고 있는 부분도 있을 수 있으며, 書誌學的 관점에서 僞書라고 주장하는 부분을 수긍할 수도 있다. 그렇다고 하여 단군세기 또는 환단고기 전체를 都賣金으로 위서라고 모든 것을 매도할 것이 아니라, 이런 부분에 대해서는 그 진위문제를 분명하게 분석하면서 玉石을 구분하는 연구가 진행될 필요가 있다. 그래서 『단군세기』내의 다양하고도 풍부한 내용 속에 담겨 있는 내용들을 학문적으로 분석하고 정리해서 고대 사상과 역사의 실체를 밝혀야 할 것이다.[59]

五星聚婁 기록은 4,000년 전 단군 조선 시대에 천문을 관측하고 그것을 기록으로 남겨놓은 다른 어떤 나라의 역사에도 없는 위대한 기록이며, 韓民族의 위대한 유산(遺産)이다. 이러한 사실을 우리 역사에서 제외시키는 것은 진실된 역사학이라 할 수 없으며, 오히려 이것을 韓民族史 뿐만 아니라 世界文明史에 널리 알려야 할 것이다.

---

58) 박미라, 『한국의 단군문헌 (단군학 총서 04)』(서울: 도서출판 덕주(德周), 2019), 116-118쪽.
59) 박미라, 『한국의 단군문헌 (단군학 총서 04)』(서울: 도서출판 덕주(德周), 2019), 116-118쪽.

참·고·문·헌

【단행본】

- 강수원 옮김, 『桓檀古記』(충북 청주시: 온누리, 1985).
- 김동훈·김지현 지음, 강선욱 그림, 『풀코스 별자리 여행』(서울: 현암사, 1999).
- 김은수, 『한단고기』(서울: (주)한문화 멀티미디어, 2017),(底本은 1979년版 光吾理解社).
- 박미라, 『한국의 단군문헌 (단군학 총서 04)』(서울: 도서출판 덕주(德周), 2019).
- 박창범, 『하늘에 새긴 우리 역사』(경기 파주: 김영사, 2002).
- 안경전 譯註, 『환단고기』(대전: 상생출판, 2012).
- 이기동, 정창진, 『환단고기』(서울: 도서출판 행촌, 2019).
- 이태형, 『재미있는 별자리 여행』(경기 파주: 김영사, 1989).
- 이명우·최현호, 『1909년 환단고기』(서울: 북포럼, 2020).
- 이문영, 『만들어진 한국사』(서울:파란미디어, 2010).
- 임승국, 『한단고기』(서울: 정신세계사, 1986).
- 젊은 역사학자 모임, 『한국고대사와 사이비역사학』(서울: 역사비평사, 2017).
- 한국고대사학회편, 『우리 시대의 한국 고대사』(서울: 주류성출판사, 2017).
- 大野勃 원저, 李始榮 敎閱, 金海菴·李華史 번역, 『檀奇古史』, (서울: 文化印刷社, 1949).
- 桂延壽 原著, 李沂 校閱, 『桓檀古記』倍達義塾 발행, 光武 十五年(1911년) 初版발행, 1979年 再版발행.
- 鹿島昇 (록도천, 가지마 노보루)訳, 『桓檀古記』(日本 東京都 渋谷區, (株)新國民社, 昭和 57년(1982년).

【학술지 및 논문】

- 김양진, 「(해례본)훈민정음의 五行과 五方, 五音1, 五音2, 五常, 五臟 등의 상관성 연구」, 『국어국문학』194호.

- 이명우, 「환단고기가 위서가 아님을 입증하는 사료의 고찰」『世界桓檀學會誌』6권 2호, (2019).
- 박석재·황보승, 「천문류초의 오성개합 기록 등 오성결집 현상분석」『세계환단학회 춘계학술대회 및 정기총회 예고집』, (2017).
- 박창범, 라대일, 「단군조선시대 천문현상 기록의 과학적 검증」『한국상고사학보』14, (1993).

【사전】

- 『동아 새 漢韓辭典 (제2판)』, (서울: 두산동아, 1990)
- 『네이버 지식백과』〉28수〉두산백과
- 『Naver 한자사전』
- 『Daum 어학사전』
- [漢]許愼撰·[清]段玉裁注, 『說文解字注』, 上海世紀出版股份有限公司·上海古籍出版社, (1981年 10月 第一版, 1988年 2月 第2版)

【기사 및 인터넷】

- 결마로, 「오성취합과 오성취루」(Daum 블로그, 동이족의 역사, 출처: http://cafe.daum.net/hanfuture, (2005).
- 기 랑, https://kirang.tistory.com/850 (2019.8.14).
- 이문영 입력, 『과학자가 해석한 고대사 믿어도 좋은 걸까 아닐까』(매일경제신문 매경프리미엄 스페셜 리포트, 2017.3.13.).
- 전용훈, 「단군세기의 행성직렬 기록은 조작됐다!」『과학동아』(2007년 12월호), pp. 138-141.

고대 한국 경금(經錦)의 직조기술과 세리신의 어원에 관한 연구

김지수·나영주

대구교육대학교 실과교육과 강사 | 인하대학교 의류디자인학과 교수

본 논문은 박사학위논문 내용을 수정·보완한 것임.
본 논문은 한국연구재단의 지원을 받아 수행된 연구임
(NRF-2019S1A5B5A07111429)

I. 서론

한류의 열풍은 대한민국을 다시 돌아보게 하며 우리나라 고유의 전통문화에 더 많은 관심을 이끈다. 우리 전통 복식은 학문적 연구를 통하여 고증되고 있으며 그 고증을 바탕으로 다양한 디자인의 형태로 영화, 드라마, 뮤지컬 등과 같은 문화적인 공간에서 활용되고 있다.[1] 이렇게 우리나라의 전통 복식을 바탕으로 현대적 감각의 디자인이 표현되기 위해서는 고대의 복식에 대한 정확한 이해와 정보가 필요하다. 따라서 우리나라의 전통 복식에 대하여 다양하고 정확한 정보를 전달하는 것은 아주 중요한 일이다. 본 연구는 한류의 원조인 고대 한국의 경금(經錦)과 세계 최고의 직조 기술을 전 세계에 알리고자 하는 목표를 가진다.

고대(古代)란 대체로 고조선의 건국 이후부터 고려가 건국되기 이전의 남북국 시대까지를 지칭한다. 본 연구는 BC 1000년~AD 711년 시기의 것으로 파악되는 전 세계에서 찾을 수 있는 경금(經錦)을 수집, 분석하고자 한다. 경금(經錦)이란 다른 색으로 염색한 두 쌍 이상의 경사(經絲)를 이중(二重) 또는 삼중(三重)으로 중첩(重疊)하여 정경(整經)한 후, 이것을 직물의 표면(表面)이나 이면(裏面), 즉 뒷면으로 보내 무늬와 바탕을 짠 견직물이다.[2] 경금은 실크 중에서 가장 제직하기 어려운 것으로, 경사를 복수로 사용하고 복수의 실들을 올리고 내리는 방법을 변화시키며 문양을 만든 것이다. 현재 가장 화려한 직물로 손꼽히며 원단의 무늬를 넣어 짠 자카드(Jacquard) 원단의 원형이다. 현대에도 커다란 곡선 무늬의 자카드직은 복잡한 구조의 자카

---

1) 황미선, 이은영, 「한국전통복식 문화정보의 블로그 활용에 관한 연구」 『한국의상디자인학회지』 14집, (2012). p. 98.
2) 신혜성, 「제직기술과 문양을 통해 본 금직물(錦織物)의 동서교류에 관한 연구: 고대부터 당 시대를 중심으로」 『복식』 62집, (2012). p. 107.

드 직기로만 제직할 수가 있다. 과거에는 이러한 경금을 어떻게 제직할 수 있었으며 누가 경금을 발명하였는지 궁금증을 해결하고자 한다.

실크(Silk)의 어원이 바로 고구려의 단어 '실꾸리(Sil-kkury)'에서 출발하였다고 하였다.[3] '실을 ㅆㅕㅕ다, 켜다'에서 비롯된 '실꾸리'가 실크의 어원이라는 것이다. 영남대학교 섬유공학부 조환 명예교수는 "오랫동안 섬유산업 역사를 연구하다 실크라는 용어에 관심을 갖고, 집중 연구한 결과 영어 실크의 뿌리가 고구려 시대 우리나라에서 태동된 특수한 실 감는 기구인 실꾸리에서 처음 시작되었다는 각종 자료를 수집, 증거를 확보하였다."고 밝혔다. 이와 같은 자료수집과 연구 결과의 논문이 일본섬유공학회지에 게재되었는데 우리나라의 학계와 언론에서도 역사적 사실 규명에 적극 앞장서야 하겠다.

우리의 경금을 무조건 중국 한나라에서 만든 것이라고 단정을 짓는 오류를 범하고 있다. 첫 번째로 역사학 단추가 잘못 끼워져 있으므로 지리학, 고고학, 미술학, 의류학 등 모든 학문이 줄줄이 다 잘못 끼워져 있다. 중국은 꾸준히 우리나라의 많은 콘텐츠를 교묘하게 표절하여 자국에서 많은 인기를 끌고 있다. 최근 김치, 떡볶이, 삼계탕을 비롯하여 한복, 갓, 등의 의생활, 심지어 독립저항 시인 윤동주 까지 '중국산'으로 둔갑시키려는 시도가 부쩍 많아졌다. 한복 동북공정 사건을 계기로 이제는 국가적 차원의 위기의식이 요구되며 '우리 것'에 대한 올바른 인식이 견고하게 자리 잡을 필요성이 있다. 보다 역사적인 근거로 풀어나가야 하는 문제이며 명확한 증거를 통해 바로 잡고 우리나라 조상이 만든 경금의 우수성을 바로 알리는 것이 필요하다. 한복을 포함하여 우리나라 조상들이 만들어낸 고유의 것을 중국의 것이라고 우기는 일은 절대 있어서는 안 될 것이다. 본 연구와 같은

---

3) 曹煥, "高句麗の silk", 纖維と工業, vol. 68 (2012), p. 167.

도전정신이 꼭 필요하며 시의성과 창의성이 있는 연구로 발전해 나갈 수 있도록 해야 한다. 우리 조상들의 열정과 노력으로 일궈낸 경금의 전통을 계승하고 경금에 관한 연구를 활발히 하여 사실을 바로 잡아야 한다. 직기 비교를 통하여 타당한 증거를 제시하여 경금이 우리의 고유 유산이며, 이를 토대로 전 세계에 알리고자 하는 본 연구의 창의성은 뛰어나다고 본다.

II. 이론적 배경

1. 실크 생산을 위한 누에나방

누에나방의 애벌레는 누에(잠 蠶)이다. 애벌레 때는 뽕나무 잎만을 먹는데, 뽕나무 잎 말고도 다른 식물도 먹을 수 있다. 하지만, 완전하게 생장을 하기 위해서는 뽕나무 잎을 먹어야 한다. 다 자라서 고치를 짓는데, 이를 뜨거운 물에 삶은 후에 비단실을 뽑을 때, 기생 곤충인 기생파리에 감염된 누에의 고치는 누에의 양분을 먹고 자란 파리가 고치를 뚫고 나오기 때문에 상품 가치가 없다. 우리 토종 뽕 누에는 중국의 누에와는 다른 품종이며 야생 메누에를 순화시킨 것으로 고조선은 기원전 3,000년경에 이미 독자적으로 양잠기술을 개발하였다. 야생누에의 경우 기원전 5,000년경 이전으로 거슬러 올라가고, 집누에의 경우는 기원전 2,700년경이다.[4] 유럽에서 발견되는 한나라시대 이전인 기원전 실크유물은 대부분 야잠견이고 가잠견이 아니라고 하며 몽골 및 발해만 유역에서 서식하는 야잠견 누에종자의 섬유를 중원 사람들이 수입해서 비단을 제작하여 서양에 수출하였을 것이다[5]라고 추측하는데 실상은 그렇지 않다.

---

4) 신년특집-실크(SILK) 어원 한반도 출발 학술적 근거(상). (2014). http://okfashion.co.kr/detail.php?number=30466&thread=81r20

5) Good, I. "On the question of silk in pre-Han Eurasia.", Antiquity, vol. 69 (1995), p. 960.

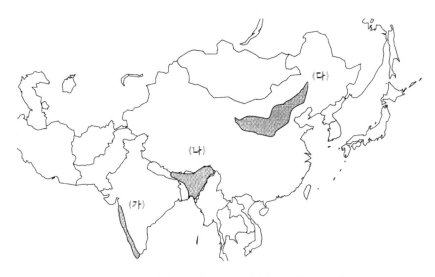

〈그림 1〉 기원전 2세기의 야생 실크나방의 분포[6]

(가): Antheraea mylitta, (나): Antheraea assamensis, (다): Antheraea pernyi

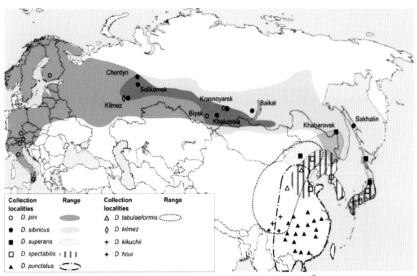

〈그림 2〉 유라시아의 실크 나방 분포 범위[7]

---

6) Good, I(1995), p. 960.

7) Kononov, A., Ustyantsev, K., Wang, B., Mastro, V. C., Fet, V., Blinov, A., & Baranchikov, Y. "Genetic diversity among eight Dendrolimus species in Eurasia (Lepidoptera:

〈그림 1〉은 Irene Good 교수가 나타낸 기원전2세기 시기의 상업적으로 사용될 수 있는 자연에 분포된 실크 나방 세 가지 종류를 나타낸 지도이다. (다)에 나타난 Antheraea pernyi 종자는 중원보다 더 높은 고도에 위치하며 고조선 영토까지 확장되어 서식하고 있었다. 〈그림 2〉는 실크를 생산하는데 사용되는 덴드롤리무스(Dendrolimus) 나방의 유라시아 지도에 분포 범위를 나타냈다. 실을 얻기 위해 우리가 이용하는 곤충을 고치실 곤충이라 하는데 나비목의 누에나방과, 산누에나방과, 솔나방과, 재주나방과가 전 세계적으로 이용된다. 고조선 영역의 우리나라와 일본은 솔나방을 표시하는 빗금이 되어있는데, 솔나방은 솔나방과에 속하는 곤충으로 학명은 덴드롤리무스 스펙타빌리스(Dendrolimus spectabilis)이다. 날개를 편 길이를 측정해보면 대략 수컷이 4~5cm, 암컷은 6~8cm이다. 앞날개에는 흰 띠가 3개 있는데, 중앙의 띠는 톱니 모양이고 바깥 가장자리 띠의 외측에는 흑갈색 무늬가 있다.

북한학자 조희승 교수는 평양구역에서 출토된 기원전 3세기 고조선 시대 실크를 실험 분석하였다. 그 결과 중국의 고치는 생식 염색체 수가 28개인 넉잠 누에이며 크기도 작고 달걀형인 반면, 우리나라의 고치는 27개인 석잠 누에이며 고치 형태도 모래시계의 형태와 유사한 장구형으로 밝혀졌다.[8] 이처럼 중국의 누에고치와 우리의 누에고치는 종자가 서로 다른 것이다. 또 의생활은 기후와도 밀접하며 고조선에서는 우리의 전통인 색동 경금에서 볼 수 있듯이 여러겹의 경사를 사용하여 조밀한 경금 원단이나 명주를 주로 제작하였던 풍습과 서로 상관이 있다고 사료된다. 직물의 밀도

Lasiocampidae) inferred from mitochondrial COI and COII, and nuclear ITS2 markers." BMC genetics, Vol. 17, p. 177.
8) 조희승, 『조선의 비단과 비단길』 (평양:사회과학출판사, 2001), P. 25.

도 다른데, 중원의 평견 China silk는 날실/씨실의 비가 1.15~1.7인 반면에 동시대 한국에는 유사한 평견도 나오지만 특산품인 경금은 1.6~2.8로서 더 조밀하였다.

한서지리지(漢書地理志)에 따르면 중원에 실크가 없을 때 '동이족이 생산한 야잠견 생견사를 바구니에 담아서 특산품으로 가져온다.'라는 기록이 있다. 실크는 산동반도에 살던 동이족이 시작한 것이란 것이 고고학적 문서학적으로 증명되었다[9]. 산동반도와 요동반도는 부산과 대마도의 경우처럼 매우 가깝다. 산동반도, 한국, 일본의 종자가 3잠 누에로서 모두 동일한 것으로 확인된다. 또 〈단군세기〉는 4,300여년 전에 우리가 이미 양잠기술을 보유하였고 실크를 사용하였음을 알려준다. 단군조선(檀君朝鮮) 1대 왕후가 의복과 양잠 기술을 백성의 생활 영위에 필수적인 요소로서 강조하였음이 나타나는데 이처럼 오래전부터 양잠이 장려되었고 실크산업이 부흥되었음은 충분한 기록이 뒷받침한다.

또 '삼국사기'에는 신라의 시조인 박혁거세 거서간(기원전 17년) 시절에 왕과 왕비가 6군을 순찰해서 농잠을 권장하였고 국가를 부유하게 세운 기록이 있고, 혁거세로부터 5대째 파사왕 3년에도 뽕나무 농사를 권장한 기록이 있다. 백제의 시조인 온조왕도 38년에 농업과 잠업을 권장했다. 여기에서 특이한 것은 신라의 경우인데 백성을 2조로 나누어서 베짜기 경기대회를 (음력 8월 15일) 벌인 것이다. 실크 산업을 국가 산업으로 지정하고 이를 권장하는 기념일로써 국가가 축제의 날로 정하였던 것이다. 그 관습으로부터 오늘에 이르기까지 전해진 것이 추석명절이다. 간단히 말하면, 섬유산업을 장려하기 위한 날로써 국가의 축제일로 정한 국가 민족은 한국 이외에

9) 민길자, 『전통옷감』(서울:대원사, 1997), P. 95.

세계 어디에도 없다.[10]

2. 우리의 색동 경금

색동은 고조선 시대부터 이어 온 우리 고유의 원단이며 색 경사를 사용하여 세로 줄무늬가 나타나도록 평직이나 수자직으로 직조한 견직물이다.[11] 두 가지에서 일곱 가지 색으로 다양한 천연 염색한 실을 사용하면서 무늬를 넣어 직조하던 경금이 단순화된 것이 색동이다. 줄무늬는 선사시대부터 존재하였던 가장 단순한 무늬이지만 여기에 문양과 글자를 넣고 세로 줄 동일 간격으로 제직한 색동은 특별히 우리 선조가 가장 즐겨 사용해온 것으로서 민족 고유의 정서가 반영되어 타민족과의 차별성을 분명히 드러낸다.[12] 색동은 여러 색상의 실을 경사 방향으로 동일 간격으로 계획, 배치한 후 위사를 투입시켜 제직한 경금직물이 단순하게 변형된 것이다. 색동은 자투리 천을 버리지 않고 모아두었다가 이은 것이라고도 말하는데 이는 사실이 아니다. 원래의 색동은 제직할 때부터 짠 것으로 미리 색사를 따로 준비하여 경사로 배열하고 1장으로 제작한 세로 형태의 줄무늬 원단인 경금이다.

---

10) 曹煥(2012), p. 167.
11) 김지수, 나영주. 「주변에서 찾은 우리 색동의 기원과 감성에 대한 고찰」『감성과학』 21집, (2018). p. 99.
12) 김지수, 나영주(2018), p. 100.

〈그림 3〉 사천성 촉금(蜀錦)의 뒷면에서 발견된 색동

〈그림 4〉 뒷면이 색동인 것이 드러나는 일본 나라시(奈良市) 니시진 경금(經錦)

〈그림 3〉은 2016년 9월 19일 중국 CCTV 방송국에서 방영된 '[锦绣纪] 第一集 穿梭 千年汉罗'의 한 장면이다. 실크의 장인이라고 불리는 전문가가 2,000년 전의 실크 직조 기술을 찾아 촉금(蜀錦)을 복원한 장면인데 이실크의 뒷면은 '색동'으로 나타났다. 〈그림 4〉는 연구자가 일본 나라 니시진에서 구매한 경금(經錦)을 앞, 뒤로 각각 접어 촬영한 사진이며, 경금의 뒷면에 우리나라 전통무늬인 '색동'이 나타난 것을 알 수 있다.

우리의 금(錦)은 다중색 경사의 세로 형태의 줄무늬가 있는 경금으로서 동남 및 중앙아시아에서 많이 볼 수 있는 다중색 위사의 가로줄 무늬 위금과는 전혀 다른 것이다.[13] 위금은 가로 방향으로 줄무늬를 이용하고 있으며

---

13) 김지수, 나영주(2018), p. 100.

줄무늬 간격도 일정하지 않다. 히말라야, 티벳 등의 중국 소수민족들의 경우에는 세로 줄무늬를 우리처럼 의복에 사용하기보다는 의복의 일부분으로 끝장식이나 디테일 등 부분적 장식으로 조금 사용하고 있는데 이는 경금의 생산량이 충분히 많지 못하기 때문일 것이다.[14] 색동은 예부터 동북아시아 지역인 한국, 중국 소수민족, 몽골, 일본의 일부 지역과 서북아시아 우즈베키스탄, 티벳 등에서 보이지만 색채 반복에서 나타나는 율동미의 아름다움은 우리나라에서 정착되고 지금까지 전해지고 있다.[15]

III. 고대 한국과 주변국에서 나타난 경금

1. 고조선 부여, 백제, 신라

경금의 가장 이른 유품은 중국 요녕성 조양에서 출토되며, 당시 이 지역은 고조선에 포괄된 지역이었다고 한다.[16] 고조선의 지역으로 조양에서 발견된 세계 최초의 경금 견직물의 그 실의 밀도는 날실 26×2가닥/cm², 씨실 14가닥/cm²의 갈색과 검은색이다.[17] 우리나라에서는 부여시대 부여인들이 외국에 나갈 때 금을 착용하였다고 하는 것이 가장 이른 연대의 기록이 있다. 중국 길림성 장춘 모아산 부여인들의 생활유적에서 평견 직물과 함께 금직물이 출토되어 문헌의 기록을 실증하고 있다.[18]

---

14) 김지수, 나영주(2018), p. 100.
15) 김지수, 나영주(2018), p. 101.
16) 심연옥, 『한국직물오천년』 (서울: 고대직물연구소출판부. 2002), p. 207.
17) 심연옥, 민길자, 「중국 동북지역에서 출토된 고조선, 부여, 고구려시대의 직물 연구」 『복식』 22집, (1994), p. 65.
18) 전수연. 「[삼국유사][연오랑세오녀] 의 '도기야'」 『열상고전연구』 63집, (2018). p. 200

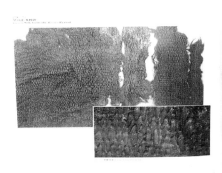

〈그림 5〉 부여금과 부분 확대사진[19]

〈그림 5〉에서 나타난 금직물은 중국 길림성 모아산 부여인들의 생활유적에서 발견된 것으로, 이 유적은 중국인들에 의해 부여족의 생활유적으로 공인된 곳이다. 큰 조각이 세 점 조사되었으며 평직물과 함께 바느질되어 있었다. 의복의 일부분으로 보이며 이미 색은 모두 퇴색되어 갈색으로 변했지만, 조직 중간에 표경사와 이경사가 교차되는 2/2 조직을 관찰할 수 있어 두 가지색을 사용하여 제직한 2색의 경금직물임을 알 수 있다. 평직과 함께 바느질되어 있던 경금의 잔편 모습을 보여준다.

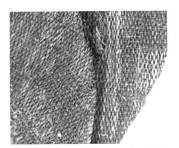

〈그림 6〉 백제의 경금과 확대사진[20]

19) 심연옥(2002), p. 214.
20) 금처럼 귀한 금(錦)직물. (2017). http://www.cha.go.kr/cop/bbs/selectBoardArticle.do?nttId=60610&bbsId=BBSMSTR_1214&mn=NS_01_24

〈그림 6〉의 첫 번째 사진은 국보 제11호 백제 미륵사지 석탑 사리공에서 출토된 금직물이다. 경사나 위사에 색사를 넣어 짜는 것은 매우 어려운 작업인데, 수백 가닥의 경사 색실을 번갈아 가며 커다란 곡선의 문양을 짰으니 아마도 당시의 최고급 손기술이었음에 분명하다. 짙은 바탕에 적색무늬를 넣었는데 테두리는 황색으로 구분하였다. 우리나라에서 출토된 고대직물 중에서 테두리 문양이 있는 것이 금직물의 특징이다. 두 번째와 세 번째 사진은 무령왕릉에서 출토된 금 조각으로 탄화된 상태이며 중조직 경금 방식으로 제직되었다.

〈그림 7〉 신라 천마총의 경금[21]

〈그림 7〉의 천마총의 금은 경주의 신라시대 천마총에서는 갈색과 붉은색 2색의 평직 경중조직금이 발견되었다. 천마총에서 출토된 또 다른 작은 금 잔편으로 무늬와 색은 알 수 없지만, 직물 표면에 경두둑직의 외관이 드러나고 조직위사와 심위사가 관찰되어 경금의 잔편으로 본다. 갈색과 붉은색 두 종류의 경사를 사용하였고 테두리가 중간붉은색으로 보이는데 위사는 조직 위사와 심위사를 사용하여 경중조직으로 제직한 평직 경중조직금이

---

21) 심연옥(2002), pp. 216~217.

다. 천마총에서 출토되어 고찰한 18점의 금직물 모두가 경금이었다. 18점 모두 작은 잔편으로 경, 위사의 방향을 확인할 수는 없으나 위금 緯錦 은 중국, 서아시아 등지에서도 발견되며 특히 7세기에나 되어야 나타나는 것이 일반적인 학설이므로 5~6세기에 해당하는 천마총 출토 금직물의 조직을 경금으로 판단한다.[22]

2. 신강, 고구려

신장자치구 고원에서 발견된 경금은 고구려 초기의 경금으로 추정되는데 고조선의 경금도 이와 유사할 것으로 추측된다. 중앙아시아에서는 실크 생산이 기원후 4~5세기는 되어야 가능[23]하였기 때문이다. 고대부터 유라시아 스텝은 물론이고 사막로 또한 흉노의 생활영역이었다. 신장지역과 고조선의 연관성은 〈그림24〉 기원전 7세기 세레스 영역지도 참고하면 매우 오래되었고 서로 교류가 밀접하였음을 알 수 있다. 흉노 모돈선우 즉위시 (BC209) 이미 동호는 강성하여, 흉노는 상곡 동쪽으로 예맥 및 조선과 국경을 접하고 있었다(사기 흉노열전). 위만조선을 차지하고는 '흉노의 왼팔을 꺽었다'고 한무제가 표현하였듯이, 고조선과 흉노는 서로 긴밀한 관계였으며 편두습속, 종교 등이 동일하였다. 유라시아 스텝 실크로드는 오래전부터 이미 존재하였으며 오아시스 실크로드도 월지와 흉노에 의해 오래전부터 운영되고 있었다[24]. 기원전 2세기 한무제때와서야 겨우 하서주랑을 점령하고 한사군을 두었는데, 원주민의 자치통치가 지속되었으며 한나라는 군인

---

22) 장현주, 권영숙, 「천마총 출토 금직물 연구: 現 경주문화재 연구소 소장품을 중심으로」 『한복문화』 17집, (2014), p. 50.

23) 황녕푸, 천잔잔 (2016), p. 74

24) 나가사와 가즈도시, 『실크로드의 역사와 문화』 (서울:민공사, 2005), p. 37.

을 파견하고 세금을 걷는 형식이었다[25]. 실크로드는 한무제가 처음 개척한 것으로 세상에 널리 알려져 있는데 이는 사실과 다르다.

〈그림 8〉의 경금은 신장자치구 니야 유적에서 출토된 것인데, 경사 색이 초록/노랑/빨강 또는 초록 노랑/초록 등 리듬적으로 변하고 있으며 동일 색 구분 안에는 바탕 남색 외에 흰색이 존재한다. 즉 색 리듬은 전체적인 비 반복성에서 나타난다. 고구려벽화처럼 사슴뿔 무늬, 바람에 흐르는 구름, 신기한 힘이 서린 영기무늬 등 아름답게 표현되었다. 동그랗게 몽아리지며 바람에 번져 가는 구름 모양, 어깨에 날개가 달린 천상의 동물, 길조 등이 주를 이룬다. 이러한 동물무늬는 스키타이, 흉노 등 북방 수렵 민족의 대표적인 문양이다. 두세겹으로 표현된 대담한 파동 곡선 위에 영기 靈氣는 바람의 형상화 또는 바람의 배달민족이 숭상한 바람의 神으로 보인다. 여기에도 문양 바깥쪽에는 윤곽선 즉 문양 테두리선이 들어있다.

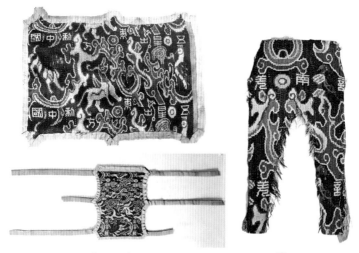

〈그림 8〉 오성출동방(五星出東方) 경금[26]

---

25) 제인 그리핀, 「실크로드와 둔황의 보고」『미술사연구』 10집, (1996). p. 75.
26) 황녕푸, 천잔잔, 『중국의 비단역사 칠천 년』(파주:한국학술정보, 2016), p. 77

〈그림 8〉의 오성출동방(五星出東方) 경금은 1995년 신강 민풍현 니아 유적지 8호 묘에서 출토되었는데 팔목 보호대에 사용된 견직물로서 '五星出東方 利中國'의 글자가 직금된 팔보호대이다. 아름다운 유기적인 곡선적 무늬 뿐만 아니라 복잡한 한자 문구도 직금할 수 있는 고도의 제직기술을 갖고 있었음을 보여준다. 기원전 2~3세기의 고조선 유물로 추측되는데, 중국측은 기원후 2~3세기의 자신들의 것이라고 주장하고 있다. 이것이 우리의 유물이란 근거가 다수 존재하므로 이를 살펴보도록 하자. 이 보호대는 5겹으로 겹쳐진 것이므로 아래층 경금을 보고서 완전한 문장이 가능하였을 것으로 추정하는데 중국측은 완전한 문장으로 '五星出東方 利中國 誅南羌四夷 服單于 降與天 無極'이라고 고증하였고 이를 재현시켜 자신들의 유물로 전세계에 홍보하고 있다. 여기에서 1개의 글자는 의도적으로 왜곡되어 있다. '設 베풀설' 또는 '說 달랠 세 기뻐할 열' 등으로 읽힐 수 있는 글자에 대하여 중국측은 일부러 '誅 칼로벨 주, 죽일 주'라고 해독하고 홍보하고 있다. 도대체 누가 복을 비는 기원문에다가 저주스런 단어를 새기고 싶어하였을까? 고대인이 아름다운 원단에다가 혐오 단어를 집어넣어 직조하여 영원히 새기고 싶어하였겠는가 말이다.

왜곡해서 뜻풀이를 하고자 중국 문화재 보존위원회는 이 귀한 유물 천을 일부러 잘라내어 해독이 불가능하게 만들어 놓았다. 자기 쪽의 유물로 만들기 위해서 '誅'라는 부정적인 단어로 해석하였으며, 또 더 이상의 해석이 불가능하게끔 유물의 가장자리 올을 뜯어버려서 유물을 손상시킨 것이다. 당시 '중국'이라는 나라는 존재하지 않았으므로 '利中國'이란 '가운데 땅을 이롭게 한다'는 뜻인데도 말이다.

이 경금의 글자는 '동쪽에서 5개의 별이 뜨는 천문현상이 중원, 동이족, 남쪽의 강족 등 모두를 이롭게 하고, 하늘이 내린 선우에게 영원히 복종한다'는 뜻으로 해석하는 것이 옳을 것이다. 흉노의 왕 '선우'란 단어가 새겨진 것으로 보아 이는 한나라의 경금이 아니라 고조선 또는 흉노의 경금이라고 보는 것이 확실하다. '服單于'란 좌현왕, 우현왕 등 선우가 다수 존재하였으므로 이러한 표현이 성립 가능하겠다. 선우를 서양에서는 '산유'라고 불렀는데, '선우, 흉노, Xiong-Nu, Hsiung-Nu, 山戎' 등 서로 모두 유사한 발음이다.

또 '降與天' 단어는 북방민족들은 하늘의 아들이라는 천손자손 사상을 갖고 많이 사용하던 개념이다. 이 당시 秦漢보다 흉노가 훨씬 강대했었고 국경도 3~5배 넓었으며 스텝, 오아시스 2개의 실크로드를 흉노와 고조선이 장악하고 있었다[27]. 그리고 이 경금 제작시기는 기원전 2~3세기로 추정하는데, 바로 묵돌선우가 다스리던 시기이므로 이 팔보호대는 묵돌선우의 것으로 사료된다. 기원전 3세기부터 기원후 3세기까지 당시 흉노제국은 최고의 전성기이었다. 만일 이것이 기원후 2~3세기의 경금으로 증명된다고 하면 오나라 손권(234)이 선우라고 불렀던 고구려 동천왕[28]의 경금 팔목 보호대인 것으로 추정할 수 있을 것이다.

기원전 5 세기경 理性의 시대에 진입하면서, 단군 제사장의 권위가 약해지고 중원은 춘추시대가 막을 내리고 전국시대 전쟁통이 되었으며 무력이 가장 중요해지는 시대가 되었다. 흉노 역시 더 이상 위만(단군)의 영향력 아래 있지 않았을 것이며, 동호를 격파하기도 하였다. 이 경금의 제작시기인 기원전 2~3세기는 고구려가 막 출범한 신생국가 였으므로 아직 힘이 많지는 않았으리라 본다. 또 흰옷을 숭상한 부여는 제사장직을 수행하느라 무력은 그리 크진 않았을 것이다. 기원전 7세기경 세레스 영역이 동서로 매우

---

27) 나가사와 가즈도시, 『동서문화의 교류』 (서울:민족문화사, 1995), p. 70
28) 이종호, 『고조선, 신화에서 역사로』 (서울:우리책, 2016), p. 30

넓었던 월지, 또는 흉노를 보아도 이들의 전성기란 것이 파악될 수 있는데, 비로소 秦때가 되어서야 오르도스에서 감천성을, 漢무제때가 되어서야 하서주랑을 차지하였을 뿐이며, 당시 흉노는 동아시아에서 가장 힘이 강력하였던 것이다.

'오성출동방'은 '五星就樓[29]'라는 단군세기의 기록에서 보듯이 우리 선조들이 좋은 징조로 여기던 천체관측 현상이다. 이는 육안으로 볼 수 있는 5개의 별이 동쪽하늘에 일렬로 위치하는 현상으로서, 흘달단군(屹達, 1753 BC) 50년때 관측되었다고 기록된 것이다. 이는 우리조상은 아주 오래전부터 하늘을 관측해왔다는 뜻이며 단군세기가 최근에 저술된 위서가 아님을 확인시켜주는 귀중한 증거이다. 또 삼국사기에도 고구려7대왕 차대왕(次大王, 71년~165년, 재위: 146년~165년) 때에, '오성취어동방五星聚於東方'의 기록이 존재한다. 이처럼 오성출동방이 복이 된다는 샤머니즘 종교는 흉노와 동이족의 신념이었다.

또 다른 증거로는, 경금錦 무늬 비단을 사용한 소매보호대에는 우리 한복의 특징인 '고름'이 붙어있다. 중국 옷에는 고름이 붙어있지 않으나 우리와 고대일본의 옷에는 고름이 붙어있다. 고름은 고리나 두루마기의 깃 끝과 그 맞은편에 하나씩 달아 양편 옷깃을 여밀 수 있도록 한 헝겊 끈이며[30] 골홈, 고홈, 고름은 모두 동일한 단어로 우리 원말이 제주어에 정확히 남아있다. 바느질이 섬세한 봉제의에 끈을 많이 붙여서 고름이 발달한 것이 우리 한복의 특징이다.

29) 박창범, 『하늘에 새긴 우리역사』 (파주:김영사, 2002), p. 70
30) 김순자, 「제주도방언의 '호상옷 (수의)'관련 어휘 연구.」 『탐라문화』 47집, (2014), p. 123.

〈그림 9〉 연년익수대의자손(延年益壽大宜子孫)[31]

〈그림 10〉 영창금(永昌錦)[32]과 장수명광금(長壽明光錦)[33]

〈그림 11〉 한인수문의우자손무극(韓仁繡文衣右子孫無極)[34]

31) 황녕푸, 천잔잔 (2016), p. 73
32) 황녕푸, 천잔잔 (2016), p. 73
33) 황녕푸, 천잔잔 (2016), p. 74
34) 漢代漢服紋樣. (2013). http://www.hanfudian.com/article/show-540.aspx

〈그림 9〉 연년익수대의자손(延年益壽大宜子孫)은 1959년 신강자치구 민풍현 타클라마칸 사막 1호묘에서 출토되었다. 〈그림 10〉 영창금(永昌錦)과 장수명광금(長壽明光錦)은 1980년 신강 누란성 동쪽 7km에서 출토되었는데 신강자치구에 있는 이 묘를 고대 초나라 묘라고 중국에서 왜곡 주장하고 있다. 〈그림 11〉 한인수문의우자손무극(韓仁繡文衣右子孫無極)은 직금된 채색 비단으로서 문헌에 나오는 한금으로서 '고구려, 백제, 신라가 만들던 한금(韓錦)'의 원형이라고 생각된다. 한금은 중국과 일본에 수출하던 우리의 보물이었다. 비단에 '한(韓)'이라고 직금되어 있는데 이를 중국에서는 한인(韓仁)이라는 이름을 가진 숙련된 장인이 짠 경금이라면서 왜곡하고 있지만 이것은 三韓의 한을 뜻한다고 생각한다.

우리 선조들은 고도의 제직 기술을 보유하였기에 비단에 유연한 곡선으로 동물무늬뿐만 아니라 문자까지 직금을 할 수 있었다. 弁辰與辰 韓雜居 亦有城郭 亦作廣幅細布 (新唐書 and 三國志 烏桓 鮮卑 東夷 弁辰條) 高麗 記云: 其人亦造錦 紫地繡文者爲上, 次有五色錦, 次有雲布錦, 又有造白疊 布靑布而尤佳 (翰苑 蕃夷部 高(句)麗條)에서 나타나듯이, 광폭세포를 직조할 뿐만 아니라 평민들도 경금을 착용할 정도로 비단이 풍부했다. 반면에 중국 한나라 경제서인 監鐵論 에 의하면 '서민의 경우, 비단옷은 70, 80세가 되어야 겨우 입어볼 수 있었다'라고 하는 기록이 있다.[35] 戰國시대 맹자 (BC372-289) '仁政說 恒産 조'에 의하면, '집에 5畝(이랑) 뽕나무를 심게 하면 50살이 되면 의복을 해 입을 수 있을 것이다. 또 닭, 돼지, 개 등 가축을 기르게 하여 때를 놓치지 않는다면 70살이 되면 고기를 먹을 수 있을 것이다.'라고 하였는데 이는 맹자가 齊 선왕과 梁 (위)혜왕에게 충고한 내용이었

---

35) 민길자, 이순미. 「우리나라 직물제직기술에 대한 연구 (I)-삼국시대와 고려시대의 대마와 저마직물을 (紵麻織物) 중심으로」『한국의류학회지』 8집, (1984). p. 155.

다. 즉 제나라, 양나라에서 일반인은 비단 옷을 입어보지 못할 정도로 귀했다는 의미이다. 흔히들 실크종주국으로 알고 믿어 의심치 않는 중국은 실제로는 실크 생산이 그리 녹녹지 않았었다.

'고구려 사람들은 공공모임에는 모두 금수(錦繡)로 지은 옷을 입고, 금(金)과 은(銀)으로 장식한다'〈後漢書 동이열전 고구려전〉라고 하였다. 일반 평민도 국경일이나 축제에는 모두 비단을 입었다. 이는 단군조선부터 고구려, 백제, 신라 등 모두 "농업과 상업(農桑)"을 백성들에게 권장하였었고 밭뿐만 아니라 뽕나무밭 桑田을 골고루 백성들에게 일정량씩 나누어 주었기 때문이다.

또 중국은 전 국토가 석회석지대로서 용수의 경도가 높기 때문에 염색한 견직물의 색채가 둔탁하게 될 수 밖에 없다. 그것에 반해 고구려 국토는 화강암 지대로서 하천의 수질이 연수이기 때문에 염색한 후 견직물의 색상이 밝고 선명한 것은 너무나 당연하다[36]. 바로 이것이 기원전 5~6세기 고대 로마사람들이 경금 실크를 좋아한 원인으로 보인다[37]. 따라서 고조선시기부터 경금이 서역에 수출된 것으로 추측할 수 있다. 세로줄 방향으로 색동이 사용되어 무늬를 더욱 다채롭게 만들고 있는데, 천상의 동물무늬 사이에 위치하는 3~4갈래의 구름과 바람 형태의 무늬는 후대 고구려 고분벽화와 고구려 경금직물 등의 문양으로 자주 등장한다. 수백년 이상 시간이 지나도 여전히 고조선의 동물무늬와 색동이 고구려까지 전달되어 나타난 것이다.

---

36) 曹煥(2012), p. 167.
37) Malinowski, G., Paroń, A., & Szmoniewski, B, "Serica–Da Qin", Wrocław: Wydawnictwo GAJT, (2012), p. 2.

3. 호남성

호남성(湖南省)은 BC350년 경 초나라의 일부가 되었다. 몇 백년 이후에 북쪽에서 한족이 이주해오기 시작했고 계곡과 평원의 거의 대부분의 숲이 제거되고 농경지가 되었다. 이 당시 후난성의 많은 마을의 이름은 이곳에 정착한 한족 가족들에서 유래하였다. 북쪽에서의 이주는 특히 유목민의 침입자들이 한족을 남쪽으로 내몰던 동진 때와 남송 때 두드러지기 시작했다.

〈그림 12〉 대룡대봉주색채조기하문경금(對龍對鳳朱色彩條幾何紋經錦)과
봉황문경금(鳳凰紋經錦)[38]

〈그림 12〉 대룡대봉주색채조기하문경금(對龍對鳳朱色彩條幾何紋經錦)은 1957년 호남성 장사시 좌가당 44호 초나라묘에서 출토되었는데, 경이중문 조직으로 짙은 갈색 바탕에 연한 갈색 용봉문, 주홍색 채조경기하문으로 이루어져 있으며 80북을 사용하여 용과 봉 1마리를 각각 수놓을 때마다 다시 제화종섭을 뒤집어 80북을 직조하면 하나의 온전한 문양 단위가 된다. 〈그림 12〉 봉황문경금(鳳凰紋經錦)은 장사시 좌가당 전국시대 묘에서 출토된 경금인데, 붉은색의 주사가 아직도 묻어날 만큼 선명하게 남아있다. 색동 색

---

38) 황닝푸, 천잔잔 (2016), p. 42.

상의 사용은 북방의 샤머니즘이 융성함이 나타나는 것이라고 본다.

〈그림 13〉 기하전화연문금(幾何塡花燕紋錦)과 기하문경금(幾何紋經錦)[39]

〈그림 13〉 기하전화연문금(幾何塡花燕紋錦)은 호남성 장사시 좌가당 초나라묘 출토물의 모사본이다. 갈색 바탕의 황적색 기하문경금(幾何紋經錦)은 1957년 호남성 장사시 좌가당 초묘에서 출토되었다. 전국시대 이후부터는 전쟁이 빈번하여 경금의 제직 기술의 전수가 끊어지게 되었으며 더 이상의 문양 발전이 없으므로 직선적인 무늬가 주를 이룬다. 이러한 겹세모, 마름모 또는 사다리꼴 문양은 평안도 평양에서 출토된 사직물의 무늬에서도 찾아볼 수 있다. 직선적인 무늬는 경금이 발명되는 초기의 디자인에 해당된다.

4. 호북성

호북성(湖北省)은 중국 중동부의 성급 행정구역으로, 춘추전국시대에는 초나라의 영역이었다. 당시 이곳은 변두리로 이들은 중원인들에게 남만 취

---

39) 황넝푸, 천잔잔 (2016), p. 43.

급당하기도 했지만, 일찍이 주나라 천자와 동급의 왕을 자칭하고 전국칠웅 중에서도 진나라와 최강을 다투는 강국이 되기도 하였다. 초나라는 비록 진시황에 패배해 멸망했지만 항연의 손자 항우가 다시 일어나 복수에 성공 하였으며, 천하의 패권을 쥔 항우는 관중이나 중원 대신 고향인 이곳을 더 중시했지만 결국 초한전쟁에서 한나라에 패배해 몰락한다. 중국의 학자 서 량지(徐亮之)는 〈中國史前史話〉에서 밝히기를 "이전부터 은나라와 주나라 에 이르기까지 동이족의 활동범위는 실로 포괄적임을 알 수 있다. 이는 지 금의 산동성 전부와 하북성의 발해연안, 하남성의 서북, 안휘성의 중북부 지역, 호북성의 동쪽, 그리고 요동반도와 조선반도 등 광대한 구역이며 산 동반도가 그 중심지역이다"라고 하였다.

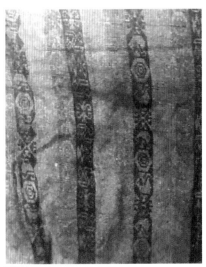

〈그림 14〉 무인동물문경금(舞人動物紋經錦)과
봉조부기하문경금(鳳鳥鳧幾何紋經錦)[40]

---

40) 황녕푸, 천잔잔 (2016), p. 43.

〈그림 15〉 탑형기하문경금(塔形幾何紋經錦)과 대능형문경금(大菱形紋經錦)[41]

〈그림 14〉 무인동물문경금(舞人動物紋經錦)과 대능형문경금(大菱形紋經錦), 〈그림 15〉 탑형기하문경금(塔形幾何紋經錦)과 대능형문경금(大菱形紋經錦)은 1982년 호북성 강릉현 마산 벽돌공장 1호 초묘에서 출토되었다. 기원전 3세기에서 기원후 6세기까지 '東夷'란 우리민족을 지칭한다고 보는데, 당시의 역사서인 후한서와 〈삼국지 위지 동이전〉 등에 들어있는 동이족의 목록을 보면 부여, 시라, 옥저, 예, 등이 포함되어 있다. 무늬가 곡선보다는 직선의 무늬가 많은 것으로서 제직 기술이 이른 시기의 수준에서 머문 상태에서 만들어진 것으로 파악된다. 초나라는 만이 동이족이므로 색동을 많이 사용한 것으로 추측된다. 특히 봉조부기하문경금은 잔잔한 무늬가 들어있는 것으로서 이와 유사한 문양의 색동이 일본 나라시대의 경금에서 발견된다.

---

41) 황녕푸, 천잔잔 (2016), p. 41.

5. 둔황

둔황(敦煌)에서 출토된 경금을 보여주는데, 둔황은 서역을 연결하는 실크로드의 중요한 거점 지역이었다. 둔황은 기원전 117년 한 무제가 한사군 군대를 두고 점령하기 이전에는 월지와 흉노의 땅이었고[42], 발해만에서 오르도스를 지나 서역으로 이동하던 길의 길목이었다. 이곳은 실크로드의 남쪽 길과 북쪽 길이 만나는 곳이므로 교역에서 매우 중요했으며, 군사적으로도 중요한 지점이다. 한무제 점거 이후에는 다시 북쪽의 흉노 정권과 고구려에게 복귀하였다. 오호십육국시대(五胡十六國時代: 304년~439년)에는 고구려와 북위 등 조선족 및 선비족이 이곳에 불교를 진흥시키고 이곳의 무역로를 차지하였었다[43]. 몇 세기 동안 서역으로 불교 경전을 구하는 불교 승려들이나 많은 순례자가 이곳을 지나갔고, 그 과정에서 막고굴이라는 수천개의 불상으로 이루어진 동굴 불교 유적을 이룩했다. 이곳은 실크로드를 지나간 매우 다양한 많은 사람들이 만든 역사적 사료를 가지고 있다.

〈그림 16〉 기하전화용호주작문금(幾何塡化龍虎朱雀紋錦)과 경금잔편(經錦殘片)[44]

42) 장진퀘이 (2010), 흉노제국이야기, 서울: 아이필드.
43) 제인 그리핀(1996), p. 75.
44) MAS.926.a. (2020). https://www.britishmuseum.org/collection/object/A_MAS-

〈그림 17〉 새가 그려져 있는 경금(經錦)[45]

〈그림 16〉 기하전화용호주작문금(幾何塡化龍虎朱雀紋錦)은 5~6세기의 경금으로 추정되며 1907년에 영국사람 스타인(Marc Aurel Stein)에 의해 돈황 막고굴에서 발굴되어 현재 런던대영박물관에 소장되어 있는데 주작 새와 용 호랑이의 북방 문양이 그려져 있다. 경금잔편(經錦殘片)은 고구려 4세기의 것으로 추정되며 런던대영박물관에 있으며 구름 문양이 보이는 雲錦 이며 구불거리는 곡선의 유형과 부분적으로 동물문양이 오성출동방의 무늬와 흡사해 보인다. 〈그림 17〉 새가 그려져 있는 경금 조각은 4~5세기 백제의 것으로 추정되는데 대표적인 무늬인 새 문양이 눈에 띈다. 특히 새를 숭상하여 최근까지도 닭고기를 잘 먹지 않았던 몽골, 또는 계림, 새라라고 불리며 새를 국가명칭에까지 넣었던 신라가 숭상한 문양이다. 신채호의 『조선상고사』에 따르면, BC57, 박혁거세는 '斯盧사로국'을 건국했었는데 '斯'는 우리말 '새'를 음차한 것이고 '盧'는 지명어미 '나라'이다.『삼국사기』에 따르면, 이후 개명된 '新羅'는 '새롭게 번창한다'이며 동시에 '새라' 즉 '새의 나라'라는 뜻이다.

926-a

45) A_MAS-921. (2020). https://www.britishmuseum.org/collection/object/A_MAS-921

IV. 경금의 제직원리 비교

1. 고대 한국의 직기

경금은 기원전후 서아시아 지역으로 그 제직법이 전파되었으나 경사에 색사를 미리 준비하고 제화루 직기에 색사를 적절히 배치해야 하는 까다로운 제직법으로 인해 중앙아시아에서 생산된 경금은 다소 서투른 솜씨의 문양이 제작된 것이 유물로 발굴된다.[46] 서아시아 지역에서는 고도의 기술을 필요로 하는 무늬의 생산이 어려웠으며 위사를 색사로 사용하는 위금(緯錦)이 개발된다. 6세기경의 위서에서 '서방에서는 동방의 두꺼운 견직물을 풀어서 양모사를 혼합하여 호릉(胡綾)을 다시 짜기도 했다.'라 하는데 즉 중앙아시아에서는 재료가 부족하였다는 뜻이며 이를 풀어서 위금으로 새로 짠 것으로 추측된다.[47]

중앙아시아 '고창국에서는 잠상기술이 있었으나 4세기에 들어서야 구차도 금(錦)을 생산'하였다[48]고 하는데, 중앙아시아에는 AD 5~6세기가 되어서야 뽕나무 및 양잠 기술이 뿌리를 내렸다. 따라서 파르티아에서 견사와 뽕나무를 재배하였다고 보기는 어려우며 구차도 주로 실꾸리를 구입하였거나 양모와 혼합하여 직조하였을 것으로 파악된다.

또 사마천의 '史記'에 따르면 '대완(파르티아)에서 서쪽 박트리아(대하)에 이르기까지 이 지방에는 명주실과 옻나무가 생산되지 않았다'고 한다. 또 '투르크와 파르티아(페르시아)는 중국과 로마 비잔틴의 직접 무역을 방해하

---

46) 김지수, 나영주 「고대 실크로드와 고조선 경금 제직기의 연관성 고찰」『감성과학』 23집, (2020), p. 138.
47) 신혜성, 「제직기술과 문양을 통해 본 금직물(錦織物)의 동서교류에 관한 연구: 고대부터 당시대를 중심으로」『복식』 62집, (2012)
48) 황녕푸, 천잔잔 (2016), p. 41.

였다'고 하였다[49].

소그드 상인과 페르시아는 중간무역을 통해 부를 축적한 나라이다. 페르시아는 기원전 6세기부터 북방민족과 친하게 지내고 동서무역 중계를 통하여 거부가 되었으며 실크를 직접생산 하였다기보다는 수입재원인 실크를 고조선과 고구려에 의존하였던 것으로 보인다. 기술력과 재료수급 측면으로 보아 경금을 생산하지는 못하였고 이들은 세계적으로 중계무역상으로 유명하였다.

중앙아시아의 수직형 직기는 카펫 생산방식과 유사한데, 곡선적인 큰 무늬의 제작이 가능하다. 이는 위사가 색사인 위금이므로 복잡한 고도의 제직 기술을 가져야 만들 수 있는 경금을 점차 대체하게 되었는데 7세기경 소그디아의 큰 무늬 위금이 전 세계적으로 유행하기도 하였다. 위구르, 소그드인들의 사마르칸트 벽화의 복식을 보면 옷 문양의 크기가 매우 크다. 경금은 위금을 낳았고 위금의 유행 전파와 함께 무늬 크기는 점차 커졌으며 위금은 전 세계적인 큰 인기를 얻게 되었다.

그런데 주목할 점은 경금이 위금보다 1,700년 이상 더 오랜 역사를 지니고 있으며 경금 직조법이 훨씬 더 까다롭다는 점이다. 일반적인 직기로 무늬를 넣어 짜기는 매우 어렵다. 무늬를 구성하는 색 경사들을 주기적으로 들어 올려주는 수평 직기가 일찍이 발명되었다. 수평 직기는 실이 감겨지는 도투마리 위치가 부분이 수평의 형태이며 위에 사각 틀이 더 존재할 수도 있다. 베틀이 수평으로 되어있어야 개구가 크게 확보되어 위사 투입이 용이한데, 고구려의 직기는 이러한 수평 직기였다.

---

49) 이희철 「The Struggle for Supremacy between the Turkic and Chinese Empires for the Trade on the Silk Road: from the 3rd Century BC to the 9th Century AD」『한국이슬람학회 논총』 26집, (2016), p. 31.

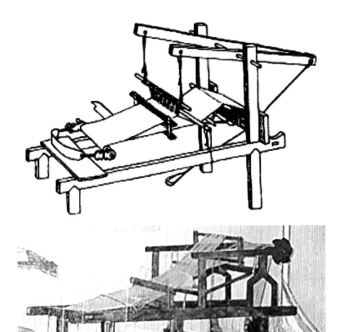

〈그림 18〉 한국의 답판요기[50]와 북한박물관에 전시된 고구려 직기 고증품[51]

우리나라 베틀의 기본 형태는 직기 틀을 갖춘 〈그림 18〉 요기(腰機, Body tension loom)로 분류할 수 있다. 요기란 직물을 감는 축을 요대와 연결하여 직조자의 허리에 감고 앞, 뒤로 당기며 경사의 장력을 유지하면서 직조를 하는 직기이다.

---

50) 심연옥, 박원모, 『나주샛골나이』 (서울:국립문화재연구소, 2003), p. 175.

51) 장경희, 『북한의 박물관』 (서울:예맥, 2010), p. 130.

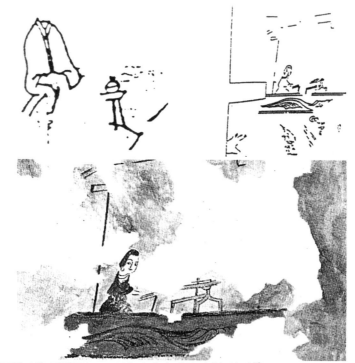

〈그림 19〉 기직도(機織圖)에 나타난 베틀의 형태(상)[52], 복원된 기직도(하)[53]

〈그림 19〉 좌측 기직도는 길림성 집안현 마선구 1호묘 기직도와 대안리 1호무덤의 기직도가 함께 합쳐진 것이며, 우측 기직도는 서기 5세기 초에서 중엽 사이로 추정되는 평안남도 용강군 대안리 제1호 무덤의 남벽에서 고구려 여인이 옷감을 짜는 모습을 발견된 모습이다. 앞에 사람이 앉은 모습은 희미하게 나타나 있으며, 직기 전면에는 직물을 감는 기구의 흔적도 보여, 이는 우리나라 직기의 모습을 밝히는 데 중요한 자료가 된다. 고구려 대안리 고분벽화에 그려진 경사가 완만한 형태의 이 베틀은 고조선의 베틀

---

52) 박선희, 『고조선 복식문화의 발견』(파주:지식산업사, 2011), p. 168
53) 선사시대의 의복생활. (2009). http://contents.history.go.kr/front/km/print.do?levelId=km_012_0050_0020_0010&whereStr=

을 물려받아 이어나간 것이다. 고구려 대안리 1호 고분벽화의 '직녀도'는 당시 사용하던 수평 베틀의 형태를 확인할 수 있다. 베틀 앞의 직녀도 벽화에서 나타난 여성의 복식으로 보아 귀족 계층의 부인으로 보인다.

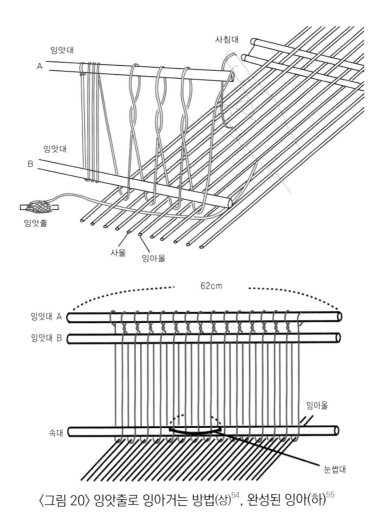

〈그림 20〉 잉앗줄로 잉아거는 방법(상)[54], 완성된 잉아(하)[55]

---

54) 심연옥, 박원모 (2003), p. 199
55) 심연옥, 박원모 (2003), p. 200

우리나라의 베틀을 차리는 과정에서 가장 어려운 부분은 바로 〈그림 20〉에서 나타난 잉아를 거는 것이다. 우리나라 베틀에 사용하는 잉아는 실을 걸어 만드는 형태로 반복해 사용할 수 없으므로 직물을 짤 때마다 매번 다시 만들어야 하는 번거로움이 있다. 잉아란 경사를 선택적으로 위로 올려주는 역할이며 이를 통해 특정 경사의 무늬를 넣을 수 있다. 이처럼 번거롭지만 경금을 만들기 위한 섬세한 작업은 우리 조상들이 이뤄낸 성과물이다. 북길 사이로 집어넣은 위사(緯絲)는 앞으로 밀어서 이미 짜여진 위사(緯絲)들과 나란히 밀착시키는데 이러한 동작을 '바디치기'한다고 하며 이때 사용하는 도구를 '바디'라고 한다[56]. 중국 직기에는 바디가 없는데 그 이유는 직물의 무늬가 단순하므로 많은 수의 잉아가 필요하지 않고 사침대를 사용하여 개구를 벌리고 또 이를 그대로 바디로 사용하기 때문이다.

〈그림 21〉의 첫 번째, 화직기(華織機)는 우리나라 근대 시기의 유물로 제주민족사자연박물관에 있으며 크기는 높이 146cm, 길이 147cm, 폭 91cm이다. 두 번째, 고대 동양의 제화루 製華樓 직기는 2인이 앉아서 직조하는 발전된 화직기 형태를 일본에서 고증 재현한 것이다. 아래쪽 사람은 위사를 투입하고 위에 앉은 사람은 경사를 들어 올려주는 역할을 한다. 세 번째, 1805년 프랑스 죠셉마리 자카드(Joosep-Mari-Jacquard)에 의해 발명된 자카드 직기이며 맨위에서 펀치카드를 사용하여 경사들을 선택적으로 상승 운동시키게 되는 구조를 갖는다. 이는 동양의 제화루 직기를 본떠 만든 것으로 현대에 들어와서야 비로소 크고 화려한 꽃무늬 원단을 쉽고 빠르게 제직할 수 있게 되었다.

---

56) 심연옥, 박원모 (2003), p. 213.

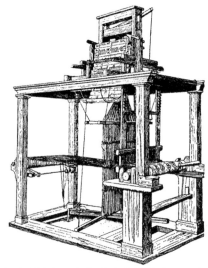

〈그림 21〉 제주민속사자연박물관에 전시된 화직기(華織機), 고대 동양의 화직기
(華織機) 재현[57], 1805년 발명된 서양의 자카드 직기[58]

---

57) 김은애, 김혜경, 나영주, 신윤숙, 오경화, 임은혁, 전양진, 『패션 텍스타일』 (파주:교문사, 2013), p. 63.

58) 김민정의 텍스타일 이야기(1) 문직물(紋織物). (2016). http://www.nextdaily.co.kr/news/article.html?id=20160502800027

〈그림 22〉 촉금조면기(蜀錦繰綿機)[59]와 발굴 당시 모습[60]

〈그림 22〉는 2012년 사천성 청두 지하철 공사 과정에서 무덤이 발견되었는데 촉한 고분이 4개인 것으로 확인되었다. 우리나라의 화직기와 비슷한 형태의 베틀모형에 걸려 있는 비단실과 염료를 통해 직조 작업장이라는 것을 말해준다. 가장 큰 직기는 길이 70cm, 높이 50cm, 너비 20cm이다. 촉금조면기(蜀錦繰綿機)는 후한 제갈량(중국 삼국시대 촉나라의 재상, 정치인)이 전수해준 것이라고 한다.[61] 여기에 '촉(蜀)'자는 상형문자로 고치 짓는 누에

59) 國內首次發現 : 西漢織錦機 扁鵲派醫書(圖)【4】. (2013). http://scitech.people.com.cn/BIG5/n/2013/1217/c1057-23861536-4.html
60) 成都, 漢時代の蜀錦紡績の工程を再現. (2018). http://jp.xinhuanet.com/2018-07/08/c_137309884.htm
61) 김지수, 나영주(2020), p. 136.

를 본뜬 글자이고, 촉(蜀)나라는 중국 삼국시대 때 유비(劉備)가 지금의 사천성(四川省) 지역에 세운 나라이고 정식 국호는 한(漢)이나 역사상 구분을 위하여 촉한(蜀漢)이라고 부른다. 중국 언론에서는 '이 촉금조면기가 없었다면, 오성출동방(五星出東方) 경금이 만들어지지 못했을 것이다.'라고 말하였다. 그러나 오성출동방 경금은 고조선이나 밀접한 흉노의 유물이지 한나라의 것이 아님이 확실하다.[62]

2. 중국 한나라의 직기

고대 우리나라와 중국의 직기 구조상의 차이는 우리나라의 민족이 오랜 기간 고유한 직기를 통하여 직물을 생산하였음을 의미해주고 있다.

한나라의 베틀은 고조선의 베틀과는 달리 베틀의 경사가 가파르다. 한나라 직기는 사(斜)직기로서 고조선의 수평형 직기와는 완전히 다른 형태이다. 〈그림 23〉 한(漢) 화상석 나타난 한(漢)대 직기 18대는 모두 민무늬직을 짜는 비스듬한 직기형으로서 사(斜)직기이다. 직기의 형태는 기대(機臺)를 갖추고 있으며 평평한 기대 위에 경사축과 직물축이 있는 사각의 기대가 경사지게 놓여있고, 작업자는 직기의 비스듬한 기대 앞에 앉아서 직조를 한다. 직기 아래에는 2개의 족답이 있고, 단종광을 사용하였고, 바디의 형태는 찾아 볼 수 없다. 이와 같은 사직기는 곡선의 문양을 짜기가 어려우며, 곡선 형태를 내기 위해서는 종광이 다수 있어야 하고 종광마다 동일한 상하운동을 하는 경사들이 꿰어 있어야 한다. 따라서 곡선적 무늬는 고조선의 수평 직기만이 가능한 제직 기술이다.

---

62) 김지수, 나영주, Origin of KyungGeum silk brocade and the oldest jacquard machine, Fashion & Textiles, (in press).

한(漢)대 직기에 관하여 AD 4세기에 쓴 서경잡기(西京雜記)에 의하면 '120개의 잉아(베틀의 날실을 한 칸씩 걸러서 끌어 올리도록 맨 굵은 실)가 있었으나 지금은 그 짜는 방법이 50~60개의 잉아로 변경되었고 이는 비효율적이므로 다시 12개 잉아로 대체하였다.'고 하였다.[63] 점차 비단의 무늬가 단순화되었다는 것을 뜻한다.

한나라는 전한 200년, 후한 200년을 지속했고 당나라도 200년 밖에 존속하지 못하였다. 한나라 이후에는 흉노인 북방 민족들이 중원을 차지하는 오호십육국시대(五胡十六國時代: 304년~439년)가 되었다. 중원은 수많은 국가가 흥망을 반복했는데 秦나라, 隋나라는 겨우 30년간 유지되었을 뿐이다. 이처럼 중원은 왕조가 빈번히 바뀌게 됨에 따라 복잡한 제화루의 기술 전수가 끊기게 되었고, 기술력이 뒷받침되지 못하니 많은 수의 잉아는 불필요해진 것이다. 또 7~8세기부터는 위금이 경금을 대체함에 따라 복잡한 제화루 직기가 불필요해진 것으로 추측된다.

〈그림 23〉 화상석(畵像石) 속에 나타난 사(斜)직기[64]

---

63) 김지수, 나영주(2020), p. 138.
64) 画像石上的汉代纺织业. (2014). https://www.gznywmuseum.org/ggzx/3333650.jhtml

중국과 일본의 문헌에서는 경금의 기원은 잘 모르며 신장 위구르(新疆)에서부터 발생한 것이라고 추측하고 있다. 그러나 본 연구자는 위와 같은 많은 이유로 경금의 발상지는 고조선 발해문명의 조양지역으로 추정한다. 양서(梁書 508~554)에 따르면 고조선은 광활한 땅을 가지고 있었고, 맹자에 따르면 고조선은 중원보다 세금이 낮고 잘 살았으므로 많은 사람들이 국경을 넘어왔다. 유엠 부틴에 의하면 고조선은 적어도 천년을 중국의 간섭 없이 영속한 나라였다.[65]

경금 생산의 중심지인 금주(錦州)는 조양지방의 도시였다. 산해관(山海關)은 천하문(天下第-關)으로 불리기도 했으며 조양 근처에 있다. 그리고 북경에는 기원전 9세기 세계 최초의 국제시장이 열리고 있었다[66]. 은주 교체기의 백이숙제(伯夷叔齊) 고죽국이 그 기원인 고구려는 고조선을 이어서 기원전 200년부터 약 900년간을 지속한 나라였으므로(신채호, 조선상고사) 경금 기술이 유지 연속될 수 있었다고 볼 수 있다. 즉 고조선의 경금은 고구려에서도 맥을 이을 수 있었던 것으로 추측된다.

서경잡기(西京雜記)에서 전국시대(戰國時代) 이후에는 직기가 모두 사직기가 되었다는 뜻은, 춘추시대(春秋時代) 때까지는 수평형 직기를 사용하여 경금을 제직하기도 했었다는 의미이다. 이 같은 고구려와 중국 직기 구조의 차이는 신석기시대부터 발달한 우리나라의 방직기술이 줄곧 독자적으로 이루어졌음을 보여주는 것이다. 고구려는 고조선을 계승한 나라이므로 고구려 직기의 구조는 고조선으로부터 이어진 것이다.

실크는 발해만 및 산동반도에 거주하던 동이족이 최초로 사용하였으며[67]

65) 유리 미하일로비치 부틴, 『고조선 연구』 (서울:아이네아스, 2019), p. 45.
66) 장 피에르 드레주, 『실크로드 사막을 넘은 모험자들』 (서울:시공사, 1995), p. 25.
67) 민길자, 『세계의 직물』 (서울:한림원, 1998), p. 57.

경금은 기원전 11세기에 태동한 것으로 보고 있다.[68] 따라서 산동반도에서 실크산업이 성행하였고 이의 영향을 받아서 주변국에서 실크산업이 태동한 것으로 볼 수 있겠는데, 기원전 8세기 제나라 노나라에서는 견직물산업이 '갑자기' 부흥하게 되었었다고 한다.[69] 서경잡기에 의하면 전국시대가 되면서 더이상 경금이 생산되지 못하게 되었다는데 이는 전국시대에 전쟁이 너무 자주 발생하여 가정과 나라가 평화롭지 못하였기에 복잡한 원단 제직이 소홀해졌기 때문이다. 경금은 평화 시기에 또 부유한 사회에서나 제직할 수 있는 것이다. 천 년이상 왕조를 유지하며[70] 번성하여 수많은 번국들이 스스로 복속하러 왔었던 평화롭고 문화 수준이 높았던 고조선에서는 경금 제작기술이 유지되었음을 간접적으로 알 수 있겠다.

서아시아의 직기는 똑바로 직립한 수직형 형태로서[71] 경사에 많은 장력이 걸리는 수기가 일반적이었는데 이는 카펫 짜는 형태에서 발전한 직기이다. 한 줄씩 위사 쪽에다가 색사를 집어넣는 형태이다. 서아시아의 수직형의 직조 기술 전통과 척박한 자연환경도 경금의 생산과는 무관한 것으로 보인다.

따라서 신강자치구나 타림분지, 남러시아, 팔미라 등에서 발굴되고 있는 경금이 한나라 또는 서아시아에서 제작한 것이라고 주장하기 어렵다. 비스듬한 직기(한나라 화상석)와 수직 직기(둔황굴)로는 경금을 만들기에는 불가능하기 때문이다. 신장에서 출토되는 경금이 한나라 경금이라고 말하지만, 한(漢)대 인물화의 착용 의복을 통해 당시 유행한 실크를 보면 모두 얇은 흐물거리는 실크이며 출토유물들은 화려한 자수가 많다. 제직시 경사에 색사를 넣어서 짜는 경금은 뻣뻣하고 두껍고 치밀한 특성을 지니므로, 경량

---

68) 황닝푸, 천잔잔 (2016), p. 30.
69) 황닝푸, 천잔잔 (2016), p. 30.
70) 유리 미하일로비치 부틴 (2019), p. 45.
71) 신혜성(2012), p. 107.

의 평견을 대표하는 명칭으로 사용되고 있는 '차이나 실크 (China silk)' 원단과는 완전히 다른 원단이다.

경금은 고구려의 특산품이었는데, 이를 제직할 수 있는 직조기와 직조기술이 전국시대 이후로 중원에서는 사라진 탓에 중국에서도 고구려에 와서 고구려의 특산품인 백금의 제직법을 배워 갔다[72]. 양잠을 담당하였던 왕후로부터 시작하여 일반 평민에 이르기까지 모든 가정에서 실크를 생산하였던 단군조선에서는 실크란 매우 흔한 물건이었다. 〈후한서(後漢書)〉동이열전 한전에 따르면, 마한에서는 '金銀 錦屬를 귀하게 여기지 않으며 오직 구슬만을 귀중히 여겨서 이를 엮어서 목이나 귀에 달거나 옷에 궤매어 장식한다' 라고 하였는데, 금은보화나 무늬비단을 귀하게 여기지 않은 것은 비단이 대량적으로 생산되어 아주 흔하였기 때문이다. 또 〈삼국지(三國志)〉「위서(魏書)」동이전(東夷傳) 변진조를 보면 '변진에는 廣幅細布를 짜는 기술이 있다'라고 했는데 우리는 고대로부터 실크가 흔하였을 뿐만 아니라 중원에 없는 광폭 제직기술이 있었다는 의미이다. 또한 고려금(高麗錦)·고려백금(高麗白錦)·한금(韓錦)·조하금(朝霞錦)은 고구려 백제 신라 등의 특산물로서 중국과 일본에 수출되었으며 그 제직 기술도 함께 전파시켰다고 한다.[73] 이러한 기록들이 기원전 5~6세기에 이미 페르시아, 북아프리카, 로마 등에까지 멀리[74] 실크를 수출하였다는 사실에 대한 근거로 제시될 수 있다.

V. 세리신의 어원

견섬유 단백질 '세리신'이라는 단어는 '세레스(Seres), 세리카(Serica)'에서

---

72) 민길자, 심연옥, 『중국의 역대직물』 (서울:한림원, 1998)

73) 민길자, 이순미(1984), p. 155.

74) 世界の博物館, 『シルクロード博物館』 (東京: 講談社, 1978), p. 123.

기원하였다. 이는 기원전 5~6세기경 비단을 가져오는 극동 사람과 그들의 땅을 일컫던 그리스 로마인들이 사용하던 로마어이다. 동양학자 헨리 율(Henry Yule, 1820-1889)은 HISTORY를 저술한 헤로도토스에 따르면, "세레스 나라와 그 사람들에 대해서 광활한 땅에 거주하는데 동쪽 끝은 바다에 접하며 서쪽 끝은 박트리아와 이마우스 근처까지 뻗어있으며, 사람들은 유화하고 검약한 기질을 가진 개화인이며, 이웃과의 충돌은 삼가지만 친밀한 교제에는 좀 소심한 편이다. 그러나 견직물이나 모피, 양질의 철 등 자신들의 생산품을 처분하는데 결코 인색하지 않다"고 하였다.[75] 서방 교역에서 가장 중요한 중국의 수출품은 말할 것도 없이 비단이었다. 비단은 漢 대보다 훨씬 이전부터 세르(Ser) 또는 세레스(Seres)란 이름으로 서방 세계에 널리 알려져 있었다.[76]

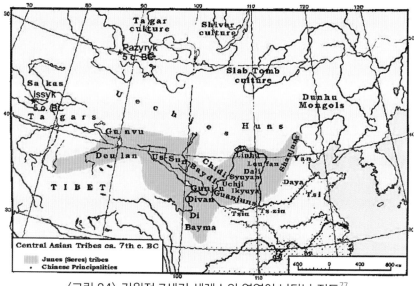

〈그림 24〉 기원전 7세기 세레스의 영역이 나타난 지도[77]

75) 정수일, 『실크로드 사전』 (파주:창비, 2013), p. 57.
76) 나가사와 가즈도시, 『실크로드의 역사와 문화』 (서울:민공사, 2005), p. 30.
77) Why Pazyryk? A Look at Kurgans. (2006). http://s155239215.onlinehome.us/tur-

〈그림 24〉는 기원전 7세기 세레스의 영역을 나타낸 지도이며 세레스는 북경에서부터 티베트와 타클라마칸 사막까지 이르는 가로로 넓은 면적을 차지하고 있었다. 특히 세레스의 영역의 가운데 아래쪽을 보면 촉금 조면 기가 발견된 사천성 성도(또는 익주)가 Di Bayma 근처에 위치한다. 세레스는 중국을 일컫는다고 말하는 사람도 있지만 이는 중국이 아니다.[78] 기원전 5~6세기 당시 중국은 그리스어로 디나이(Thinai)라고 명명하면서 시나이(Sinae)라는 명칭이 사용되고 있었다.[79] 진시황에 의해 통일된 이후 SINA, CINA, DA CIN(대진), 마 치나('마'는 '큰'이라는 인도어) 등으로 불렸었다. Seres는 비단생산지로만 알고 있거나, 실크를 일컫거나, 극동의 기타이(동몽고)에서 최고급 실크를 얻을 수 있었다.[80] 기원전 2세기까지는 실크로드가 완전히 월지 및 흉노의 지배하에 있었다는 것을 기억하자.[81]

신라(新羅)는 다양한 이름을 가지고 있었는데, 고대 국가에서는 민족의 이름이 곧 사람을 뜻하였고, 이게 다시 지명이 되는 일이 많았다. '인간', 즉 '사람', '삶', 살-(live)'과 같은 'ㅅㄹ' 계통의 이름이 어원으로 추정된다. 신라는 신로(新盧)·시라(斯羅)·사로(斯盧)·사라(斯羅)·서나(徐那：徐羅我(서라벌))·서야(徐耶：徐耶我)·서라(徐羅)·서벌(徐我)·사락(四樂)·설악(說樂)·신량(新良)·진량(眞良)·계림(鷄林), 길림(吉林)[82] 뿐만 아니라 신라의 옛 이름이 세레, 새라 이므로 세레스 또는 세리카는 신라인과 신라의 땅을 뜻하는 것

kic/64_Pazyryk/Pazyryk_KurgansEn.htm

78) Malinowski, Gościwit. "Origin of the name Seres." Wrocław: Wydawnictwo GAJT, (2012), p. 15.

79) W.프랑케,『동서문화교류사』(용인:단국대학교출판부, 1999) p. 30.

80) W.프랑케 (1999), p. 30.

81) 정수일 (2013), p. 57.

82) 한국민족문화대백과사전(신라). (2017). https://encykorea.aks.ac.kr/Contents/Item/E0032800.

으로 보는 것이 타당하다.

신채호에 의하면 조이(鳥夷)였던 우리 조상들은 하늘을 날아다니던 '새'를 숭상하였다. 새 또는 해는 '태양'을 의미하며 하늘과 땅을 연결시켜주며 망자의 영혼을 하늘로 인도한다고 여겼다. 고조선 일부인 辰韓(진한)으로부터 출발한 신라는 '斯盧(사로)'라고 불렀던 국가인데 '盧'는 지명어미 '나라'의 뜻이며 '斯'는 우리말 '새'를 음차하였다.[83] 삼국사기에 新羅(신라)가 새롭게 번창하는 의미라고 썼는데 이 역시 '새라' 즉 '새의 나라'라는 말이다.

또는 Crai, 겨레, 케레이, 고쿠리, 고리 등 고구려의 Cere가 Sere로서 Cere가 로마에 도착하여 이곳에서 Sere로 다소 변한 것으로 생각할 수도 있다. 그러나 '겨레'라는 단어는 AD 5세기에 발생했던 단어이므로 한나라 장건의 서역 개척 기원전 2세기 이전에 북쪽의 카자흐스탄이나 박트리아 쪽으로 향하는 스텝로드와 사막로를 통해 전달된 실크를 가져온 사람은 '신라인'으로 보는 것이 타당하다고 본다. 즉 1음절로 나라 명칭 삼은 중원 국가인 진나라의 상인을 지칭하는 것은 확실히 아니다.

우리 선조들은 실크를 생산하는 근면한 여성들이 매우 많았고 말을 타고 멀리 또 빠르게 이동하는 문화를 가지고 있었으며 문명 개화인이었으며 단군의 가르침으로 인해 이웃과 충돌을 삼가는데 반면에 친밀한 교제는 잘하지 못하는 습성을 가지고 있다.

신라 14대 유례니질금(儒禮尼叱今)을 세리지왕(世理智王)이라고도 한다. 신라의 '루리(유리)'왕을 〈삼국유사〉에는 '세리지(世里智)' 왕으로 기록하고 있는데 '세리지'의 '지'는 '~한 큰 사람'이라는 고유어이지만 '세리지'는 '세레스'의 발음과 매우 유사하다. '세리(世里)'가 '루리(儒理)'를 한자로 의역

---

83) 김지수, 나영주, 'A study on the origin of the words 'Seres and Serica' 한국의류학회지, (in press)

한 부분이라고 볼 수 있다. '세리(世里)'의 한자적 의미는 '세상(에서)'이라는 뜻으로, 이는 같은 이름의 고유어 '루리(유리)'가 곧 '세상'이라는 의미를 가졌던 것을 뜻한다.

VI. 결론

BC 11세기 다채로운 제화 견직물인 제화(提花) 견직물인 '금'이 탄생하였는데, 금의 출현은 비단의 문화적 함의를 한층 풍부하게 만들었다. 본 연구는 누에나방의 종류 및 서식지와 우리나라 고유의 색동과 동물 문양을 토대로 고대 한국과 주변에서 발굴된 경금(經錦)의 주인이 누구인지를 살펴보았다. 또 벽화에 나타난 고대 직기 유물 분석을 통하여 고구려의 경금의 고도의 제직 기술을 분석하였다.

첫째, 우리의 색동과 다양한 동물 문양을 특징으로 고조선, 백제, 신라와 더불어 신강, 호남성, 호북성, 둔황 등지에서 출토된 경금을 살펴보았다. 경금은 색 경사를 여러 겹으로 중복 배치하여 무늬를 짠 직물이므로 두껍고 조밀하여 뻣뻣하며 서늘하거나 건조한 계절에 착용된다. 중원의 흐느적거리는 실크와는 완전히 다른 원단이며 중원과 일본 등지에 수출하는 특산품이었다. 고조선은 기원전 11세기에 세계 최초로 경금 실크를 개발해서 실크로드 초원길을 통해 서양에 전파하였을 것으로 추측된다. 기원전 5~6세기에 로마 그리스에서는 세레스 사람들을 만나서 실크를 구입하였는데 세레스는 신라인으로 추정된다.

주로 고대 한국과 주변에서 나타난 경금의 무늬는 사슴이나 북극 주변에 서식하는 순록 뿔과 같은 곡선이 많다. 천상의 동물문양은 북방민족의 대표적인 문양이다. 뿔과 날개가 달린 상상의 동물 문양이 많은데 이는 천손 (天孫) 사상을 지니고 동물과 동거동락하였던 북방민족의 전형적인 문양이 다. 짐승과 친숙하므로 관절 하나하나 표현한 것이 자연스럽고 또 짐승의 웅크린 동작이나 자세에 대한 묘사가 너무나 사실적이고 역동적이다.

대담한 곡선과 소용돌이무늬는 말을 타고 달릴 때 몸으로 느낄 수 있는 바람의 형상화 또는 배달민족/바람의 민족이 숭상한 '바람신'으로 생각되 는데, 환웅의 풍백, 우사, 운사 3 명중에서 풍백이 가장 높은 듯하며 이 3이 문양에 그대로 그려진 듯하다. 경금에 출현하는 천상의 동물문양은 '초원 의 사람' 또는 '기마민족'인 우리 선조가 오래전부터 사용하던 문양이다. 바람, 파동무늬와 세모형 불꽃무늬를 비롯하여 흐르는 구름과 영기(靈氣) 무늬를 비롯하여 천상의 동물문양이 특징이며 경금의 무늬는 고구려 고분 벽화에서도 흔히 볼 수 있다.

둘째, 고조선 경금은 고도의 제직 기술이 필요한데, 색 경사가 표면에 노 출되면서 무늬가 나타나는 것으로서 구조가 매우 복잡하므로 수평 형태의 직 기, 화직기 또는 제화루 직기(製華樓 織機)가 필요하다. 漢 畵像石에 나타 난 사(斜)직기는 그 경사도가 매우 가파르고 잉아도 없으며 바디가 없는 형 태로서 고구려의 수평형 직기와 차이가 있다. 중국의 직기는 전국시대 이후 에는 모두 이와 같은 사(斜)직기 형태인데 경사축과 직물축이 있는 사각의 틀이 경사지게 놓여있고, 직기 아래에는 2개의 족답이 있고, 단종광을 사용 하였고, 바디의 형태는 찾아 볼 수 없다. 한나라의 사직기로는 곡선의 무늬 를 짜기가 불가능하며 특히 이것으로는 화려한 무늬의 경금을 절대로 짤 수가 없다. 경사를 복수로 사용하여 이들의 부상에 의해 무늬가 나타나며 특히 곡선적 무늬를 만들기 위해서는 고구려의 수평 직기만이 가능하다. 고구려의 직기는 고조선의 직기에서 왔을 것은 당연하다.

셋째, 견섬유 단백질을 뜻하는 '세리신 sericin'은 '세레스(Seres), 세리카 (Serica)'에서 기원한다. 이는 기원전 5~6세기 비단을 가져오는 극동 사람과 그들의 땅을 일컫던 그리스 로마인들이 사용하던 로마어이다. 비단은 漢代 이전부터 세르(Ser) 또는 세레스(Seres)란 이름으로 서방 세계에 널리 알려져 있었다. 세레스는 중국 진나라를 일컫는 것이 아니라 흉노의 언어라고 생각되며, 실꾸리(실을 감는 기구)를 가져오는 흉노 즉 북방 기마민족으로서 말을 타고 남시베리아 초원을 동서로 종횡무진하며 덕을 겸비하고 인색하지 않았던, 신라/시라/(고)조선/주신/주스를 나타내는 것이라고 보는 것이 타당하다. 신라의 옛 이름이 세레, 새라 이므로 세레스 또는 세리카는 신라인과 신라의 땅을 뜻한다.

고조선 영역임이 확실한 심양, 요양 등지에서 출토된 유물인데도 이것들을 중국 한나라, 동진의 보물이라고 표기되는 경우가 허다하다. 유물관련하여 지리적, 환경적, 언어적, 기술적, 미학적 특성을 비교 검증하여서 이러한 유물들을 접하게 되면 고조선, 고구려의 것으로 인지할 수 있는 안목을 갖추어 역사적 진실을 파악해낼 수 있어야 하겠다. 이러한 연구방법론을 적용하여 관련 연구가 활성화 되어서 식민사학과 같은 왜곡된 역사관이 속히 올바로 잡히길 기대한다. 본 연구의 한계로는 대상시기가 비교적 포괄적이라는 점과 관련 선행연구 및 고대 실크 경금 실물자료가 부족하여 보다 심도있는 연구가 어려웠다는 점이다. 본 연구는 고대의 실크 경금 제직기술 및 환경 분석, 실크 및 세레스의 어원에 관한 융복합적인 연구를 수행하였다는 데 의의가 있으며 지속적으로 연구를 이어가기 위해 중요한 초석이 될 것이이라고 믿어의심치 않으며 후속연구의 참고 기초자료로 제시하고자 한다.

참·고·문·헌

【원전】

- 『조선상고사』
- 『삼국사기』
- 『史記』

【단행본】

- 김은애, 김혜경, 나영주, 신윤숙, 오경화, 임은혁, 전양진, 『패션 텍스타일』 (파주:교문사, 2013)
- 나가사와 가즈도시, 『실크로드의 역사와 문화』 (서울:민공사, 2005)
- 나가사와 가즈도시, 『동서문화의 교류』 (서울:민족문화사, 1995)
- 민길자, 『전통옷감』 (서울:대원사, 1997)
- 민길자, 『세계의 직물』 (서울:한림원, 1998)
- 박선희, 『고조선 복식문화의 발견』 (파주:지식산업사, 2011)
- 박창범, 『하늘에 새긴 우리역사』 (파주:김영사, 2002)
- 심연옥, 『한국직물오천년』 (서울: 고대직물연구소출판부, 2002)
- 심연옥, 박원모, 『나주샛골나이』 (서울:국립문화재연구소, 2003)
- 유리 미하일로비치 부틴, 『고조선 연구』 (서울:아이네아스, 2019)
- 이종호, 『고조선, 신화에서 역사로』 (서울:우리책, 2016)
- 장경희, 『북한의 박물관』 (서울:예맥, 2010)
- 장 피에르 드레주, 『실크로드 사막을 넘은 모험자들』 (서울:시공사, 1995)
- 정수일, 『실크로드 사전』 (파주:창비, 2013)
- 조희승, 『조선의 비단과 비단길』 (평양:사회과학출판사, 2001)
- 황녕푸, 천잔잔, 『중국의 비단역사 칠천 년』 (파주:한국학술정보, 2016)
- W.프랑케, 『동서문화교류사』 (용인:단국대학교출판부, 1999)
- 世界の博物館, 『シルクロ-ド博物館』 (東京: 講談社, 1978)

【학술지 및 논문】

- 김순자, 「제주도방언의 '호상웃(수의)' 관련 어휘 연구」 『탐라문화』 47집, (2014)

- 김지수, 나영주, 「주변에서 찾은 우리 색동의 기원과 감성에 대한 고찰」 『감성과학』 21집, (2018)

- 김지수, 나영주, 「A study on the origin of the words 'Seres and Serica'」 『한국의류학회지』(in press)

- 김지수, 나영주, 「Origin of KyungGeum silk brocade and the oldest jacquard machine」, 『Fashion & Textiles』(in press).

- 민길자, 이순미, 「우리나라 직물제직기술에 대한 연구 (I)-삼국시대와 고려시대의 대마와 저마직물을 (紵麻織物) 중심으로」 『한국의류학회지』 8집, (1984)

- 신혜성, 「제직기술과 문양을 통해 본 금직물(錦織物)의 동서교류에 관한 연구: 고대부터 당시대를 중심으로」 『복식』 62집, (2012)

- 심연옥, 민길자, 「중국 동북지역에서 출토된 고조선, 부여, 고구려시대의 직물 연구」 『복식』 22집, (1994)

- 이희철 「The Struggle for Supremacy between the Turkic and Chinese Empires for the Trade on the Silk Road: from the 3rd Century BC to the 9th Century AD」 『한국이슬람학회 논총』 26집, (2016)

- 장현주, 권영숙, 「천마총 출토 금직물 연구: 現 경주문화재 연구소 소장품을 중심으로」 『한복문화』 17집, (2014)

- 제인 그리핀, 「실크로드와 둔황의 보고」 『미술사연구』 10집, (1996).

- 전수연, 「[삼국유사][연오랑세오녀]의 '도기야'」 『열상고전연구』 63집, (2018).

- 황미선, 이은영, 「한국전통복식 문화정보의 블로그 활용에 관한 연구」 『한국의상디자인학회지』 14집, (2012)

- 曹煥, "高句麗の silk", 繊維学会誌, vol. 68 (2012).

- Good, I, "On the question of silk in pre-Han Eurasia.", Antiquity, vol. 69(1995).

- Kononov, A., Ustyantsev, K., Wang, B., Mastro, V. C., Fet, V., Blinov, A., & Baranchikov, Y, "Genetic diversity among eight Dendrolimus species in Eurasia (Lepidoptera: Lasiocampidae) inferred from mitochondrial COI and COII, and nuclear ITS2 markers." BMC genetics, vol. 17.

- Malinowski, G., Paroń, A., & Szmoniewski, B, "Serica–Da Qin", Wrocław: Wydawnictwo GAJT, (2012).

【인터넷 자료】

- 금처럼 귀한 금(錦)직물. (2017). http://www.cha.go.kr/cop/bbs/select-BoardArticle.do?nttId=60610&bbsId=BBSMSTR_1214&mn=NS_01_24
- 김민정의 텍스타일 이야기(1) 문직물(紋織物). (2016). http://www.nextdaily.co.kr/news/article.html?id=20160502800027
- 신년특집-실크(SILK) 어원 한반도 출발 학술적 근거(상). (2014). http://okfashion.co.kr/detail.php?number=30466&thread=81r20
- 漢代漢服紋樣. (2013). http://www.hanfudian.com/article/show-540.aspx
- 國內首次發現:西漢織錦機 扁鵲派醫書(圖)【4】. (2013). http://scitech.people.com.cn/BIG5/n/2013/1217/c1057-23861536-4.html
- 成都、漢時代の蜀錦紡績の工程を再現. (2018). http://jp.xinhuanet.com/2018-07/08/c_137309884.htm
- 【古帛紗】京都龍村美術織物 選べる裂地 名物裂　裏千家【茶道具】 (2020). https://item.rakuten.co.jp/unnyudo/ttmr-kobukusa1/
- 画像石上的汉代纺织业. (2014). https://www.gznywmuseum.org/ggzx/3333650.jhtml
- A_MAS-921. (2020). https://www.britishmuseum.org/collection/object/A_MAS-921
- MAS.926.a. (2020). https://www.britishmuseum.org/collection/object/A_MAS-926-a
- Why Pazyryk? A Look at Kurgans. (2006). http://s155239215.onlinehome.us/turkic/64_Pazyryk/Pazyryk_KurgansEn.htm

단군조선 화폐경제에 대한 試論

송옥진

사단법인 대한사랑 학술국장

I. 서론

　고조선의 경제구조나 사회수준에 대한 문제는 1960년대 이후에야 연구
되어 왔다. 여러가지 이유가 있겠지만 무엇보다도 대일항쟁기를 지나 전후
시기에는 고조선의 사회수준이 낮았을 것이라는 선입관이 다분했고 당시
에도 고조선관련 사료 부족 등을 이유로 경제 현상에 대한 연구는 거의 이
루어지지 않았다.[1] 그러나 이후 요서지역에 대한 중국의 고고학 성과가 발
표되고 북한학자들에 의해서 고조선 경제에 대한 연구가 진행되었다.[2] 그
결과 중국의 여러 문헌에 고조선의 경제 수준을 알게 하는 기록이 꽤 많다
는 사실을 알게 되었고 요서지역 유적 발굴이 진행됨에 따라 고조선을 이
해할 수 있는 자료를 제공해 주는 근거가 되었다. 이들 중 대표적인 것이
대전자유적인데 이 유적은 하가점하층문화를 대표하는 유적으로 하가점하
층문화를 이해하는데 가장 완정한 자료를 제공한다고 평가되는 유적이다.[3]
대전자유적은 적봉시에서 동쪽으로 약 100km 떨어진 대릉하 지류인 망우
하 유역에 위치하고 있으며 주거지와 800여기의 무덤군으로 구성되어 있
다.[4] 이곳에서는 다양한 유물이 출토되었는데 그 중에서도 1200여점의 개
오지조개는 서기전 1600년 즈음 해당지역 공동체의 교역 범위에 대해 새로
운 관점을 제공하였다.[5] 물론 대전자유적발굴보고서는 발견 당시인 1971

1) 윤내현, 「고조선의 경제적 기반」『백산학보』41, (1993), p. 5.
2) 리지린, 『고조선연구』 (학우서방, 1964), pp. 343~356; 리순진·장주협, 『고조선 문제 연구』
(사회과학출판사, 197), pp. 61~68; 박진욱, 『조선고고학전서-고대편』(과학백과사전출판사,
1988), pp. 71~78.
3) 곽대순·장성덕, 『동북문화와 유연문명 상』(서울: 동북아역사재단, 2008), p. 542.
4) 中國社會科學院考古研究所, 『大甸子-夏家店下層文化遺址與墓地發掘報告』(科學出版社,
1998), p. 3.
5) 송옥진, 「대전자유적 납돈에 나타난 고대 해상교류의 인식범위」『선도문화』30권, (2021),

년보다 20여년이 지나 작성되어 대전자유적을 온전히 이해하기에는 턱없이 부족하지만 발견된 유물의 다양성과 보존상태가 훌륭한 기물들이 무덤방에서 발견되면서 하가점하층문화를 설명하는데 주로 언급된다.

대전자유적에서 출토된 납돈(鉛貝)에 대해 발굴보고서상에서 분명하게 화폐로 규정하면서 기존의 서주시대에 최초의 금속화폐의 출현보다 500년이나 앞선 시기에 금속화폐가 존재한 것이 확인되었고 중국은 이것을 하나라 때 사용했던 현패(玄貝)로 보았다.[6] 그러나 개오지조개로 만든 돈에 대해 이보다 더 명확한 설명이 『단군세기』에 보인다. 4세 오사구 단군조에는 무자(BCE 2133)년에 둥근 구멍이 뚫린 패전(圓孔貝錢)을 주조하였을 뿐 아니라 하(夏)나라 사람들이 와서 특산물을 바치고 신서를 구해갔다는 기록이 함께 적혀 있다. 이는 당시에 화폐를 사용한 교역이 이루어졌음을 분명하게 표시하고 있다.

이에 본고에서는 대전자유적 발굴보고서를 중심으로 서기전 1600년 시기 하가점하층문화의 성격에 대해 살펴보고 교역 관련 기록을 검토하면서 그중에서도 특히 대전자유적에서 발견된 납돈(鉛貝)이 당시 화폐로 사용되었음이 기록되어 있는 『단군세기』의 내용을 확인하여 단군조선시대 화폐경제가 이루어져 있음을 밝히고자 한다.

II. 대전자유적에서 출토된 화폐(鉛貝)의 중요성

대전자유적은 이 유적이 속한 하가점하층문화를 이해하는데 가장 완전한 자료를 제공한다는 평가를 받는 유적으로 출토된 각종 유물은 해당 시

---

p. 228.

6) 中國社會科學院考古研究所, (1998), p. 334.

기 문화양상을 설명하는데 자주 언급되는 유적이다. 하가점하층문화는 중국 동북 지역에서 발견된 초기 청동기시대 문화로써 그 연대는 지금으로부터 3,300~4,400년 사이에 이른 것으로 보고 있다.[7] 정식 발굴된 유적들을 조사한 결과 이 문화의 기원연대는 서기전 24세기로 추정되고 와해된 시기는 서기전 15세기 전후, 그 분포범위는 내몽고 동남부 지역과 요녕성 서부 지역을 아우르는 매우 넓은 지역이다.[8] 그 중에서도 대전자유적은 적봉시 오한기 남동부에 위치한 서기전 1600년 시기의 유적이다. 적봉시에서 동쪽으로 약 100km 떨어진 곳에 망우하(牤牛河, 대릉하의 지류)에 위치한다. 발굴보고서상 북위 42° 18", 동경 120° 36"로 표시되어 있으며 1974년 발견되어 1976년, 1977년, 1983년에 발굴 조사하였고 정식 발굴보고서는 1998년 출간되었다.

　대전자유적에서 발견된 금속화폐는 당시 사람들의 경제수준 혹은 기술 수준이 상당히 높았다는 것을 의미한다. 대전자유적이 위치한 지역은 구석기시대부터 지속적으로 사람들이 살아온 터전인데다가 지금으로부터 구천년 전부터 집단을 이루며 살기 시작한 곳이다. 집단적 성격이 오래된 지역은 사후 무덤에도 그 성격이 드러나게 되어 800여기의 무덤군이 형성된 대전자유적 무덤군에서는 당시 사람들의 모습이 가장 많이 반영된 것이라 해도 무방하다.[9] 대전자유적에서 발견된 유물과 무덤 형식에서는 당시 사람

---

7) 복기대, 『요서지역의 청동기시대 문화연구』(서울: 백산자료원, 2002), p. 69.

8) 복기대, 「남만주지역 청동기시대 문화와 민족문화에 관하여」, 『만주연구』(2005), p. 32.
　윤내현은 요서지역 청동기문화 개시연대에 대하여 서기전 25세기에 시작하였을 것으로 보았다. 하가점하층문화의 방사성탄소연대 측정결과중 지주산 유적의 연대는 서기전 2410±140으로 확인된 하가점하층문화 연대 가운데 가장 이른 것인데 이 문화가 실제로 개시된 것은 유적의 연대보다 다소 앞설 것이므로 서기전 2500년으로 잡는데 무리가 없을 것으로 보았다. 윤내현, 『고조선연구』(서울: 일지사, 1994), p. 72.

9) 복기대, 「요서지역 석제무덤의 특징연구, 신석기청동기시대 동북아시아 묘제문화 연구를 위한 학술회의」, 『인하대학교 고조선연구소』(2015), pp. 19~20.

그림. 대전자유적 위치(화살표)

들의 사회관이 그대로 투영되어 있어 채색삼족기나 청동기제품, 금 장식품
과 더불어 다량의 개오지조개 제품들을 가지고 당시 시대상황 등을 엿볼
수 있는 좋은 밑자료가 되고 있다. 대표 유물인 채색 삼족기의 경우 토기에
그려진 그림의 색감이나 디자인, 형태 등은 기술적인 부분뿐 아니라 예술적
인 부분에 있어서도 뛰어남을 직관적으로도 알 수 있다. 더불어 최초의 금
속화폐인 납돈(鉛貝)의 출현은 동아시아 화폐역사의 시작을 다시 정립하는
데 매우 중요할 뿐 아니라 조개껍데기에서 비롯한 화폐의 기원을 보다 명
확하게 설명가능하게 하는 유물이라 할 수 있다. 이에 다음에서는 기본적
으로 대전자유적이 속한 하가점하층문화의 사회를 먼저 살펴보고 대전자
유적에서 출토된 유물에서 알 수 있는 시대상 속에서 금속화폐의 출현이
가지는 중요성에 대해서 후술하기로 한다.

1. 하가점 하층문화의 최근 유적 조사현황

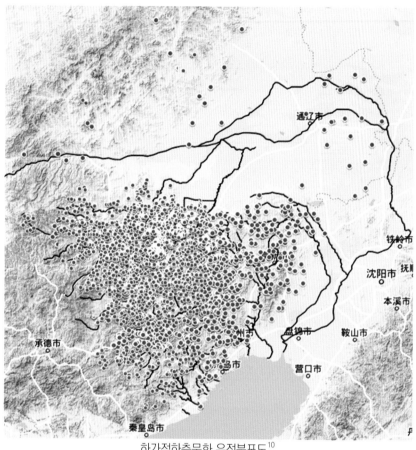

하가점하층문화 유적분포도[10]

하가점하층문화는 1960년에 이 문화에 대한 특성이 확인되면서 다른 문화와 구별되는 독립적 문화로 인정을 받은 이후 내몽고 적봉지역의 영금하와 그 지류를 중심으로 관련 유구, 유물들이 계속 발견되었다. 특히 1964년 서광기의 적봉시 영금하와 음하 연안 지표조사에서 43곳, 1994년 적봉

---

10) 박진호, 『하가점하층문화취락, 경제, 사회형태연구』, 중국사회과학원대학 박사학위논문, (2020), p.15.

시 송산구 서부 음하 중하류 지역 지표조사에서 60여 곳, 1996~2000년 적봉고고대의 반지전하(半支箭河) 중류, 회갑산하(盔甲山河) 하류, 청수하(淸水河) 중류의 지표조사에서 150여 곳, 1999년 중미연합고고대의 적봉시 서쪽 영금하 및 음하, 반지전하 하류에서 이전보다 세밀한 지표조사 결과 379곳의 하가점하층문화 유적을 발견하였다.[11] 네 차례의 지표조사 이후 하가점하층문화 유적은 적봉 서부지역을 비롯한 주변 지역에서 매우 조밀하게 분포한다는 사실이 발견되었으며 하가점하층문화 연구는 이 지역을 중심으로 전개된다.

1990년대 중후반 이후에는 이 문화가 분포한 전체 범위 내에서 농지 개간, 도로 건설 등의 개발 사업들이 늘어 관련 유적에 대한 발굴이 급격하게 늘어나게 되었으며 지표조사 및 고고학연감 등에 실린 자료들에 따르면 하가점하층문화 유적은 주로 내몽고 적봉, 통요(通遙), 요녕성 조양(潮陽), 부신(阜新), 호로도(葫蘆島), 금주(錦州) 등지에 분포하며 지금까지 정식적인 고고학 조사를 거쳐 발견된 하가점하층문화 유적은 5,262곳이나 된다.[12] 발견된 유적지는 발해만을 끼고 북쪽으로 넓게 분포하고 있는 것을 알 수 있으며 매우 조밀하고 광범위한 지역에 분포하는데 이들 지역은 구릉 산지가 많고 커다란 평원이 아니더라도 대부분에 하천 지대가 있는 형태로 하천 부근의 낮은 대지와 여러 구릉에 입지한다는 특성을 가지고 있다.

앞 그림에서처럼 문화 유적의 분포밀집도와 하가점하층문화의 대표적인 특성인 성(城)은 대형 집단문화가 이루어질 수 있는 기본 조건을 구비하고 있는 것으로 해석할 수 있다.[13] 고대 인구증가의 원인은 일반적으로 농업으

---

11) 박진호, 「중국 내 하가점하층문화 연구 동향과 문제점」『한국학연구』59권 (2020), pp.347~348.
12) 박진호 (2020), p. 348.
13) 복기대, 「한국 상고사와 동북아시아 청동기시대 문화」『단군학연구』14호, (2006), p. 82.

로 이야기되는데 실제로 하가점 하층문화 유적에서는 기경(起耕)에서 중경 (中耕), 수확, 곡물 가공까지 농업생산 전 과정에 걸쳐 사용된 다양한 석제 및 목제농기구가 출토되었고 탄화된 곡물도 발견되었다.[14] 이러한 것들은 하가점 하층문화가 발달한 집약적 농업을 배경으로 성장하였음을 알려주는 지표임과 동시에 전반적으로 두껍고 출토되는 유물도 풍부하게 발견되는 문화층이 존재한다는 것은 이 문화의 주민이 농업을 기본으로 오랜 시간 동안 한곳에 정착하였음을 보여주는 증거로 판단된다.[15] 더불어 농업의 발달은 전문적 수공업의 탄생과 원거리 교역 개시의 배경이 되는데 전문적 수공업으로는 청동제품 등 금속기와 옥기 및 토기 제작공업을 꼽을 수 있고 원거리 교역은 이 지역에서 제작된 바 없는 특정한 형태의 유물이나 생산되지 않는 물자의 존재를 통해 추정되었다.[16] 무덤에서 대량으로 발견되는 개오지 조개(海貝)는 하가점 하층문화의 권역에서 생산되지 않는 물자로 이미 이 시기에 근교에서 생산되지 않는 조개의 유통이 이루어져 있음을 방증하는 자료다.

하가점하층문화에 대한 최근 연구에 따르면 앞 그림에서처럼 발해만 위쪽과 서랍목륜하 남쪽의 지역에서 5000여 곳이 넘는 유적이 발견되었는데 이 중에서 정식으로 시굴 혹은 발굴된 유적은 53곳으로 유적 목록은 다음과 같다.[17]

---

14) 복기대, 「하가점하층문화의 기원과 사회성격에 관한 시론」, 『한국상고사학보』 제19호, (1995), p. 423.

15) 복기대 (1995). p. 425.

16) 송옥진, 『대전자유적 개오지조개와 고대 교역네트워크 범위에 대한 연구』, 인하대학교 박사학위논문, (2020), p. 59.

17) 박진호 (2021), p. 349

표1. 2021년까지 시굴, 발굴된 하가점하층문화 유적 목록[18]

	유적	조사년도	보고형식	★*		유적	조사년도	보고형식	★
1	하가점	1960	시굴 간보**	w	28	북태자	1999	고고학 연감	e
2	약왕묘	1960	시굴 간보	w	29	망보산	1999	발굴 간보	e
3	소유수림자	1960	시굴 간보	w	30	광량	1999	고고학 연감	e
4	남산근	1961	발굴 간보	w	31	라가지	2000	발굴 간보	e
5	지주산	1963	발굴 간보	w	32	흥륭구 제3지점	2001	발굴 간보	e
6	풍하	1972	발굴 간보	e	33	연태산	2004	발굴 간보	w
7	동산저	1973	시굴 간보	w	34	소동구	2005	발굴 간보	w
8	탑산남	1974	시굴 간보	w	35	상하수	2005	고고학 연감	e
9	대전자	1974	**정식보고서**	w	36	삼좌점	2005	발굴 간보	w
10	우하량 16지점	1979	**정식보고서**	e	37	상기방영자	2005	**정식보고서**	w
11	객라심하동	1980	시굴 간보	e	38	서량	2005	**정식보고서**	w
12	수천	1981	발굴 간보	e	39	강가만	2005	발굴 간보	w
13	범장자	1982	발굴 간보	w	40	와룡산	2006	고고학 연감	e
14	선령사	1984	고고학 연감	e	41	마영자	2006	고고학 연감	e
15	열전장	1986	고고학 연감	e	42	하삼가	2006	고고 연보	e
16	삼좌점	1987	고고학 연감	w	43	오포지	2006	고고 연보	e
17	평정산	1988	발굴 간보	e	44	서회동	2006	고고 연보	e
18	점장대	1990	고고학 연감	w	45	동수천	2006	고고 연보	e
19	대남구	1990	시굴 간보	w	46	북구	2006	고고 연보	e
20	소장자	1991	고고학 연감	e	47	서소산	2006	고고 연보	e
21	향양령	1991	발굴 간보	e	48	대해	2009	발굴 간보	e
22	대산전	1996	발굴 간보	w	49	계력화	2009	발굴 간보	e
23	마권자	1997	발굴 간보	e	50	이도정자	2009	발굴 간보	w
24	서대천	1997	고고학 연감	e	51	대산	2011	고고학 연감	e
25	강가둔	1997	발굴 간보	e	52	대마구자남산	2011	고고학 연감	e
26	호금고	1998	발굴 간보	e	53	서대립자	2012	발굴 간보	e
27	개자정	1999	고고학 연감	e					

* ★은 출토된 지역이 노노아호산 기준으로 동쪽(e)과 서쪽(w)인지 구분
** 중국에서 간보(簡報)는 한국의 약보고서를 지칭한다.

---

18) 박진호 (2021), pp. 349~351. 편집

발견된 5,000여 곳의 유적 가운데 53개의 유적만이 시굴, 발굴되었으며 1960년대 하가점과 약왕묘 유적을 시작으로 적봉지역을 비롯한 노로아호산 이서지역의 조사가 활발히 이루어졌으나 이마저도 2010년 이도정자 유적의 발굴을 끝으로 더 이상의 학술발굴 및 구제발굴은 이루어지지 않고 있다고 한다. 반면, 노로아호산 이동지역은 1990년대 후반부터 활발히 진행되는 양상을 보인다.

중국의 고고학 자료가 국내에 많이 알려지기 이전의 시기에는 고조선 자체를 부정하는 입장에서 청동기문화의 시작 연대를 서기전 1000년 무렵으로 설정하기도 하였다. 이러한 것들은 『삼국유사』, 『제왕운기』, 『동국통감』, 『조선왕조실록』에 기록된 서기전 24세기의 건국 연대를 부정하는 것이다. 그러나 새로 발굴된 유적 수가 증가하고 방사성탄소연대 측정법으로 한반도내와 만주의 청동기문화 연대가 서기전 25세기라는 사실들이 확인되어 더이상 국내 문헌과 고고학 자료의 연관성을 부정할 근거를 점차 잃고 있다. 더욱이, 한반도 내 유적 중에서도 전남 장천리의 청동기시대 집자리나 경기 양수리의 고인돌 유적은 서기전 2,500년~2,600년 전의 것이고 만주지역 하가점 하층문화 역시 서기전 2,410년으로 편년되어 한반도 남단에서 만주에 이르는 지역의 청동기문화가 서기전 2,500여년 전에 시작되었음이 계속 확인되고 있다.[19]

농업이 주가 되는 마을사람들은 농경 생활로 인한 자급자족이 가능하므로 특별한 재해가 없는 한 주민들이 이동하지 않는다. 그러므로 하가점 하층문화 지역 사람들 역시 그 이전 사회에서부터 정착, 농경생활을 영위하면서 국가사회로 진입하기 유리한 상황이었을 것이고 이 시기, 이 지역에

---

19) 윤내현, 『우리 고대사 상상에서 현실로』, (서울:지식산업사, 2003), p. 169.

존재했던 고대 국가는 바로 고조선임을 쉽게 유추할 수 있다.

2. 대전자유적의 무덤 특성

대전자 유적의 무덤군은 주거지 바로 옆에 위치한다. 주거 유적의 동북쪽 방향으로 남북 150m, 동서 70m로 33,000평에 달하는 면적이다. 총 804 기의 무덤들이 매우 밀집하여 있고 머리 방향은 대부분 서북쪽을 향하고 있고 한 무덤에 한 사람씩 곧게 매장하고 있어 전체 무덤을 일관성있게 조성한 것처럼 보인다. 모두 직사각형의 움무덤으로 크기에 따라 대형묘, 중형묘, 소형묘로 나누고 있는데 대형무덤은 전체 804기의 약 18%인 143기, 중형무덤은 434개로 가장 많은 수를 차지하며 소형무덤은 175개이다. 대형무덤은 길이 2.2m, 깊이는 7~8m가 될 정도로 깊게 형성되었고 소형무덤의 길이는 1.7m, 깊이 2m 정도의 크기로 규모면에서 차이가 많이 난다. 부장품의 수 역시 소형무덤에서는 거의 나오지 않고 중, 대형무덤에서 다량의 유물이 많이 출토되었다.[20] 무덤들의 차이라면 매장자가 남성인 경우 얼굴을 서쪽으로, 여성인 경우 얼굴을 동쪽으로 향하게 한다는 점이며 각 무덤에서 부장품이 대량 출토되었다. 대전자유적 무덤에서 보여지는 특징을 정리해 보면 다음과 같다.

---

20) 中國社會科學院考古研究所 (1998), p. 42.

표. 대전자유적의 무덤 특징[21]

위치	• 내몽고 적봉시 오한기현 대전자촌 동남쪽 높지 않은 언덕 위치 • 무덤떼의 서쪽에 약 7만 평방미터 정도 크기의 성터 존재 • 성터의 동쪽에 약 6만 평방미터의 무덤떼 조성
개수	• 조사된 무덤의 수는 804개 • 동서면을 경계로 북 545개, 중 143개, 남 116개의 떼로 구성
형태	• 무덤의 형태는 모두 장방형 수혈토광무덤
매장방식	• 모든 무덤의 머리는 서북 방향 • 한 무덤에 한 사람씩, 곧은 장이며 일차장 • 합장은 없음 • 남자는 얼굴을 서쪽으로 여자는 동쪽으로 향하고 있음
껴묻거리	• 다량의 껴묻거리 있음 • 대부분 陶器이나 옥기, 조가비, 청동기, 골기 등도 있음 • 순장으로 보이는 돼지, 개가 함께 있음 • 적게는 두세 개부터 많게는 몇십 개까지의 껴묻거리 • 껴묻거리의 위치는 시신의 발끝 혹은 발끝과 벽 사이 • 껴묻거리 토기 중 채색된 것이 200여 자리에서 400여 개 출토
貝와 仿貝	• 대부분 감실 내, 시신의 머리, 목, 허리 부분에 위치하기도 함 • 옷의 앞자락 쪽에 가지런히 꿰매어져 있는 형태 • 조가비 모조품의 출토상황이 북쪽, 중간, 남쪽 무덤 떼가 모두 다름. 북쪽에서는 오직 한 점만 모조품이고 나머지는 모두 실물 조개인 반면 중간지역과 남쪽 지역에는 오직 한 자리의 무덤에서만 실물 조가비고 나머지 무덤에서는 모두 모조품 출토

무덤의 규모나 부장품들의 차이로 보면 사회 복합화가 전개된 것으로 보이는데 대전자유적에서 가장 큰 무덤인 M726의 것을 예로 들자면, 이 무덤은 크기가 4m × 1.4m이고 목제 장구를 갖추고 있다. 부장품은 매장자의 다리쪽으로 동, 서, 남 세 방향에 설치된 벽감에 분산 배치하였다. 이곳

21) 복기대, 「하가점하층문화의 기원과 사회성격에 관한 시론」, 『한국상고사학보』, (1995), pp. 404~405.

에서는 토기 11점, 칠기 1점, 고형(觚形) 칠기 2점, 칠기에 상감되었던 것으로 보이는 터키석 200점, 해패(海貝) 12매 등이 출토되었다.[22] 이 밖에도 목제 장구 안에서 옥패(玉貝) 1점, 해패(海貝) 총 243점, 터키석 구슬 5점 등이, 복토에서는 석산(石鏟) 1점과 돼지와 개 뼈 각각 2개 등 총 3개의 개체분이 발견되었다.[23] 대전자 유적 M726의 경우, 현지에서 생산되지 않는 매장품들인 토규(土鬶)와 작(爵), 터키석이 상감된 칠기, 해패(海貝)가 출토되어 이 시기 사람들이 다른 지역과 어떠한 형태로든 교역을 했다는 것을 알 수 있다.

3. 대전자유적에서 출토된 금속화폐(鉛貝)의 중요성

대전자유적 무덤군에서는 정교하게 그림이 그려진 토기와 석기(石器), 골기(骨器)와 금속기뿐 아니라 금귀걸이, 옥귀걸이는 물론 다량의 조개제품(蚌, 貝)이 출토되는데 그중에서도 일정한 형태와 크기의 개오지조개가 대형 무덤군에서 발견되었다. 전체 804기의 무덤 중 43개의 무덤에서 1,211개가 출토된 것으로 기록되어 있다. 발굴보고서에서는 자연패가 659개, 모조품이 552개인데 무덤에서 사용된 용도는 자연패와 모조품이 다르지 않다고 했으며 이 중에서 자연패의 경우 볼록하게 튀어나온 등 부분 없이 넓은 구멍이 있는 형태로 되어있다고 설명하고 있다. 개오지조개가 부장된 위치는 무덤 중 벽감에 있는 경우가 가장 많고 장신구로써 몸에 착용한 경우는 3가지 유형으로 머리장식, 몸 근처나 허리 부근, 무릎 아래 다리쪽에서 발견되는 것으로 구분하였다. 장식품으로 사용된 것 중 가장 많은 개수

---

22) 中國社會科學院考古研究所 (1998), p. 48.
23) 中國社會科學院考古研究所 (1998), pp. 46~49.

의 자연패가 출토된 M726 무덤은 무덤 규모가 가장 큰 곳이기도 하다. 총
세군데에서 총 255개가 발견되었다. 머리 뒷부분에서 52개가 나란히 배열
되었고 다리부분에서 191개, 하단의 벽감에서도 12개가 출토되었다. 발굴
보고서 상에서도 자세한 설명이 없어 정확히 개오지조개들이 어떤 용도나
형태인지 확언할 수는 없으나 M726에서 출토된 것 모두 자연패인데 머리
뒷쪽과 다리부분의 것은 섬유와 섞여 있어 장식품으로 사용되었음이 분명
하고 벽감 안에서 출토된 12점은 장식도구와는 조금 다른 의미가 있지 않
을까 생각된다.

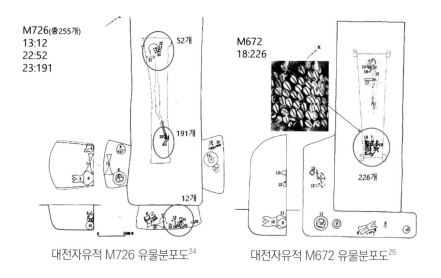

대전자유적 M726 유물분포도[24]   대전자유적 M672 유물분포도[25]

자연패를 사용하여 또 다른 의류장식품으로 사용된 경우인 M672무덤의
경우에는 226개의 개오지조개를 배 부분만 보이도록 나란히 배열하여 다
리부분 전체를 감싸는 형태로 발견되었다.

24) 中國社會科學院考古硏究所 (1998), p. 48.
25) 中國社會科學院考古硏究所 (1998), p. 200.

M726과 M672 두 무덤에서 발견된 개오지조개는 모두 자연패이다. 보고서 상 자연패와 모조패가 무덤에서 사용되는 용도는 차이가 없다고 했으나 모조패의 경우에는 전체 무덤 분포도에서 남구(南區)와 중b구(中b區)에서 사용되었고 자연패는 북구(北歐)와 중a구(中a區)에서 사용되었다. 구역이 다른 것으로 미루어볼 때 묘지에 따라 따로 사용된 것을 볼 수 있으며 자연패가 모조패보다 구하기 어려우므로 더 비싼 것으로 평가하고 있다. 옷 장식으로 사용된 자연패의 경우 북구에서 2건이 발견되고 A1구역에 모여 있어, 귀족의 옷일 것으로 추정되며 남구(南區)와 중b구(中b區)에서 발견된 3건의 양식이 방제품을 사용한 북구(北區)의 2건과 같은 것으로 보아 같은 마을의 옷 풍습이 같긴 하지만 재력에 따라 자연패나 모조패를 사용하는 차이가 있음을 시사하였다.[26]

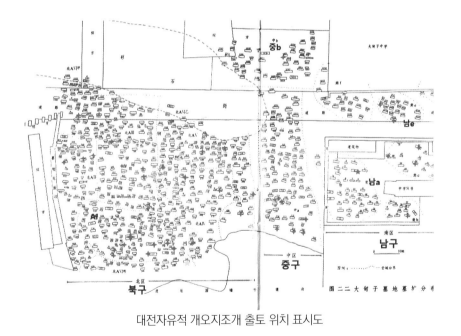

대전자유적 개오지조개 출토 위치 표시도

---

26) 中國社會科學院考古硏究所 (1998), p. 200.

대전자유적에서 출토된 두 개의 납제품에 대해 중국당국은 "중국 야금 역사에 큰 의미를 지닌 것으로 이는 중국이 이미 3600~4000년 전에 금속 납을 성공적으로 정제할 수 있었다는 것을 증명하는 것"이라고 발표하였다.[27] 두 개의 납 제품 중 하나가 개오지조개 모양을 본 떠 만든 금속화폐(鉛貝)인데 이것이 실제 화폐의 역할을 했는지는 자료의 부족으로 단언할 수 없으나 일반적으로 자연패-도기-금속의 과정으로 진행되는 화폐의 발전단계를 생각해 보면 이미 화폐성을 가진 물건으로 사용했음을 알 수 있다. 더욱이, 중국은 이 납제품을 가지고 "중국이 하나라 시기부터 이미 납을 제련하기 시작했다는 사실을 입증하는 것"으로 입장을 밝히고 발굴보고서에서도 "납돈(鉛貝)은 분명히 화폐일 것이다. 이 금속화폐의 발굴은 중국 최포의 금속화폐를 서주 혹은 은나라 때의 동제패화잡(銅製貝貨帀)으로 보던 것보다 훨씬 앞서 서한시기 환관의 『염철론(盐铁论·错弊)』에서 말하는'夏后以玄貝, 周人以紫石, 後世惑金錢刀布'의 玄貝를 증명하는 것"으로 규정하였다.[28] 때문에 대전자유적에서 출토된 금속으로 만들어진 납돈(鉛貝)의 출현은 비록 단 한점뿐이지만 동아시아 최초의 금속화폐라는 점에서 큰 의의를 갖는다. 그러나 이 부분에 있어서는 하나라에서 유통되었던 玄貝를 증명하는 것이 아니라 언사상성박물관의 조개화폐 전시글에서 언급했듯이 방국에서 수입하여 사용하였던 것을 의미하며 당시 화폐의 주체적인 생산, 유통주체는 고조선으로 추론할 수 있는 증거품이라고 보는 것이 더 타당해 보인다.

---

27) 彤泽, 「大甸子遺址与墓地中的貝与仿貝」, 『钱币文集』, (2006). p. 2.
28) 趙匡华, 「金屬貝币与金屬包套檢測報告」, 『大甸子』, (1998), p. 334.

III. 단군조선 화폐경제에 대한 문헌자료

어느 한 시대의 경제수준은 곧 그 시대의 사회수준 전체에 대한 이해를 대표하기도 한다. 현재에도 GNP, GDP가 곧 전 세계의 국가경쟁력 및 국력평가의 지표로 사용되는 것처럼 말이다. 우리 사회에서는 그동안 고대 경제, 특히 고조선의 사회수준에 대해 편협한 시각으로 접근해왔던 것이 사실이다. 신뢰할만한 문헌기록이 존재하지 않는다는 핑계가 그 첫 번째 이유였고 고조선의 사회수준이 낮았을 것이라는 선입견에 치우쳐 연구할만한 가치를 두지 않았던 것이 두 번째이다. 그러나『조선왕조실록』을 비롯하여『삼국사기』,『삼국유사』,『제왕운기』등의 사료에서 고조선관련 기록을 찾아볼 수 있으며 일부이나마 고조선관련 기록을 가지고 당시 경제에 대해 유추해 보는 연구가 이루어지고 있다.

화폐경제와 관련한 사항을 고찰할 때 무엇보다 염두에 두어야 할 것은 교역의 여부라 할 수 있을 것이다. 그것이 국가간의 무역이든 집단간의 교역이든 혹은 개개인의 거래이든 무언가 물품의 이동과 함께 약속된 대가가 이루어진다면 이것에서부터 화폐경제는 시작한다고 볼 수 있다. 최근까지도 고조선의 교역 상한은 대부분의 연구자들이 서기전 7세기를 넘지 않는 것으로 보았다. 고대의 교역에 관한 연구에 있어 대부분의 연구는『관자』고조선과 제나라 간 문피교역의 내용이 반복되는 것에서 크게 벗어나지 않았고 그마저도 주로 화폐주조국인 중국과 고조선의 물품교역을 일반적인 현상으로 보아 온 것이다.[29] 대부분 고조선의 존재와 교역의 여부를 포함한

---

29) 권태원,「고조선의 문화강역문제」,『백제연구』(1989) ; 한창균,「고조선의 성립배경과 발전단계 시론」,『국사관논총』, (1992); 박순지·이춘규,「고대부터 고려까지의 모피물에 관한 고찰」,『복식』, (1994); 정징원·하인수,「남해안지방과 규슈지방의 신석기시대 문화교류 연구」,

다 하지만 그 핵심요소는 '관자, 강상유적, 보배조개'로만 교역을 설명하고
있다. 그러나 중국문헌자료인 관자 이외에도 여러 문헌에서 단군조선의 존
재를 기록하고 있다. 이에 이번 장에서는 정확하게 물품과 화폐의 교환 기
록은 아닐지라도 문헌에서 표현하고 있는 단군조선의 화폐경제활동을 찾
아 보고자 한다.

1. 『삼국사기』

현존하는 최고(最古)의 사서로 일컬어지는 『삼국사기』는 1145년(인종 23)
국왕의 명령을 받은 김부식의 주도 아래 최산보 등 8명의 참고와 김충효
등 2명의 관구(管勾)가 편찬하였다. 이들은 자료의 수집과 정리에서 함께
작업했지만, 「진삼국사기표(進三國史記表)」와 머리말, 논찬 및 사료의 선
택, 인물의 평가 등은 김부식이 직접 했을 것으로 여겨진다. 특히, 「진삼국
사기표(進三國史記表)」에는 "사대부가 우리 역사를 잘 알지 못하니 유감이
다. 중국 사서는 우리나라 사실을 간략히 적었고, 고기(古記)는 내용이 졸
렬하므로 왕·신하·백성의 잘잘못을 가려 규범을 후세에 남기지 못하고 있
다"고 하여 편찬 동기를 기록하고 있다. 구성은 크게 본기(本紀) 28권, 지
(志) 9권, 연표(年表) 3권, 열전(列傳) 10권으로 이루어졌다. 내용은 주로 유
교적 덕치주의, 군신의 행동, 사대적인 예절 등 유교적 명분과 춘추대의를

『한국민족문화』, (1998); 서영수, 『고조선의 위치와 강역』, 일조각, (1988); 박선희, 「복식자료
와 복식형체를 통해 본 고조선의 영역」, 『인문과학연구』, (2002); 강봉룡, 『한국 해상세력 형
성과 변천』, 해상왕장보고기념사업회, (2004); 이도학, 「삼국의 문화와 문물 교류과정」, 『신라
문화』, (2004); 박준형, 「고조선의 대외교역과 의미- 춘추 제와의 교역을 중심으로」, 『북방사
논총』, (2004); 김태식, 「한국 고대제국의 대외교역」, 『진단학보』, (2006); 윤용구, 「삼한·삼국
의 교역」, 『한국 고대사 연구의 새동향』, (2007); 박선미, 「고조선의 교역과 화폐사용에 대한
시론적 검토」, 『동북아역사논총』, (2008); 송화섭, 「고대 동아시아 문화와 한반도 교류-관음
의 바닷길을 중심으로」, 『문화콘텐츠기술연구원 학술대회』, (2008)

견지한 것이지만 반면에 한국 역사의 독자성을 고려한 현실주의적 입장을 띠고 있다는 특징을 가지고 있다. 이러한 점에서 이 책은 신채호 등이 비난한 것처럼 사대적인 악서(惡書)는 아니었다고 할 수 있다. 또한 이 책이 단순히 사대주의의 산물이라고 볼 수 없는 것은 이것이 편찬된 시기와도 관련된다. 즉 이 책은 고려 귀족문화가 최고로 발전하던 시기의 산물이었다. 이런 시대는 대체로 전 시기의 역사를 정리하는 때인데 당시에는 거란 및 여진과 전쟁한 뒤 강력한 국가의식이 대두하던 시기였다. 그러므로 이 책은 단지 유교 정치 이념의 실현만이 아니라 국가의식의 구현이라는 차원에서 편찬되었던 것이라 볼 수 있다.

『삼국사기』에는 직접적인 고조선에 관련한 기록을 싣고 있지는 않지만 '조선'이라는 국호와 '평양'이 단군이 도읍했던 곳임을 분명히 적고 있다.[30] 삼국사기가 국가에서 공인한 사서인 만큼 국가의 명칭으로 "조선"을 사용했다는 점은 국가운영에 대한 세부사항의 언급이 없다고 할지라도 정치, 경제, 군사 등의 모든 사항은 국호라는 테두리 안에 넣어 해석하는 것이고 가장 중요한 정통성만을 기록한 것으로 볼 수 있다. 삼국사기에는 국가의 근본을 어디에 두고 있는지를 분명히 하고 삼국에만 초점을 맞춘 서술형태인 것이므로 고조선과 관련한 다수의 기록이 없고 국호와 수도만 있으니 이 내용을 배제해야 한다는 편협함을 이제는 버려야 할 것이다.

2. 『삼국유사』

『삼국유사』는 고조선 연구에서 빠질 수 없는 사서이다. 『삼국사기』가 삼

---

30) 삼국사기 권1. 신라본기, 始祖,姓朴氏,諱赫居世,前漢孝宣帝五鳳元年甲子,四月丙辰〈一曰正月十五日〉,卽位,號居西干,時年十三, 國號徐那伐. 先是, 朝鮮遺民, 分居山谷之間爲六村.; 삼국사기 권 17, 고구려본기, 二十一年,春二月,王以丸都城經亂,不可復都, 築平壤城, 移民及廟.

국에만 초점을 맞추어 그 이전 시대인 고조선 관련 내용을 언급하지 않는 데 비해 『삼국유사』는 기이편 제일 첫머리에 고조선 기록을 싣고 있다.

고려 충렬왕 때의 보각국사 일연이 신라, 고구려, 백제 삼국의 유사(遺事)를 모아서 지은 역사서로, 편찬 연대는 미상이나, 1281~1283년(충렬왕 7~9년) 사이로 보는 것이 통설이다. 김부식이 편찬한 『삼국사기』와 더불어 현존하는 한국 고대 사적의 쌍벽으로서, 『삼국사기』가 여러 사관에 의하여 이루어진 정사이므로 그 체재나 문장이 정제된 데 비하여, 『삼국유사』는 일연의 색이 짙게 묻어날 뿐 아니라 삼국사기에 기재되지 못한 이른바 야사이므로 체재나 문사(文辭)가 『삼국사기』에 못 미친다고 평가되고 있으나 『삼국사기』에서 볼 수 없는 고대 사료들을 수록하고 있어 고대사회의 생활을 엿볼 수 있는 소중한 가치를 지니고 있는 문헌이다.[31]

권1 기이편 고조선조에 언급된 고조선 관련 기록은 한국의 반만년 역사를 전면에 내세울 수 있게 할 뿐 아니라 단군을 국조로 받드는 근거를 제시하여 주는 기록이다. 특히 『삼국유사』에서 환웅이 새 나라를 건국하기 위해 함께한 풍백, 우사, 운사의 명칭에서 보이는 것처럼 이미 활발한 농경사회를 나타내는 표시이기도 하다.

3. 『조선왕조실록』 세종실록지리지

방대한 양을 자랑하는 『조선왕조실록』에는 여러 분야와 인물들이 수록되어 있다. 2000년대 초반까지만 하더라도 고조선 관련 기록을 『삼국유사』에서만 찾는 경향이 많아 우리나라 대표적인 관찬사서인 실록에 같은

---

31) 고광진·김민정, 「고려 중후기와 조선전기 사서에 나타난 단군에 관한 기록」, 『국학운동 방향성제시를 위한 연구』, (2013) pp. 75~88.

내용이 수록되어 있다는 것에 그다지 많은 관심을 기울이지 않았다. 『경상도지리지』가 1425년 발간된 것을 비롯하여 8도의 지리지를 모아 편찬한 『신찬팔도지리지』를 수정, 정리된 것이 1454년에 만들어졌다. 『세종장헌대왕실록』의 제148권에서 제155권까지 8도에 관한 내용이 8권으로 실려 있는데, 당시의 경제·사회·군사·산업·지방제도 등이 자세히 기록되어 있다. 최근 고대 지리연구에 있어서도 실록에 실린 지리지가 적극적으로 활용되기도 하는데 여기 평안도 평양부에 단군이 평양에 도읍하여 고조선을 건국했다는 내용이 실려 있다. 지리지인 성향에 따라 위치에 초점을 맞추어 서술되어 있기는 하지만 조선시대에는 명백히 나라의 개념으로서 고대 국가가 형성되어 있음을 분명히 하였다. 하늘의 자손인 단군, 즉 임금이 도읍을 정해서 개국(開國)했음을 명시한 내용이다. 국가형성에 있어서 여타 다른 상황들, 예컨대 조세정책이나 국방, 경제생활, 법률 문제 등 조선의 국가 상황에 비추어 보아도 국가의 개념에 부합하므로 이를 여과없이 그대로 적고 있다는 점을 알 수 있다.

앞서 언급했던 『삼국사기』, 『삼국유사』, 『세종실록지리지』 외에도 『제왕운기』, 『삼국사절요』, 『신증동국여지승람』, 『동국통감』, 『고려도경』, 『동국이상국집』, 『고려사절요』 등 고려후기 및 조선초기 시대 사서에 단군의 국가형성에 대한 기록이 일부 남아 있어 한국사의 정통성을 정립하는 그 첫머리에 고조선을 내세우고 있음을 확인 할 수 있다.

4. 『서경』

중국의 가장 오랜 기록으로 평가받고 있는 『서경』「순전」에는 중국과 동이세력과의 관계에 대하여 기록되어 있다. 우리가 늘상 인식하고 있던 종주

국으로서의 중국과 변방국의 동이가 아닌 정반대의 구절이 쓰여 있는데 순
임금이 동이임금을 제후로서 뵌 것으로 해석되는 구절이 대표적이다. '사근
동후(肆覲東后)'가 들어있는 구절로 원문은 다음과 같다.

> 歲二月, 東巡守至于岱宗, 柴, 望秩于山川, 肆覲東后, 協時月正日,
> 同律度量衡
> "2월에 동쪽으로 순시하여 태산(산동성 지역은 동이족 강역)에 다
> 다라... 기다리다가 동이임금(단군)을 뵙고 시간을 협력하여 맞추
> 고 음률과 도량형을 통일하다"

이 구절은 순임금이 "동쪽 지역을 순시하여 태산에 이르러서 제사를 지내
고 산천을 바라보며 차례대로 제사한 뒤 동방의 천자를 찾아뵈었다"라고
하는 뜻이다.[32] 여기에서 동후(東后)는 동쪽의 제후라고 그간 해석해 왔지
만 임금으로 해석하는 것이 가능할 뿐 아니라 한자 독해와 훈고의 지침서
인 『이아주소(爾雅注疏)』에는 '天', '帝', '皇', '后', '候' 모두 임금(君也)이라
고 되어 있다. 여기에 표현된 '東后'를 동쪽 제후로 해석하는 이유에 대해
이승종은 "임금과 제후의 구분은 후대의 것이며 『서경』을 처음 우리말로
옮긴 김학주 교수의 번역을 이후에도 계속 따르고 있다"고 했다.[33] 강희자
전에서의 해석 역시 "后: 君后. 我后. 夏后. 夏言后者, 自虎通云: 以 讓受于
君, 故稱后, 告于皇天后土"라고 하였다. 즉 后 = 군주(君)이다. 또한 '근(覲)'
은 '하현상(下見上)'즉, 아랫사람이 윗사람을 뵌다는 뜻으로 '천자가 즉위
하여 제후들이 북면하고 천자를 뵙는 것이 覲이다(天子當依而立, 諸侯北

---

32) 경향신문 1999.02.23. 24면, 1999.02.24. 28면
33) 이승종, 「번역의 고고학을 위하여-우리 상고사 연구를 위한 철학적 시론」, 『대동철학』,
(2009), p. 60.

面, 而見天子曰覲)'라고 하였다.[34] 그러므로 이 단어를 사전적으로 해석하면 '제후인 순임금이 천자인 단군을 뵈었다'이다. 이러한 해석은 『태백일사』 「삼한관경본기」에서도 찾아볼 수 있다. 『태백일사』의 내용에는 도산에서 부루(夫婁)와 우(禹)에게 오행치수법을 전하여 중원에서 발생한 9년 홍수를 성공적으로 치수하고 낭야성에 감우소를 설치하여 구려의 분정에서 논의된 일을 결정하였다고 서술한 다음 '상서에서 말하는 "동순망질 사근동후"란 바로 이것이다'라고 해석하였다.[35]

순임금이 동후(東后)에게 찾아가서 시간과 측량단위를 표준화하였다는 것은 하나라에서 고조선의 화폐를 국제 통화로 사용한 것과 같은 패턴으로 볼 수 있으며 이는 당시 고조선이 국제 무역을 주도했을 가능성을 시사하는 것이다.[36] 미국 국제정치학의 패권안정이론의 입장에서 본 해석에서도 흔히 "기술수준이 앞서고 국가규모가 큰 패권국이 국제 표준을 제시하고 국제 무역에서 거래비용을 낮추는 국제통화와 같은 공공재를 제공한다"고 한다.[37] 고대와 현대의 국가상태가 동일하지 않고 여러 가지 변수가 많긴 하지만 기본적으로 기술수준과 국가규모가 주변국에 미치는 영향은 크게 다르지 않을 것이다. 더욱이 수공업이 발달한 고조선의 경우 주변국에 미

34) 강희자전, http://www.kangxizidian.com/

35) 전형배 엮음, 『환단고기』「태백일사」소도경전본훈 번한세가 상, (서울: 코리언북스, 1998), p. 150.

36) 남창희 외, 「조개화폐 발굴과 단군세기 기록의 사료적 가치 재평가」, 『세계환단학회지』 창간호 (2014)

37) Charles Kindleberger, "On the rise and decline of nations," *International Studies Quarterly*, 27(1983 March); Robert Gilpin, *War and Change in World Politics* (New York: Columbia University Press, 1981); David Lake, "Leadership, Hegemony, and the International Economy: Naked Emperor or Tattered Monarch with Potential?" *International Studies Quarterly*, 27 (1993); Robert O Keohane, *After Hegemony: Cooperation and Discord in the World Political Economy* (Princeton, NJ: Princeton University Press, 1984).

치는 영향은 현대의 그것보다 클지언정 무시할 만한 사항은 아니다. 더욱이 하가점하층문화의 대표 유적인 대전자유적에서 발견된 동아시아 최초의 금속화폐인 개오지조개모양 납돈은 이러한 공공재로서의 국제통화의 가능성을 시사해준다고 볼 수 있다.

IV. 『단군세기』의 기록과 조개 화폐

『단군세기』는 행촌 이암의 저작으로 1세 단군왕검부터 47세 고열가 단군에 이르는 역대 단군의 이름과 재위 연수, 업적과 사건 등이 기술되어 있다. 이 책은 1911년 평안북도 출신의 계연수가 네 종류의 책을 묶어서 『환단고기』라는 이름으로 엮은 것으로 전해내려오고 있는데 『단군세기』를 포함하여 안함로의 『삼성기』, 원중동의 『삼성기』, 범장의 『북부여기』, 이맥의 『태백일사』를 한데 엮어 모은 『환단고기』에는 우리 역사 속에서 당대 뛰어난 지식인으로 평가된 다섯 사람의 저술의 합본이다. 최근까지도 한국학계는 『환단고기』 위서논쟁이 분분할 뿐 아니라 이에 실린 내용을 인용하면 학술 가치가 없다고 판단하는 경우가 대부분이었다. 이들 자료의 내용 중에서 비교적 자유롭게 거론할 수 있었던 것은 『난랑비서』만 가능한 것으로 보았는데 이는 이 글이 『삼국사기』 속에 들어있기 때문이다.[38] 이러한 사실은 실증학문이라는 명목으로 대일항쟁기 이후 형성된 식민사학의 서지학적 판단준거로 여타 자료들을 학문적으로 거론할 가치가 없다는 식의 왜곡과 매도로 일관하는 현상을 쉽게 볼 수 있었다. 그러나 실증주의를 표방한다 하면서 서기전 1600년 이전의 금속화폐가 발견되었음에도 이에 대한

---

38) 민영현, 「한단고기(桓檀古記)의 철학적 가치와 그 이해」, 『선도문화』9권, (2010), p. 12.

해석이 전무한 실정을 보면 이러한 현상은 "모든 학문을 과학적으로 규명해야 한다"고 말하는 사람들의 변명에 지나지 않는다. 그러나 점차 『삼국사기』를 비롯한 중국 사서들과의 비교 연구, 만주지역 고고학 자료의 검토를 병행한 연구 결과들이 『환단고기』에 기록되어 있는 것을 토대로 해석가능한 사항들이 늘어나면서 『환단고기』의 사료적 가치나 위서론에 대한 비판 등의 활발한 연구들이 진행되고 있다.

고조선의 교역관련 연구 역시 대부분 서기전 7세기 유적인 강상유적의 경우 『관자』에 언급되어 있는 제나와 조선의 문피교역으로 설명하는 것 이외에 다른 해석을 하지 않았다. 이러한 상황과 반대로 『단군세기』에는 고조선 관련 자료가 많이 있다. 단지 역대 임금의 이름이나 재위연도 뿐 아니라 당시 생활상을 엿볼 수 있는 자료가 많은데 "원공패전"으로 대표되는 고조선의 화폐경제에 대한 부분 역시 당시의 교역의 가능성을 시사하면서 고고학적 발굴성과를 뒷받침하는 문헌자료로써 시사점이 있다.

1. 화폐의 기원

화폐의 기원의 이야기할 때 늘 선두에 서 있는 물품이 바로 조개이다. 그런데, 이 조개가 어떻게 화폐로 사용되었는지에 대한 설명을 찾아보기 힘들고 중국에서 화폐로써 사용되었다고 하는 등의 설명만 있을 뿐이다. 그런데 화폐로 사용된 조개는 전 세계적으로 개오지조개(카우리조개, cowries shells) 뿐이다. 수백종의 개오지조개 종 중에서도 크기가 균일하고 단단하며 심미성까지 가진 단 몇 종만이 화폐 대용품으로 사용되었을 뿐이다. 화폐로 정의되는 것은 거래를 원활히 하기 위한 매개물로 가치척도의 기능, 지급수단 가능, 가치 저장 가능, 교환 기능이 있어야 한다. 대개 귀중품으로 여겨지던 물품이 초기에는 물물교환의 형식으로 사용되다가 금, 은, 동 등으로 화폐를 주조하여 사용되는 과정을 거친다. 오늘날에는 전 세계적으로 통용되는 지폐나 금과 은, 최근에는 비트코인이라는 가상화폐까지 등장하는데 이들의 공통점은 사람들간의 합의가 존재한다는 것이다. 실물이 없는 비트코인의 경우조차 비트코인을 소유하고자 하는 수요와 공급의 교점에서 그 가치가 측정되고 거래소에서 거래되며, 개당 천만원을 훨씬 뛰어넘어 가치 폭등이 되는 등 화폐의 기본 기능을 모두 지니고 있다. 개오지 조개 역시 고조선 시대에 정확하게 어떤 가치 저장의 기능을 가지는지 가치 측정 방법은 어떠한지, 다른 물품과 어떤 비율로 교환되었는지 추정할 뿐이지만 개오지조개에서부터 화폐의 기원이 시작되었다는 것은 사전에서도 찾아볼 수 있다. 중국에서부터 화폐가 시작되었다고 보는 근거는 『관자』에서 부국강병을 위한 경제정책 문답 중 춘추시대 이미 화폐로 불릴만한 것이 존재했다고 보는 것이다. 그러나 사전적 의미로 화폐를 의미하는 貝가 고고학적 발견으로 요서지역에서 출토됨에 따라 동아시아 화폐 기원이 제환공시기보다 훨씬 이른 것으로 파악된다. 예컨대, 이리두 유적이나 대전자 유적은 서기전 15세기를 넘어서는 시기이며 대량의 조개화폐(개오지조개 자연패)가 출토되었고 이보다 훨씬 더 이른 시기인 홍산문화에서도 조개화폐의 출현을 볼 수 있다.

『사기』에는 바다생물인 조개가 사용되었음과 화폐 사용이 활발해지는 원인으로 농업, 공업, 상업의 상호교역이 이루어지면 귀(龜), 패(貝), 금(金), 전(錢), 도(刀), 포(布) 등과 같은 화폐가 흥기하며 이러한 물품들을 사용하는 것이 아주 오래되었다는 기록이 있다.[39] 또한 청동기에 주조되거나 새겨진

---

39) 『사기』「하본기」注集解孔安國曰 織, 細繒也 貝水物也. 鄭玄曰 貝 錦名也;「평준서」太史公曰:農工商交易之路通, 而龜貝金錢刀布之幣興焉.

금문은 서주시대에 주로 사용되어 일반적으로 서주금문으로 일컬어지는데 상나라 청동기에 주조되어 있어 갑골문보다 상형성이 더 짙다. 이러한 금문을 해석해 놓은 『금문자전』에서는 화폐로 쓰인 조개의 상형자를 제시해 놓았으며 『문자원류분석』에서는 상세한 그림과 함께 개오지조개의 형태를 명확히 하고 있다.

우리나라의 화폐의 기원의 출처는 대부분 『漢書』를 들고 있다. 『漢書』「地理志」의 고조선 팔조금법에 "··남의 물건을 도둑질한 자는 ··도둑질한 자가 자기 죄를 벗으려면 50만 전을 내야 한다"는 기록이 있어 당시에 가치평가의 수단으로 "전"이라는 통화를 사용했다는 것을 알 수 있다. 또 다른 기록으로는 3세기, 『三國志』「魏書」 오환선비동이전의 기록으로 "…

《文字源流浅析》

〈그림〉 貝의 옛 글자[40]

시장에서의 모든 매매는 철을 사용하여서 마치 중국에서 돈을 사용하는 것과 같으며…"라는 구절에서 철이 화폐의 기능을 하고 있음을 알 수 있다. 두 사서 기록이 모두 중국측 입장에서 서술된 것이기는 하지만 당시 사회에서 화폐의 기능과 용도에 대해서는 사람들이 인지하고 있었다는 것을 짐

40) 출처: http://www.iguci.cn/imgbook, 貝에 대한 사전해석 - 예전에는 중원이 바다와 비교적 멀어서 조개를 귀한 장식품으로 삼았다. 상대 임금이 조개(조개꾸러미-朋)를 상으로 주었다. 그것을 기념하여 청동기에 그 내용을 새김, 후대에 심장(心)글자와 조개패(貝)자를 혼동함.

작할 수 있다.[41] 더욱이 남한지역에서 발견되는 금속화폐의 경우에 그 자체를 재화 교환의 수단으로 보기보다는 위세품으로서의 용도, 분묘 부장품으로서의 용도, 의례용으로 사용된 경우, 전세되어 후대에 폐기된 경우, 청동기 제작용 원료 용도로 사용된 것으로 보고 있는 것이 대부분이다.[42] 대전자유적의 금속화폐가 다량출토 되지 않는 이유로 교환의 수단으로 사용된 것이 아니라 위세품으로 사용되었을 것으로 여겨 진다했다. 혹은 분묘의 부장품으로 매장된 경우 교역과 관련된 자의 무덤일 것으로 추정하고 있는데 대전자 유적에서 다량 출토되는 조개화폐의 경우에도 이 같은 추론이 가능하리라 생각된다. 중국 문헌에 조선의 명칭이 가장 일찍 보이는 『管子』는 비록 후대에 편찬되었다고는 하나 대체로 기원전 7세기경 중국인들에게 고조선의 존재가 이미 인식되고 있음을 보여준다고 한다. 그 기록의 내용이 바로 교역 및 조공의 대상국으로서 조선의 가치를 인식하고 있는 점이 주목된다.[43] 피장자를 장식하거나 사후세계를 위해 물품을 껴묻어 주는 행위에 의해 남게 된 부장품은 그 시대 사회상을 나타내기도 하는데 이러한 껴묻거리를 통해 피장자의 신분이나 지위 또는 역할을 상징적으로 보여주거나 장신구로 보편적으로 사용되는 패륜 등으로 당시 조개가 해안과 내륙 간 교역의 산물로 사용됨을 알게 하는 중요한 요소이다.[44]

2. 조개화폐의 발굴

국내에서도 화폐로 사용된 조개인 개오지조개의 발견은 드물긴 하나 보

---

41) 김경칠, 「남한지역 출토 한 대 금속화폐와 그 성격」, 『호남고고학보』, (2007), p. 119.
42) 김경칠, 「남한지역 출토 한 대 금속화폐와 그 성격」, 『호남고고학보』, (2007), p. 121.
43) 김병곤, 「고조선의 왕권의 성장과 지배력의 성격 변화」, 『동국사학』, (2000), p. 48.
44) 김석훈, 「무덤으로 사용된 신석기시대 패총」, 『충북사학』, (2000), p. 267.

고되고 있다. 현재 국립중앙박물관에서는 조개 화폐 여러 점이 등록되어 있다.[45] 유물검색을 하면 세 종류의 개오지조개를 찾을 수 있는데 시대를 구분해 놓고 있지 않은 채 소장품 번호로만 분류해 놓아 출처와 시기를 판단하기는 어렵다. 다만, 사진으로 보건대 남산1340 유물은 유적에서 출토된 것으로 보이고, 남산 1339는 채집된 것, 6675번은 자연패가 아니라 돌이나 토기, 혹은 청동 등의 다른 물질로 만들어진 것으로 보인다.

국립중앙박물관 소장품 개오지조개(좌로부터 남산1340, 남산 1339, 본관 6675)

세계 화폐 경제사의 입장에서도 고대에는 물물교환이 주로 이루어져서 나누기 쉽고 휴대가 간편하며 썩지도 않는 조그만 물품이 화폐 역할을 하였는데 조개 화폐는 소금, 가죽, 옷감, 동물의 뼈와 함께 대표적인 화폐 역할을 한 물품이다. 특히 개오지 조개 껍질은 외양의 화려함과 견고성 때문에 서기전 3천 년 경부터 화폐로 사용되었다고 보는 것이 통설인데 그 시작이 바로 요서 지역, 고조선의 중심지였다는 것이다.

개오지조개가 화폐로 사용된 최초의 예시는 주로 은허에서 출토된 자연패를 든다. 은허에서 출토된 패화는 만여 건으로 종류가 여러 가지인데 수량이 가장 많고 대표적인 것이 개오지조개과에 속하는 貨貝외 拟棗貝(의조

---

45) 출처: 국립중앙박물관 (http://www.museum.go.kr)

패, 대추처럼 생긴 것)라고 한다. 은상시대와 그 전후시기에 출토된 貨貝는 조개의 등 쪽에 구멍이 있는데 중국에서는 이 구멍의 크기에 따라 패화의 발전단계를 삼단계로 나누었다.[46] 즉, 구멍의 크기가 클수록 화폐의 고급단계로 진입했다는 것으로 해석하였고 가장 큰 구멍이 뚫린 것의 유통시기는 은상 말기로 1953년, 큰 구멍이 뚫린 조개 234개가 은허 말기의 묘에서 발견되었다고 한다.[47]

대전자유적의 804기 무덤군 중에서 5% 정도의 44기에서 자연패 상태의 개오지조개와 인공으로 만든 모조패가 모두 출토되었는데 이 시기에 이미 적극적으로 개오지조개를 사용했음을 보여준다. 천연상태의 개오지조개와 흙으로 구워 만든 토폐(土弊), 납으로 만든 연패(鉛貝)가 모두 출토되었으며 출토된 개수를 보면 자연패-토폐-연패의 순서로 가치가 형성되었을 것으로 보고 있다.[48] 중국의 발굴보고서상에서도 출토된 납돈(鉛貝)을 최초의 금속화폐로 보고 있으며 하나라 시기 현패(玄貝)로 보았다. 여기에는 그 어떠한 교류의 내용이나 재화의 이동에 대한 설명 없이 단순히 하나라 시기 현패가 있었다는 문장만을 가지고 하나라의 유물로 설명하고 있다. 물론, 동아시아 최초의 금속화폐인 점 때문에 성급히 하나라 유물로 규정지은 점은 십분 이해한다고 하더라도 출토지역을 무시한 채 무조건 자국의 초기 화폐로 규정한다는 것은 『사기』의 춘추필법을 그대로 따른 듯 보이기도 하다.

당시 대전자유적이 출토된 지역의 시대와 지역의 성격과 부합하는 정치체는 고조선이라는 연구 결과는 이미 일반적인 내용이 되었다. 아직까지도 고조선의 중심지역에 대해서는 다양한 의견이 있으나 공통적으로 이 집단

---

46) 孫永行 편저, 『齊地貝市』, 齊魯書社, (2014), p. 350.

47) 戴志强, 安阳殷墟出土贝化初探, 『文物』, (1981), pp. 72-74.

48) 복기대, 「고대 동북아시아에서 기록문화의 기원고찰에 관한 시론」, 『만주지역 고문자연구』, 인하대학교 고조선연구소, (2014), p. 109.

의 중심 지역은 해안 인접지역에서 찾고 있을 뿐 아니라 고조선의 해양성
을 보여주는 대표적인 것이 '朝鮮'이라는 명칭인데 이에 대한 해석 역시『산
해경』과『사기집해』등에서 고조선이 중국의 동북쪽 바닷가에 위치함을 기
록하고 있다.[49] 더욱이 구석기시대, 신석기시대를 거쳐 청동기시대에 이르
는 동안 만주지역과 한반도 지역의 공통적 특징들은 한반도의 해양성과 함
께 그 성향이 만주지역까지 확대되었음을 추론해 볼 수 있다. 물론, 대전자
유적이 속한 문화대의 사람들이 가진 해양력과 한반도에서 발견되는 해양
력을 영위한 세력이 동일한 집단인지에 대해서는 추가 연구가 필요하겠지
만 해양력을 가진 집단, 혹은 다수의 집단들이 서로 교류하였다는 가능성
은 배제할 수 없다.

제주도에서도 개오지조개가 출토된 유적은 세 곳인데 그 중에 하모리 패
총과 가파도 패총은 신석기 시대의 것이고 종달리 유적은 초기 철기시대의
것임에도 불구하고 개오지 조개가 발견되었다. 더 나아가 오키나와 박물관
에 전시된 개오지조개 전시품이나 일본 패류도감에서 소개되고 있는 개오
지조개가 오키나와에서부터 규슈를 거쳐 한반도 남부에 이르는 조개길을
고대로부터 형성하고 있다는 점은 아주 오랜 옛날부터 바닷길을 통한 교류
가 이루어져 왔으며 오키나와에서 제주로, 한반도 남부를 거쳐 만주지역까
지 릴레이 형식으로 이동했을 가능성을 보여주고 있다.

3.『단군세기』에 언급된 고조선의 화폐경제상

고조선에 대한 여러 정보를 얻을 수 있는『단군세기』에는 당시 화폐경제

---

49)『山海經』,「海內經」, 東海之內 北海之隅 , 有國名曰朝鮮;『史記』권115 朝鮮列傳55, 集解張
晏曰 朝鮮有濕水 洌水 汕水 三水合為洌水 疑樂浪 朝鮮取名於此也

가 형성되었을 뿐 아니라 화폐를 만들었다는 기록이 있다. 오사구 단군 5년, 무자년(BCE 2133)에 둥근 구멍이 뚫린 패전이라는 뜻의 "원공패전(圓孔貝錢)"을 주조(鑄)하였다는 기록이 있다. 단순히 화폐사용을 했다는 사실을 넘어서 둥근 구멍이 있는 돈을 쇠로 만들었다는 것이다. 공교롭게도 이 기록과 정확하게 일치하는 유물이 대전자유적에서 발견된 납돈(鉛貝)이다. 발굴보고서에 따르면 출토된 납돈은 납으로 만든 주조물임이 확실하고 납의 함유량이 85~90%로 기타성분은 금속석이라고 하는데 이는 원래의 납광석에 공생된 석광원소가 함유되어 있기 때문으로 보았다.[50] 중국측 사료와 비교해 보더라도 『염철론』착폐(錯幣)편의 기록인 "夏后以玄貝, 周人以紫石, 后世惑金錢刀布"보다 발견 지역이나 시대에 있어서 더 정합성이 있다고 할 수 있다.

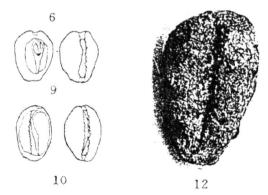

대전자유적에서 발견된 자연패(M1153출토)와 납돈(M512출토)

게다가 "원공패전"의 바로 다음 구절에서는 그 해 가을 8월에 하(夏)나라 사람들이 와서 특산물을 바치고 신서를 구해갔다(夏人來獻方物求神書而

---

50) 趙匡华, 「金屬貝币与金屬包套檢測報告」『大甸子』, (1998). p. 334.

去)고 적고 있다.[51] 어감의 문제라고 하더라도 하나라 사람이 고조선 지역에 와서 물품교역이 있었다는 교역의 증거를 분명히 하고 있음이다. 공교롭게도 하나라와 관련있는 유적으로 공표하고 있는 언사 이리두 유적에서 발견된 개오지조개 모양 화폐의 설명에는 해당 유물이 하나라 강역에서는 생산되지 않는 옥을 방국에서 수입하여 이를 결제수단으로 사용하였다고 적고 있다. 더불어 그 해패는 하나라에서 채집되지 않는 종이라는 설명도 덧붙였다. 출토된 자연패의 모양을 보면 옥으로 만든 모조패가 완전한 모양을 갖추고 있는 것과 달리 마모가 심한 것으로 보인다. 이러한 품질의 조개가 과연 기본상품으로서의 가치가 있었을까 하는 생각마저 들게 하는데 대전자유적이 위치한 요서지역 혹은 산동반도에서 출토된 자연패와 비교해 보아도 이리두유적에서 발견된 자연패의 가치는 현저히 떨어져 보인다. 그럼에도 하대의 상업무역에 대한 설명에서는 이리두 유적이 하왕조 시기의 것이며 대외 교류가 활발히 이루어져 전국적으로 정치, 경제, 문화, 상업, 무역중심이고 이리두 유적안에서 대량의 자연패(다음 사진 왼쪽의 것)가 출토된 것에 의미를 부여하는 것으로 안내판을 제작하였다.[52]

---

51) 안경전 역주, 『환단고기』 (대전: 상생출판사, 2019), p. 224.
52) 2012년 언사이리두 유적 박물관 촬영, 在二里头遺址內出土的大量海貝, 是我國直正意义上的貨布的等物

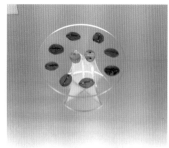

이리두 유적에서 출토된 자연패(왼쪽)와 모조패(오른쪽)

『단군세기』에 기록된 고조선의 경제활동에 관한 내용은 더 찾아 볼 수 있는데 8세 단군 우서한 재위 8년(BCE 1993)에는 '20분의 1' 세법을 정하여 물자가 있는 곳과 없는 곳을 서로 통하게 하여 부족한 것을 보충하게 하였다는 기록이 있다. 국가 형성되는 기본 요건 중의 하나인 세율이 존재한다는 것 역시 명백히 고조선이 이 시기부터 세금징수를 하였음을 알 수 있으며 물자의 유통 역시 기준화폐의 존재가 있었음을 알게하는 구절이다. 앞선 오사구 단군때 화폐를 만들어 지속해왔다면 응당 후대에 이로써 세금을 징수하고 물품교역이 활발해 진다는 것은 매우 상식적인 경제현상이다.

15세 단군 대음 재위시에는 주변국과의 활발한 교류의 기록이 있다. 재위 원년(BCE1661)에 은나라 왕 소갑이 사신을 보내 화친을 청하고 이 해에 세제를 개혁하여 80분의 1 세법으로 고쳤으며 다음해에는 양운, 수밀이 두 나라 사람이 와서 방물을 바쳤다고 했다.[53] 이 시기는 발굴보고서 상 대전자유적의 편년 연대와 비슷한 시기이다. 대전자유적에서 출토된 유물분석

---

53) 안경전 역 (2019), pp. 238~239.

결과 주변문화와 교류가 있었다는 연구결과가 있는데 이와 비슷한 시기에 『단군세기』에서는 주변국과 교류하고 있음을 적고 있다는 것 역시 유의미하다 하겠다.

이렇듯 『단군세기』에는 고조선 시대의 사회 문화에 대해 백과사전을 펼쳐보듯 고조선에 대한 다양한 정보를 찾아 볼 수 있는 소중한 자산이다. 고조선과 주변국과의 외교관계에 있어서도 1500년동안 하왕조의 출현과 성립에 깊이 개입한 기록이 있다. 예컨대, 우임금에게 치수법을 가르쳐 주고 치수에성공한 우는 하왕조를 열었다는 것처럼 말이다. 13세 흘달 단군은 하왕조의 멸망과 은나라의 개국에 결정적 영향을 미쳤고 25세 솔나 단군조에는 주나라 개국과 관련한 기자의 이야기가 수록되었듯이 말이다.[54] 『단군세기』가 개인의 창작물이라면서 수록된 내용에 대해 거들떠 보지도 않은 다수의 연구자들의 견해와는 반대로 새롭게 발견되는 요서지역 유적의 고고학적 자료를 증명이라도 하듯이 『단군세기』에 수록된 정보들은 사료적 가치를 충분히 드러내고 있다.

IV. 결론

중국 고고학계는 대전자유적에서 출토된 납돈(鉛貝)에 대해서 "중국의 야금 역사에 큰 의미를 지닌 것으로 이는 중국이 지금으로부터 약 3600년~4000년 전에 이미 성공적으로 금속 납을 정제할 수 있었다는 것을 증명"해 주는 것으로 발표하였다. 또한 여기서 출토된 납돈을 가지고 "하나라 시기부터 이미 납을 제련하기 시작했다는 사실을 입증"하는 증거라고 하였

---

54) 남창희 외 (2014).

다. 게다가 "서한 시기『염철론』에서 언급하고 있는 夏后以玄貝의 기록이 믿을 수 있는 말임을 증명하는 것"이라고 했다. 그러나 하나라 유적이라고 말해지는 하남성 언사 이리두유적박물관에 전시된 조개화폐의 설명에는 하나라때 사용된 조개화폐가 하나라 강역에서는 생산되지 않는 옥을 방국으로부터 수입하여 사용한 것으로 적고 있고 해패가 출토되는 지역과 거리가 너무 멀다는 설명을 하고 있다. 이에 반해서『단군세기』에는 오사구 단군 시기에 "鑄圓孔貝錢(둥근 구멍을 뚫어서 만든 조개모양 돈을 주조)"하고 "夏人來獻方物求神書而去(하나라 사람이 와서 물건을 바치고 신서를 구해갔다)"라는 구절이 기록되어 있다. 이는 고조선 지역에서 출토된 납돈과 하나라 지역에서 출토된 패화에 대한 설명, 문헌 기록이 정확히 일치하고 있음을 극명하게 보여주고 있다. 게다가 고조선은 개국 당시부터 청동기시대에 도입된 상태에서 환웅이 풍백, 우사, 운사를 거느리고 살기 좋은 땅에 내려와 나라를 열었다고 기록된 사서의 내용을 함께 생각해 본다면 건국 초기에 경제 및 교역 활동이 원활하게 이루어 질 수 있는 기반을 갖추고 있음을 유추해 볼 수 있다. 이러한 점은 이후 고조선이 북부여와 고구려, 옥저 등 열국으로 분화되는 과정에서 패권안정이론과 세력전이 이론을 적용해 볼 때 고조선의 세력이 약화되고 중원왕조로의 세력전이가 일어난 상황으로 설명 가능하다. 다수의 연구자들이 고조선에 대한 시작을 기원전 2세기에 국가형태를 갖추어 제나라, 연나라와 충돌하였으며 진개의 침략으로 서방 2천리를 잃었다고 설명하고 있다. 그러나 고조선이 잃었다는 2천리의 면적이 상당히 크다는 것은 곧 그 이전까지는 상당히 넓은 면적을 영토로 영위하고 있었음을 간과하고 있으며 상실된 영토 역시 바로 이전 영역을 수복했다는 사실을 언급하지 않고 있어 열국시대로 진입하기 전의 마을공동체인 듯한 이미지를 갖게 하였다.

　　그러나 고조선문화로 추정되는 하가점하층문화의 대표 유적인 대전자유적의 출토물은 주변문화와의 다양한 교류관계를 입증할뿐 아니라『단군세기』에 수록된 정보들이 결코 개인 저작이 아닌 정치, 외교, 경제, 문화 부분에서 주목할 만한 기사 내용이 많으며 과학적 검증이 가능한 기록을 많이 포함하고 있음을 알게 한다. 특히 동아시아 최초의 금속화폐인 납돈뿐 아니라 대량의 자연패인 개오지조개는 이것의 유통 및 조달에 활발한 경제활동의 주체인 고조선이 있었으며 서기전 1600년대의 시기에 아열대지역에서 서식하는 개오지조개가 서식지에서 멀리 떨어진 만주지역에서 대량 출토되어 만주지역의 세력, 즉 고조선의 세력이 기존이 인식하고 있던 세력범위보다 더 광범위한 교역을 이루고 있었을 가능성을 충분히 시사한다. 때문에 대전자유적에서 출토된 유물에 대한 문헌 해석을 가장 잘 할 수 있는 것이 바로『단군세기』이며 그 속에 담긴 수 많은 고조선 관련 정보는 향후 다양한 방면에서 연구되어야 할 과제라 생각된다.

참·고·문·헌

【원전】

- 『三國史記』『朝鮮王朝實錄』『史記』

【단행본】

- 곽대순·장성덕, 『동북문화와 유연문명 상』, (서울: 동북아역사재단, 2008)
- 리지린, 『고조선연구』, (학우서방, 1964)
- 박진욱, 『조선고고학전서-고대편』, (과학백과사전출판사, 1988)
- 박진호, 『하가점하층문화취락, 경제, 사회형태연구』, 중국사회과학원대학 박사학위논문, (2020)
- 복기대, 『요서지역의 청동기시대 문화연구』(서울: 백산자료원, 2002)
- 송옥진, 『대전자유적 개오지조개와 고대 교역네트워크 범위에 대한 연구』, 인하대학교 박사학위논문, (2020)
- 안경전 역주, 『환단고기』(대전: 상생출판사, 2019)
- 윤내현, 『고조선연구』, (서울: 일지사, 1994)
- 윤내현, 『우리 고대사 상상에서 현실로』, (서울:지식산업사, 2003)
- 전형배 엮음, 『환단고기』「태백일사」소도경전본훈 번한세가 상, (서울: 코리언북스, 1998)

【학술지 및 논문】

- 고광진·김민정, 「고려 중후기와 조선 전기 사서에 나타난 단군에 관한 기록」, 『국학운동 방향성제시를 위한 연구』, (2013)
- 김경칠, 「남한지역 출토 한 대 금속화폐와 그 성격」, 『호남고고학보』, (2007)
- 김석훈, 「무덤으로 사용된 신석기시대 패총」, 『충북사학』, (2000)
- 남창희 외, 「조개화폐 발굴과 단군세기 기록의 사료적 가치 재평가」, 『세계환단학회지』창간호 (2014)

- 민영현, 「한단고기(桓檀古記)의 철학적 가치와 그 이해」, 『선도문화』9권, (2010)
- 박진호, 「중국 내 하가점하층문화 연구 동향과 문제점」, 『한국학연구』59권, (2020)
- 복기대, 「하가점하층문화의 기원과 사회성격에 관한 시론」, 『한국상고사학보』, 제19호, (1995)
- 복기대, 「남만주지역 청동기시대 문화와 민족문화에 관하여」, 『만주연구』,(2005)
- 복기대, 「한국 상고사와 동북아시아 청동기시대 문화」, 『단군학연구』14호, (2006)
- 복기대, 「고대 동북아시아에서 기록문화의 기원고찰에 관한 시론」, 『만주지역 고문자연구』, 인하대학교 고조선연구소, (2014)
- 복기대, 「요서지역 석제무덤의 특징연구, 신석기청동기시대 동북아시아 묘제문화 연구를 위한 학술회의」『인하대학교 고조선연구소』(2015)
- 송옥진, 「대전자유적 납돈에 나타난 고대 해상교류의 인식범위」『선도문화』30권(2021).
- 윤내현, 「고조선의 경제적 기반」『백산학보』41, (1993)
- 이승종, 「번역의 고고학을 위하여-우리 상고사 연구를 위한 철학적 시론」『대동철학』(2009)
- 彤澤, 「大甸子遺址与墓地中的貝与仿貝」, 『钱币文集』, (2006)
- 戴志强, 安阳殷墟出土贝化初探, 『文物』, (1981)
- 孫永行, 『齊地貝市』, (齊魯書社, 2014)
- 趙匡华, 「金屬貝市与金屬包套檢測報告」, 『大甸子』, (1998)
- 中國社會科學院考古研究所, 『大甸子-夏家店下層文化遺址與墓地發掘報告』(科學出版社, 1998)

현대 국제관계 이론으로 고찰한 임나=가야설 비판

남창희
인하대학교

I. 한일 고대관계 정체성과 현대 한일관계의 연동

2020년 가을 국정감사의 국립박물관 가야 본성 전시를 계기로 문재인 대통령이 국정기획위원회에서 요청한 가야사 복원 사업이 일파만파 소용돌이에 휘말리고 있다. 발단은 영호남에 걸친 가야 문화권이 복원되면 지역갈등 해소에도 도움이 될 것이라고 보았던 문대통령의 소박한 희망이었다. 그런데 결과적으로 한일 고대 사학계 내부에 도사리고 있던 민감한 쟁점을 노출시킴으로써 판도라의 상자를 열었다는 중론이다. 가야본성 전시회에 비판적인 학계에 의하면 19세기에 일본 참모본무가 기획하고 조선총독부 관변사학자를 앞세워 심어 놓은 임나일본부설의 소위 "식민 잔재"가 백일 하에 드러났다고 한다. 2021년에는 남원시에서 추진하는 남원 고분군 유네스코 세계문화유산 등재 과정에서의 기문국 관련 내용이 시민들의 강력한 저항에 직면했다. 기문국은 삼국사기에는 등장하지 않는 일본서기의 지명이다. 시민단체에서는 남원이 기문국이라고 국제기구에 등재되는 것은 독도를 국제수로기구에 우리 정부가 다케시마로 등재하는 셈이라고 맹비난하고 있다. 일본서기 계체천황(일왕) 조에는 백제가 영토 할양을 요구하자 야마토 왜의 땅인 기문을 주었다는 내용이 있다. 기문국이라는 지명에는 야마토 왜의 한반도 남부 점령의 스토리텔링이 연계되어 있다. 따라서 남원이 기문국이라고 인정하는 것은 우리 정부가 일본 우익의 임나일본부설의 핵심 부품을 수입하는 격이라고 비판받고 있다. 이 문제는 합천의 다라국과 장수의 반파국 논란으로까지 확산되고 있다. 이 모든 갈등의 기원은 과연 임나가 가야인가 아니면 대마도 혹은 규슈 등 일본 열도에 있는 것인가 하는 대전제에 있다.

국내에서 이 문제를 가장 최전선에서 날카롭게 해부한 사람은 소위 비주류 역사학자이자 조선일보 역사 칼럼니스트 이덕일 교수다. 경합학설에서 그와 대척점에 있는 학자는 김현구 교수 등 와세다대 출신 『일본서기』 전공자들이다. 이덕일 교수에 의하면 임나에 관련된 경합학설의 하나는 남북 공통학설 임나재일본설이고 반대 측에는 조선총독부 관변학설에 기원한 임나=가야설이라고 한다.[1]

본고는 우선 국내 고대 한일관계사 학계에서 벌어지고 있는 치열한 논쟁의 전모를 개관한다. 이어서 융합적 시각에서 국제정치학자로서 양측의 주장에 대한 객관적 평가를 시도하고자 한다. 비교 검토 대상은 임나=가야설에 관련된 두 연구자 출판물의 상반되는 주장들이다. 한편 국내 일부 가야사 전공자들이 백제-왜 관계 연구에서 일본 측 사료만 편식함으로써 더 심각한 고대사 왜곡을 유발한다는 이덕일 교수의 주장을 제3자인 국제정치학자의 입장에서 평가하고자 한다. 나아가 국내 가야사 전공자 일각에서 불변의 진리로 전제하는 임나=가야설이 현대 한일관계 정체성에 미치는 기억의 국제정치를 고찰해 보기로 한다.

19세기말 요시다 쇼인이 깃발을 든 정한론의 기원은 『일본서기』 임나일본부설이었다. 일제 강점기 조선사편수회가 자행한 한국사 왜곡의 출발점이기도 했다. 최근 일본 정계에 일본회의와 같은 우익 종교단체가 개입하면서 한일 갈등에 풀무질을 하고 있다. 1300년 전의 적대적 역사 서술이 현대 일본 정치권 일각에서의 對한반도 우월주의 역사관 온존과 한일 마찰에 미치는 함의에 대해서도 고찰해 보고자 한다.

---

1) 이덕일, 『동아시아 고대사의 쟁점』 (서울: 만권당, 2019).

II. 임나일본부 텍스트 분석을 통한
임나=가야설의 해부[2]

임나일본부설의 출발은 신공황후 아래와 같은 이야기부터 시작되는데 『일본서기』 권9 신공황후 9년 기사에 신라정벌 설화가 나온다. 이 텍스트에는 눈에 뜨이는 대목이 있다. "동쪽에 신국(神國)이 있는데 일본(日本)이라고 하며 성스러운 왕이 있어 천황(天皇)이라고 한다."라는 부분이다. 17세기부터 성행한 일본의 국학자들은 이 대목에 매료되었다. 일본은 아마테라스 오오미카미의 천손이 다스리는 신의 나라이고, 천황은 성스럽고 절대적인 권위의 근원이라는 사상을 명치유신 세력은 정립했다. 이러한 국가관은 바로 천황제국가와 황도사관으로 직결되었다. 일본은 "특별한 신의 나라"라는 인식은 바로 주변국은 그 권위를 존중하고 복속되어야 한다는 우월주의 세계관으로 이어졌다. 종국에는 대동아공영권으로까지 이어진 무모한 팽창주의의 씨앗이 이 대목에서 발견되는 것이다.

같은 신공황후 기사에는 일본과 주변국의 관계를 그러한 관점에서 규정한 내용이 나온다. "고려와 백제 두 나라 국왕이 신라가 도적(圖籍)을 거두어 일본국에 항복하였다는 것을 듣고 몰래 그 군세를 살피고는 이길 수 없음을 알고 스스로 군영 밖에 와서 머리를 조아리고 지금 이후로는 길이 서쪽 번국(蕃國)이 되어 조공을 그치지 않겠다고 서약했다"는 이야기이다. 일본은 천조국이고 신라와 백제는 물론이고 고구려까지 신하국이 되었다는 스토리텔링이다. 이 신공황후 신라 정벌 이야기를 탐독하고 실제로 믿는 사무라이라면 한국에 대해 자연스럽게 우월의식을 갖는 것이 당연하다. 19

---

2) 2절은 졸저, 『한일관계2천년-화해의 실마리』의 관련 내용을 요약한 것에 새롭게 연구된 중요한 논점을 추가하여 발전시킨 것임을 밝혀 둔다.

세기 말 일본이 정한론의 기치를 들고 조선을 무력으로 병합하는 과정에서도 그 정당화의 구실로 충실히 이용되었다.

신공황후의 신라 친정(親征)이 임나일본부설의 도입부라면 본격적인 근거로는 신공 49년 (369년?)의 가라7국 정벌 기사를 거론한다. 신공황후 49년, 장군들을 보내 탁순국에 이르러 신라를 치려고 했는데 군대가 모자라 장수 목라근자 등이 합세해서 신라를 격파하고 가라7국을 정벌했다고 하는 기사가 있다. 이어서 비리 등 4읍도 스스로 항복했다고 한다. 정벌 후 백제의 근초고왕이 기뻐하며 왜왕에게 앞으로 천년만년 끊이지 않고 항상 서번(西蕃)이라 칭하고 봄가을로 조공하겠다고 서약했다는 기사도 나온다. 일본 우익의 한국에 대한 우월주의, 경멸 의식의 기원이 여기에 있다.

하지만, 전후 일본에서도 대부분 역사학자들은 200년 동안이나 한반도 남부에 왜의 식민통치기구가 있었다는 임나일본부설은 실증적 근거가 없다고 보았다. 다른 사람들은 식민통치기관이 아니라 교역기관이라고 하거나 외교사절이라고 축소·해석하기도 했다.[3] 반면 쓰에마츠 야스카즈는 오히려 자신의 저서 『임나흥망사』에서 임나의 범위를 전라도까지 확대하며 임나가 가야였다는 주장을 굽히지 않았다.[4]

그렇다면 국내 주류 사학계의 입장은 어떠했을까? 이 분야의 대표적 연구자인 김현구 교수가 이 임나일본부설의 근거가 된 신공 49년 기록들이 일부 정황상 이치에 맞지 않는다고 비판한 것은 사실이다. 예를 들어 왜군의 진격로가 바다를 건너 온 원정군이기에는 불합리하다는 점을 지적했다. 내륙에서 바닷가로 진군한 기록을 볼 때 이것은 『일본서기』 편찬자의 위작

---

3) 황순종 『임나일본부는 없었다』 (서울: 만권당, 2016), p. 71.
4) 末松保和, 『任那興亡史』 (東京: 吉川弘文館, 1949).

이라고 추정하였다.[5] 대신 가라7국이라고 나온 지명에 남가라와 가라 등을 모두 경상남북도의 가야 소국들이라고 비정하였다. 김현구 교수는 남가라 는 김해로, 안라는 함안, 다라는 합천의 가야소국, 탁순은 창원의 가야 소 국으로 설명했다.[6]

이덕일 교수의 비판의 칼은 바로 이 지점을 향하고 있다.[7] 임나일본부설 을 비판하는 국내 학자들은 임나의 범위와 역할을 확대하건 축소하건 근본 적인 문제는 다른데 있다고 말한다. 이덕일 교수와 황순종은 가야가 임나 라는 등식 자체가 일본 군부의 공작의 본질이자 실체라고 주장한다.[8] 명치 정부의 일본군 참모본부에서 『임나사』를 출판했고 같은 시기 1897년 나카 미치요가 임나=가야라는 주장을 퍼트렸다.[9] 이덕일 교수에 의하면 임나와 가야는 전혀 별개라는 것이다. 임나는 가야가 아니고 위치도 한반도가 아 닌 대마도나 일본 큐슈에 존재하는 별개의 왕국이었다는 것이다. 임나=가 야설을 퍼트린 진원지가 대륙침략을 주도한 일본군 참모본부였다는 점을 주목해야 한다. 한가람 연구소 측은 이 주장이 학설의 외피를 쓴 정보전 공 작이자 심리전이었음을 주장하고 있다.[10]

본고에서 임나일본부의 고고학적 고찰은 생략하고자 한다. 한일 양국 고 고학계가 군사통치기관 임나일본부가 한반도 남부에 있었다는 증거를 찾 기 어렵다고 이미 오래 전에 폐기했기 때문이다. 그 대신 임나가 가야와 동 일체라는 전제를 따져보기로 한다. 왜냐하면 가야가 임나라는 전제를 수용

---

5) 김현구 외 (2002), 『일본서기 한국 관계 기사 연구 (I)』 (서울: 일지사, 2002), p. 103.
6) 김현구 외 (2002), pp. 99-100.
7) 이덕일 (2019), pp. 226-261; 조희승 저, 이덕일 주해, 『북한학자 조희승의 임나일본부 해 부』(서울: 만권당, 2019), pp. 286-329 참조.
8) 한국 안보에 시사점이 많은 매우 중대한 이덕일 교수팀의 견해이다.
9) 황순종 (2016), p. 16.
10) 조희승 저, 이덕일 역주 (2019).

하는 순간, 임나일본부설의 변형체들이 소생할 수 있는 여지를 조성해 주기 때문이다.

임나가 가야인가에 대한 가장 1차적인 사료는 임나일본부설을 주장한 『일본서기』 안에 있다. 일본서기 숭신천황 65년 조에 "임나는 축자국으로부터 2천여 리 떨어져 있고 북쪽은 바다에 가로 막혀있고 계림의 서남쪽에 위치하고 있다"는 기사가 있다. 축자국은 지금의 후쿠오카이다. 후쿠오카에서 고대 뱃길 거리 개념으로 2천리에 해당하는 곳을 찾는데 도움이 되는 자료가 있다. 『삼국지』「위지」동이전 왜인전에는 한반도 남부 구야한국에서 뱃길로 천리를 가면 대마도이고 다시 바닷길로 천리를 가면 일대국(잇키섬)이 있고 거기서 또 천리를 가면 말로국(큐슈 북안)에 다다른다고 했다. 축자국으로부터 바닷길로 2천리에 위치한 땅이라면 대마도가 가장 유력한 후보이다. 특히 북쪽은 바다에 가로 막혀 있다는 기사를 보면 확실히 한반도 남부의 지역은 아니다. 혹자는 거제도 같은 남해 섬일 수 있다고 말하지만 거제도는 중국 기록에 의하면 4천리나 떨어져 있다. 이 정도면 임나가 대마도의 북쪽 지역에 있던 것으로 해석할 수 있다. 반면 계림(경주)의 서남쪽이라는 기사는 거제도와 부합된다. 하지만 당시 대한해협 해류를 감안하면 대마도 항로가 경주에서 서남쪽으로 이동하고 또 거제도에서 남쪽을 향하여 노를 저어야 하므로 위치상 서남쪽이라고 인식했을 가능성은 있다.

여하튼 『일본서기』와 『삼국지』「위지」의 정보를 종합해서 판단하면 대마도가 임나라는 가설이 현재로선 가장 일차사료에 부합된다. 물론 두 중일 사료의 기록을 사실이라고 인정하는 전제 하의 추론이다. 일본서기 자체가 고대로 갈수록 허무맹랑한 위작이 많으므로 신공황후를 허구의 인물로 보는 사람도 많다. 하지만, 숭신천황 기록의 임나 비정 기록을 신뢰할 수 없다고 하면 임나일본부설은 자기모순에 빠진다. 그 임나일본부설의 근거가 된 일본서기 자체를 부정하면 하나의 학설로 설 자리 자체가 없어지기 때문이다. 이미 이 분야의 권위자인 고려대 최재석 교수가 그렇게 주장했고 다른 연구자들도 대마도가 임나라고 주장했다.[11] 이 책에서는 지금부터 임나는 대마도라는 가능성을 열어 두고 이야기를 풀어 보기로 한다.

임나가 대마도라는 주장이 처음 나온 것은 아니다. 부산대학의 이병선 교수[12]와 문정창 선생 등 여러 사람이 이미 제기한 학설이다. 이병선 교수는 부산대 국어교육과 교수로 은퇴한 학자로 한국지명학회 고문이기도 하다. 그가 출판한 책『한국 고대 국명 지명의 어원 연구』[13]는 자신의 전공분야인 음운학을 고대사에 융합적으로 적용한 연구라고 한다. 대마도에 임나와 관련된 지명을 대마도에서 80여개 발견했다고 주장했다. 필자 역시 2006년부터 대마도에 5번 현장 답사를 한 결과 최재석, 이병선 교수 등의 주장이 타당하다는 심증이다. 정인보의 고구려 수군 도해설을 수용하면 호태왕비의 임나는 대마도로 해석된다. 2020년 2월 시민역사단체 주최 학술회의 석상에서 나온 고려대 이용욱 교수의 제언대로 5세기의『일본서기』 기록을 분석하면 약 100년간 고구려 영향권에 있었다고 보이는 대마(임나)의 야마토 왜 조공 기록이 없는 점도 흥미롭다. 임나는 대마도임을 방증하는 실증적 근거다. 참고로 경성제대 사학과 출신으로 항일운동을 했던 북한 김석형 교수와 북한 사회과학원의 조희승은 임나는 일본 열도에 있다고 주장한 바 있다.[14]

또한『일본서기』에 등장하는 임나 주변의 백제, 신라의 기록을 유심히 읽어보면 이상한 점이 눈에 띈다. 고구려와 백제와 같은 국가 대 국가가 아니

11) 최재석,『고대 한일 관계사 연구』(서울: 경인문화사, 2010).
12) 이병선,『임나국과 대마도』(서울: 아세아문화사, 1990).
13) 이병선,『한국 고대 국명 지명의 어원 연구』(서울: 이회문화사, 2002).
14) 조희승 저, 이덕일 주해 (2019).

라 작은 성읍국가들끼리 옥신각신하는 듯한 모습이 나온다. 신공황후의 신라 정벌 기사에 보면 신라왕의 문에 창을 두었더니 그 자리에 오랫동안 서 있었다는 구절이 나온다. 작은 부족국가의 집 앞에 창을 꽂아 둔 것 같은 묘사이다. 황순종 등이 보기에 이상한 점은 계속 나온다.[15] 같은 책에서 스이닌천황 2년에는 고작 비단 100필 때문에 신라와 임나의 원한 맺힌 싸움이 시작되었다고 한다. 실제로 『일본서기』에 백제, 고구려, 신라의 전쟁에 동원되는 병사들이 동네 싸움하는 것처럼 몇 백 명 단위의 부대가 등장한다. 『일본서기』 유라쿠(웅략) 천황 8년 기록에 고구려가 신라에 정예병사 100명을 보내 지켜주려 했다는 말이 나오기도 한다. 고구려도 인색한 나라이고 신라도 보잘 것 없는 나라처럼 보인다. 김현구 교수도 유라쿠(웅략) 천황 23년에 축자(후쿠오카)에서 500명을 동원하여 고구려를 공격했다는 기록에 의문을 제기했다.[16] 마치 작은 섬에 갇힌 성읍국가들끼리의 전투를 보는 듯하다. 더욱 비합리적인 기록은 케이타이 (계체) 천황 6년(512년)에 나온다. 임나와 백제는 서로 가까워서 아침저녁으로 다녀 올 수 있고 개와 닭이 어느 나라 것인지 모를 정도라고 했다. 과기처 국장 출신 황순종은 일본서기에서 말하는 임나는 고작해야 부락 성읍에 불과한 것이 아닌가 의문을 제기했다.[17] 이웃마을끼리라면 몰라도 충청도·전라도의 백제와 경상도 가야 사이에는 있을 수 없는 이야기이다.

이럼에도 불구하고 임나일본부설에 대하여 매우 의욕적으로 비판을 시도한 김현구 교수는 여전히 임나는 가야라는 전제를 벗어나지 않는다. 호태왕비의 임나가라를 거론하며 "임나가라는 가야제국 가운데 특정 일국을 가리

---

15) 황순종 (2016), pp. 3-103.
16) 김현구 외 (2002), p. 277.
17) 황순종 (2016), p. 90.

키고 있다고 이해해도 별 문제가 없을 듯하며 … 늦어도 4세기 단계에는 이미 한반도 내에 임나라는 지명이 존재하고 있음을 알 수 있다"고 했다.[18] 호태왕비의 임나가라 기록 다음에 안라(安羅)와 신라성(新羅城)이라는 표현이 같이 나오므로 임나가라라는 한반도 남부 어딘가에 있다고 본 것일까?

하지만 안라가 한반도 남부에 있었다는 명확한 사료적 근거는 없다. 안라 다음에 바로 나오는 신라성이 한반도 경상남도 어디라고 보는 것도 親신라 세력이 대마도나 큐슈에 있는 가능성을 원천 배제한 특정 전제의 결과에 불과하다. 큐슈를 포함한 일본 열도에 신라인 혹은 親신라계 세력의 집단 거주 흔적은 흘러넘친다. 6세기 초 야마토 조정의 압박으로 위축된 규슈 야메 고분군의 이와이 호족세력도 신라와의 긴밀한 관계의 흔적을 보여준다. 큐슈에도 신라성이 있었다는 가능성을 열면 안라의 위치 비정의 새로운 탐구도 가능해진다.

국제정치학자인 필자가 보기에도 중국과 일본의 역사 사료는 가야와 임나는 별개의 정치체임을 보여 주는 증거들을 남기고 있다. 우선 중국 남조『宋書』夷蠻傳(이만전)에 왜에 대한 기록에서 왜 왕 제가 허풍을 떨며 벼슬자리인 안동대장군을 받아 6개국을 대표했다는 기록이 있다. 여기에는 6개 나라 중 임나와 가라를 별개의 나라라고 계산하고 있다.[19] 같은 기록에 왜 임금 무는 여기에 백제를 더해 7개 나라를 대표하는 안동대장군 벼슬을 받았다고 되어 있다.[20] 백제를 포함해서는 7개국을 대표하는 안동대장군이고 백제를 뺄 때는 6개국 안동대장군이라고 자칭하고 있다. 어느 경우이던지 임나와 가라는 다른 나라여야만이 나라 숫자 6개나 7개가 된다. 당시 중국

---

18) 김현구 외 (2002), p. 21.
19)『宋書』권 97 「열전」57 夷蠻: 二十八年(451)… 都督倭新羅任那加羅秦韓慕韓六國諸軍事
20) …自稱使持節都督倭百濟新羅任那加羅秦韓慕韓七國諸軍事安東大將軍倭王…

기록은 일관되게 임나와 가라(가야)는 별개의 나라라고 인식했음을 확인해 준다.[21] 김현구 교수도 중국 〈송서〉에 임나와 가라가 다른 나라라고 취급되고 있음을 정확히 지적은 하면서도, 임나가 한반도의 여러 가야 중 하나임에 의심의 여지가 없다고 단정한다.[22] 앞뒤가 안 맞는 모순된 주장이다.

『일본서기』 자체에서도 동일한 임나 기록에 가라(가야)가 여러 번 등장한다. 28대 센카(宣化) 천황 2년 기록에 임나와 가라를 다른 나라로 분류하고 있다. 이덕일 교수팀도 이점을 지적한다. 둘이 같은 나라라면 불가능한 일이다. 국내 임나 연구자인 김현구, 이영식 교수 등이 이 의문점에 깊이 파고들지 않은 점이 이상하다. 임나가 제후 번국(蕃國) 혹은 일본의 식민지나 직할령과 같은 존재라면 임나왕이 왜국에 사신을 보낸다는 기록도 상식에 맞지 않는다.

황순종은 『삼국사기』와 『일본서기』의 가야와 임나 기록을 추출하여 비교해 보았다. 24건에 달하는 기록에서 562년 한번 빼고 모두 가야와 임나는 시기도 다르게 엇갈리게 나온다. 가야가 임나라면 불가능한 일이다.[23] 더욱 결정적인 증거는 임나왕과 가야왕의 이름이 두 기록에서 전혀 다르게 나온다. 같은 책에 『일본서기』에는 아리사등이라는 임나왕이 등장하는데 같은 시기 『삼국사기』에는 김구해라고 한다. 『일본서기』 주장대로 임나일본부가 가야를 석권하고 있었다면 대표자는 한명일 텐데 양쪽 사서에 전혀 다른 이름이 나오는 것은 말이 되지 않는다는 주장이다. 더욱이 『삼국사기』와 『삼국유사』에서 말하는 가야는 6가야 연맹이고 그것들은 금관가야, 대가야, 소가야, 아라가야, 고령가야, 성산가야이다. 임나가야가 한반도 가야

---

21) 김현구 (2002), p. 21.
22) 김현구 (2002), p. 22.
23) 황순종 (2016), pp. 220-224.

연맹체에 끼어들 자리가 없다.[24] 김현구 교수, 김태식 교수 등 국내 관련 연구자들은 신공황후 49년의 원정군이 점령한 비자발, 남가라, 탁국, 안라, 다라, 탁순, 가라를 모두 한반도 남부 여기저기에 비정했다. 하지만 백가쟁명식의 옹색한 근거로 주장할 뿐 설득력이 떨어진다. 남가라와 가라 등 가야와 연관된 지역이 등장하는 데 현혹되어 나머지 생경한 지명들을 무리하게 한반도 내 비슷한 지명과 연결하려 했다. 일본 규슈의 아리아케해 좌측에는 다라라는 지명이 여러 곳에서 그대로 남아있다. 같은 지명을 太良, 多良 등 여러 가지로 음차한 흔적은 원 지명이 한국 지명이었을 가능성을 시사한다. 규슈 대학 이토캠퍼스 인근 산 이름 자체가 가야산이다. 가야와 연관된 지명은 규슈 지역에 흘러넘친다. 규슈에서 찾아야 할 임나관련 지명을 왜 한반도에서 찾으려 고집하는지 의문스럽다. 더욱 놀라운 것은 스에마츠 야스카즈의 임나 비정을 비판없이 국내 가야=임나론자들이 대체로 수용한다는 점이다.[25]

가야=임나설의 모순점을 이번에 확실히 정리하기 위해 첨언한다면 다음과 같다. 황순종 전 국장을 포함 여러 연구자들이 지적한대로 임나와 가야는 다른 나라임을 반박할 수 없는 결정적인 1차 사료가 있다.[26] 여러 비주류 학계에 의하면 『삼국사기』에서는 가야가 562년에 멸망했다고 했는데 『일본서기』에는 임나가 그 이후에도 멀쩡하게 등장한다. 상식이 있는 사람이라면 이 정도 사료 비판을 듣고 억지 주장을 접었을 것이다. 가야가 멸망한 562년 이후에도 임나가 계속 『일본서기』에 등장하는 것을 두고 한일 고대교류사 전문가 김현구 교수는 넌센스라고 그냥 넘겼다.[27] 하지만 『일본서

---

24) 국내 정통민족사학자들과 이덕일 교수팀에서 공유하는 견해이다.
25) 황순종 (2006), pp. 84-88.
26) 이덕일 교수팀에서 이 문제를 집중적으로 해부한 바 있다.
27) 김현구 외, 『일본서기 한국관계기사 연구 (III)』 (서울; 일지사, 2004), p. 50.

기』의 기록을 유심히 읽어 보면 단순히 편찬자의 실수라고 보기에는 어렵게 임나의 외교활동이 계속 나온다. 600년(추정) 임나가 버젓이 살아서 신라와 싸우자 츠이코 천황이 급히 구원병을 보내라고 했다.[28] 왜군이 출병하자 임나와 신라가 나란히 전쟁을 그만두겠다고 화해했지만 왜군이 후퇴하자 다시 신라가 임나를 공격했다고 한다.

외교사 전공자인 필자가 보기에도 흥미로운 대목이 나온다. 츠이코(추고) 천황 18년(610년 추정) 임나와 신라 사신이 나란히 왜국에 외교사절을 보낸다. 이듬해에도 구체적인 사신 이름을 거명하며 임나가 외교활동을 한 기록이 나온다. 623년에는 신라 사신과 함께 백제식 관직명 달솔을 쓰는 임나의 나미지(奈末智)라는 사신과 왜국을 방문한다. 코토쿠천황 2년 646년까지 임나왕이 왜국에 사신을 보낸 기록이 나온다. 그해가 돼서야 임나가 왜에 세금 바치는 것을 중지했다고 한다. 7세기 중엽은 신라가 적대적인 세력 가야를 병합하고도 한참 지난 시점이다. 가야가 임나라면 일어날 수 없는 일이다. 멸망시킨 가야의 외교권을 인정하면서 야마토와 교섭을 한다는 것은 국제관계의 상식에 어긋난다. 힘들게 멸망시킨 가야가 100년 가까이 적대국 왜에 세금을 바치는 것을 방관하는 어리석은 신라왕이 존재할 수 있을까?

또 한가지 본고에서 필자가 임나=가야 주장의 결정적 모순을 새롭게 제기하고자 한다. 임나일본부설은 소위 369년과 562년 사이 야마토 왜가 한반도 남부에 식민통치기관을 두고 백제와 신라를 영향권 하에 두었다는 것이 원 골자이다. 후대에 교역기관설이니 외교사절설이니 다양한 파생학설이 등장했지만 모두 공통된 점은 야먀토 왜가 동 기간 중 수시로 한반도 남부에 세력을 투사했다고 보는 것이다. 군사력을 투사했던 아니면 외교력이나 경

---

28) 八年 春二月,新羅與任那相攻

제적 교역을 했던지 야마토 왜가 대한해협과 현해탄을 자유롭게 통항했다는 점에서는 동일하다. 하지만 지난 2-30년 동안 규슈 지역 고고학 발굴 성과는 전혀 다른 시사점을 주고 있다. 규슈 쿠마모토 지역을 중심으로 5세기 초부터 6세기 초까지 여타 지역에서는 발견되지 않는 독특한 양식의 고분이 존재했다. 벽면에 극채색의 기하학 문양과 다양한 그림이 포함된 일명 장식고분이다. 고구려의 벽화 고분과는 달리 인물화 등이 아니라 삼각형과 원의 기하학 문양이 벽면에 꽉 차게 그려져 있다. 특이한 것은 이 고분 벽화에 두꺼비, 배에서 내리는 말과 무사 그림 등이 포함되어 있어 대륙에서 이동해 온 세력과 모종의 관계가 있음을 암시하고 있다. 일부 고분에는 천정에 천문도와 같은 별자리가 그려져 있어 고구려계 문화의 흔적으로도 해석된다. 중요한 점은 이 장식고분 세력이 구마모토를 중심으로 412-15년부터 세력을 확장하다가 약 100여년 후 갑자기 사라진 점이다. 이 장식 고분세력이 사라진 시기가 대략 야마토 왕권에 의해 진압된 이와이 호족세력의 붕괴와 일치하고 있다. 야마토 세력과 장식고분 세력이 대립관계에 있었음을 보여준다. 특히 장식고분의 석상들을 잔혹하게 파괴한 흔적으로 볼 때 양자는 매우 갈등적인 관계였음을 미루어 볼 수 있다. 이러한 유적과 유물은 어떠한 시사점을 주는 것일까? 야마토 왕권과 대립관계에 있던 세력이 최소한 5세기 초부터 백 년간 규슈지역을 장악했다는 뜻이다. 그렇다면 야마토 왕권에게 대립적인 세력이 규슈를 장악하고 있던 시기에 한반도에 자유롭게 세력을 투사할 수 있었을까 하는 의문이 생기는 지점이다. 특히 후쿠오카의 남측 배후에 적대적인 세력이 있는데 원정군을 해외로 보낸다는 것은 상식에 부합되지 않는다. 6세기 초 계체 천황 기 기문, 대사, 반파 등과 관련된 복잡한 세력권 조정의 무대는 한반도 남부가 아니라 바로 규슈 인근 지역일 가능성이 제기되는 것이다. 한반도로 이어지는 뱃길의 전략적 요충인 대마

도 내부에서 친백제 세력, 친신라, 친고구려 세력이 치열하게 마찰을 빚었을
개연성도 유추된다. 아무튼 요약하면 5세기 내내 야마토 왕권은 한반도로
세력을 투사하거나 외교사절, 무역사절을 손쉽게 파견할 수 있는 국내 정치
적 여건이 미비했다. 임나=가야설 주창자들은 이러한 전략적 초크포인트를
둘러싼 국제관계의 측면을 진지하게 고려한 적이 없다.

국내의 임나일본부 비판론자들이 일정 부분 임나일본부가 가야에 있었
다는 주장에 대한 다양한 사료 비판을 한 것은 사실이다. 하지만 이덕일 교
수팀의 지적대로 임나=가야라는 전제를 의심하지 않고 그 틀 속에 무비판
적으로 안주한 것은 엄밀한 연구자의 태도와는 영 거리가 있다.[29] 임나가
대마의 일부 혹은 전체를 뜻할 수 있고 동시에 『일본서기』 편찬자가 한반
도의 가야를 임나인 것처럼 각색했을 가능성도 열어 두었어야 했다.

여기서 국제정치학자로서 한 가지 짚고 넘어가야 싶은 점이 있다. 국내
임나=가야설 추종자들은 4세기부터 6세기까지 중국, 한반도, 일본이 복잡
하게 뒤엉킨 국제관계를 연구하면서 국제관계 전문가들의 이론을 전혀 참
고하지 않았다. 종종 가야사 학자들은 다양한 국가들의 행동원리 중 편의
적으로 하나의 국제관계 모델을 적용하면서 왜 그런 이론 선택이 정당한지
설명도 하지 않는다. 예를 들어 김현구 교수는 다이카(大化) 개신 와중의
코토쿠(孝德) 천황과 나카노오에(中大兄) 황자간의 親신라와 親백제 대외
전략을 비교하면서 하바드대 스티븐 월트의 일종의 토사구팽 편승 위험론
을 제기하였다.[30] 그러면서도 균형동맹과 편승동맹의 전략 논리에 대한 국
제정치학자 월트와 스웰러[31]의 이론적 논쟁을 소화하지 않고 무의식적이고

---

29) 이덕일 (2019), pp. 226-261.

30) 김현구 (2004), pp. 155-156; Stephen Walt, *The Origins of Alliances* (NY: Cornell University Press, 1987).

31) Randall Schweller, "Bandwagoning for Profit: Bringing the Revisionist State Back

편의적으로 월트의 입장에서 설명했다. 동일한 무의식적 월트 학설 지지는 일본의 親백제 노선을 설명하면서 반복된다.[32] 연관된 맥락에서 야마토 정권이 두려워했던 나당연합군의 일본 열도 상륙이 왜 중지되었는지에 대한 설명에서도 국제정치학과의 융합 검토가 생략되어 있다. 미어샤이머[33] 입장대로 국력 극대화(power maximization)의 의한 절대안보를 추구하려면 나당연합군은 몽골제국처럼 현해탄을 건넜어야 했다. 그러지 않고 월츠 주장대로 안보극대화(security maximization)을 위해 일본 원정을 포기한 것처럼 보인다. 역사학자인 김현구 교수는 왜 월츠[34]의 설명대로 역사가 진행되었는지 국제정치학자와 협력해서 치밀한 이론 검토를 했어야 했다. 그래야 한일관계를 입체적인 국제관계의 맥락에서 설명할 수 있다. 나당연합세력 내부의 야마토 일각의 순응(accommodation), 신라의 배신, 당나라 국내 정치 요인, 당나라 배후 토번 등의 위협 등 다양한 변수를 검토하지 않고 단정적으로 기술하였다.

현실 세계에서 하위 국제체제(international subsystem)의 행위자들은 자국의 국내외의 다양한 정치 다이나믹스 속에서 타 행위자의 행동을 입체적으로 관찰하면서 생존 전략을 모색한다. 약육강식의 치열한 현실 국제관계에서 생존을 위해 고군분투하는 국가들의 행동은 변수 한 두개만 놓고 단선적으로 설명하기 어렵다. 『일본서기』 국제관계 부분에 대한 엄밀한 사료 비

In," *International Security*, Vol. 19, No. 1 (Summer 1994); Randall Schweller, *Deadly Imbalances – tripolarity and Hitler's strategy of world conquest,* New York: Columbia University Press, 1998.

32) 김현구 (2004), p. 169.

33) John Mearsheimer, *The tragedy of great power politics,* (New York: Norton & Company, 2001).

34) Kenneth Waltz, *Theory of International Politics,* (Reading MA: Addison-Wesley, 1979)

판에는 해당 분야의 전문가의 자문을 받아야 한다. 공동연구를 통한 융합적인 접근이 아니면 환원론(reductionism)의 오류를 범하기 쉽기 때문이다.

III. 국제정치학으로 본 백제-왜 관계의 실체[35]

국내 가야 학계의 가야=임나설을 비판하면서 이덕일 교수는 백제와 왜와의 관계에 대한 주객전도 현상을 예리하게 비판했다.[36] 임나일본부의 관리 주체는 백제라는 학설도 백제가 야마토 왜보다 약소국이라는 『일본서기』의 조작을 수용하는 한, 본질적으로 동북아 고대사의 왜곡은 여전하다는 것이다.[37] 이러한 의문에 대한 해답을 얻기 위해 사회과학의 방법론을 빌려 검토해 보기로 한다. 『일본서기』의 숭신천황부터 지통천황까지 텍스트 데이터에서 백제, 신라, 고구려, 임나, 가야의 국명이 언급된 빈도수를 조사해 보니 아래 〈도표 1〉과 같다.

사관의 취사선택, 사료의 제한 등 때문에 나라 이름이 언급된 것이 반드시 당대 그 나라와의 관계의 밀도를 비례하여 정확하게 묘사한 것으로 볼 수는 없다. 하지만 해당 시점에 어느 정도는 왜 조정 입장에서 해당 나라들과 관계에 대한 관심을 반영한다고 볼 수 있다. 눈에 띄는 점은 특정 천황기에 한반도와 북방 이웃국가의 이름이 몰려서 집중적으로 언급되는 점이다. 여러 가지로 해석이 가능하지만 이러한 양상은 백제, 신라, 고구려 세력의 상호 국제관계에 일본이 민감하게 반응하고 연루되었음을 유추하게 한다. 두 번째는 백제가 가장 많이 언급되고 있는 점이 주목된다. 야마토 왜

---

35) 2020년 12월에 출판된 졸저, 『한일관계 2천년-화해의 실마리』의 내용을 발췌·요약한 2절, 4~5절과 달리 3절의 내용은 새로운 내용을 보완하여 정리한 것임을 밝혀둔다

36) 이덕일 (2019), pp. 257-260.

37) 이덕일 (2019).

에게 가장 중요하고 관심이 많았던 외교 대상국은 백제라고 평가할 수 있다. 일본이 대륙과 교류하는 해상 항로로 보면 가야와 신라가 바로 국경을 마주한 나라임에도 한다리 건너에 있는 백제와 밀접한 관계를 가진 점은 주목할 대목이다.

〈도표 1〉『일본서기』의 외교 상대국 언급 빈도수 추이[38]

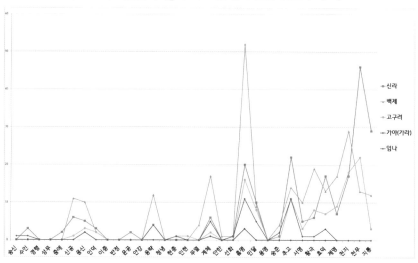

또한 백제, 신라가 야마토 왜의 대외 교섭에 가장 중요한 파트너였다고 보고 일본과의 일대일 관계 이벤트 중에서 적대적인 내용의 사건만 추려서 빈도수를 조사해 보았다. 아래 〈도표 2〉에 보이듯이 더욱 흥미로운 패턴이 발견되었다.

---

38) 2019-2020년에 니가타대에 교환학생으로 간 정유경이 필자의 분류 기준과 지도에 따라 검토하면서 『일본서기』 전체 본문 텍스트를 놓고 빈도수를 조사한 것임. 본문 텍스트는 전용신 역, 『일본서기』(서울: 일지사, 1989)을 기준으로 조사하였다. 2020년 출판한 필자의 졸저 『한일관계 2천년』에 있는 것을 인용한 것임을 밝혀둔다.

〈도표 2〉 야마토 왜의 신라, 백제와의 양국관계 중 적대적 사건의 빈도수 추이[39]

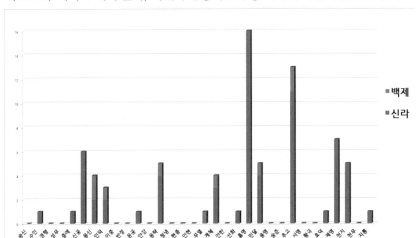

야마토 왜의 신라와의 적대적인 행위 이벤트의 빈도수는 백제에 비교하여 압도적으로 많았다. 더욱이 왜의 백제에 대한 적대적 행위는 꾸짖었다는 정도의 비난 수준을 넘지 않은 반면 신라에 대해서는 공격과 전쟁준비 등 훨씬 공격적인 강도가 강했다. 실제 야마토 왜가 백제에 대하여 군사적인 위협이나 공격과 같은 적대적 행동을 한 사례는 전무했다. 국제관계에서 야마토 왜, 신라, 백제간의 국제관계 이벤트에서 왜와 백제 간에는 적대적인 관계 기록이 사실상 없었다는 것은 매우 이례적이다. 텍스트 상에는 백제가 야마토 왜에 늘 굴종적이고 종속적인 국가로 묘사되고 있지만 실제로 신라와 비교해 데이터 전체를 보면 새로운 양태가 노출된다. 『일본서기』에

39) 『일본서기』에서 백제와 신라에 대한 적대적 사건은 무력을 사용해 공격한 경우, 위협, 비난, 힐난 등을 적대적인 사건으로 분류하여 빈도수를 계산하였고 같은 날 동일한 사건은 한 번으로 계산하였다. 본문에서 "신라를 친 해에"처럼 시기를 특정하기 위해 묘사된 적대적 표현은 빈도수에서 제외하였다. 신라인을 가두고 추궁했지만 사실이 아닌 것으로 밝혀진 것도 적대적인 것으로 간주하였고 등장 인물의 신라 등에 대한 적대적인 표현도 적대적인 사건으로 분류하였다. 필자의 졸저 『한일관계 2천년』에 있는 것을 인용한 것이고 데이터 정리는 니가타대학에 교환학생으로 갔던 정유경 조교가 필자의 지도에 따라 분류한 것이다.

의하면 백제가 야마토 조정과 비대칭적인 관계였다고 하지만 신라와 비교
하면 양국관계가 매우 우호적인 것이었음을 보여준다. 독립된 인접 두 나
라가 수백 년 간 상호 전쟁의 사례가 없었다는 것은 매우 특수한 관계였음
을 시사한다.

　일반적인 국제관계사를 더듬어 볼 때 이러한 특수한 예는 아마도 세 가
지 관계 유형에서 가능하다. 매우 정서적 유대가 강한 후견-피후견(patron-
client) 관계, 하나의 군주가 양국을 통치하는 연방국 같은 동군연합(同君聯
合), 그리고 압도적으로 우월한 군사력으로 유지되는 제국-식민지 관계이
다. 그렇다면 백제와 야마토 왜 어느 쪽이 후견국이고 피후견국인지, 혹은
어느 쪽이 제국이고 식민지였는지 규명하면 실마리가 풀릴 것이다. 이 퍼즐
을 풀면 자동적으로 임나일본부설의 실체도 드러날 것이다. 통상 백제와
왜와의 국제관계를 규명하는 열쇠는 이소노카미 신궁의 칠지도, 인물화상
경, 규슈 중부 에타후나야마 고분 등이 대표적이다. 하지만 본고에서는 융
합연구의 예로서 국제정치학의 이론과 개념을 차용하여 백제와 왜와의 국
력 우열 관계를 가늠해 보기로 한다.

　국제정치학의 동맹이론에는 안보-자율성 교환(security-autonomy trade-
off) 모델이라는 것이 있다. 간단히 말하면 안보위협에 대응하여 약소국이
강대국과 동맹을 맺게 되면 안보는 증진되지만 그 대신 외교 자율성이 제
약된다는 것이다.[40] 강대국의 외교적 간섭도 감수해야 하기 때문에 약소국
입장에서 안보와 자율성은 종종 역비례 관계가 된다는 것이다. 백제와 왜
가 오랜 기간 동맹관계를 유지했다는 점을 인정한다면 제임스 모로우의 동

---

40) James Morrow, "Alliances and Asymmetry: An Alternative to the Capability Ag-
gregation Model of Alliances," *American Journal of Political Science*, Vol. 35, No. 4
(November 1991).

맹이론을 적용하여 흥미로운 함의를 얻을 수 있다. 『삼국사기』, 『일본서기』 와 중국의 사서를 전체적으로 고찰해 보면 야마토 왜보다는 백제의 외교의 폭이 넓고 자유롭게 동맹의 형성 및 파기 행위가 관찰된다. 예를 들어 백제 는 고구려와도 여제동맹을 체결하고 상황에 따라 고구려에 대항하는 나제 동맹을 형성했다. 중국의 남조와 동맹관계를 맺고 북위와 같은 세력에 대 항해서 산동성과 강소성 일대에서 전쟁에 참여하기도 했다. 반면 야마토 왜가 고구려나 신라와 동맹관계를 형성한 예는 매우 드물다. 외교의 자율 성 측면에서 보면 백제가 자유롭게 외교를 한 강대국이고 야마토 왜는 외 교적 자율성에 축소된 약소국의 지위였음을 시사한다. 물론 당대 사료의 동맹형성 데이터셋을 추출하여 엄밀하게 검증한 것은 아니지만 통상 당시 국제관계 상식만을 동원해도 야마토 왜의 외교범위는 백제보다 제한된 것 으로 보여진다. 즉, 제임스 모로우의 안보-자율성 교환모델을 염두에 두면 동맹관계에 있던 백제와 왜의 비대칭 동맹관계에서 갑의 지위에 있던 상대 적 강대국은 백제라는 추론이 가능하다.

두 번째로 동맹관계의 두 나라 사이에서 기술 수준 요소가 작동하는 과정 을 짚어 보자. 로버트 길핀[41]과 데이빗 레이크의 패권안정이론의 상대적 기 술 수준(relative productivity)이라는 개념을 차용해 볼 수 있다. 세계 수준의 주기적 패권질서의 부침을 논하는 패권안정이론을 특정 하위국제체제(inter-national subsystem) 내 양국 관계에 적용하는 것은 무리가 있지만 백제가 주 도하는 미니 해양 패권질서 이해를 위해 원용해 볼 수 있다. 중국 여러 사서 에 중국 요서와 진평의 백제군 기록과 중국 남조의 백제의 영향권을 암시하

---

41) Robert Gilpin, *War and Change in World Politics*, Cambridge: Cambridge Uni-versity Press, 1981; Jeffry Frieden and David Lake, *International Political Economy-Perspectives on Global Power and Wealth*, New York: St. Martin's Press, 1987.

는 기록은 많다. 일일이 열거할 수 없을 정도로 일본 각지에 백제계 유물과 유적은 수십만 점이 넘는다. 한반도 남부에서 발견되는 왜계 토기와 극소수 전방후원분에는 비교할 수도 없다. 비교할 수 없이 비대칭적인 유물양의 분포 비율은 백제의 세력권이 일본 열도에 상당히 넓게 미쳤다는 것은 부정하기 어렵다. 동북아 일부에서 일종의 하위 국제체제(international subsystem)로서 백제 중심의 하위국제질서가 존재했다는 해석이 가능하다. 이 지역 하위체제의 수준의 패권질서의 원동력은 장주기론자 모델스키의 개념을 일부 차용하면 해양력[42]과 제철기술과 같은 당시의 첨단 선진 기술이다.

『일본서기』 자체에는 일관되게 백제의 선진 학문과 기술이 야마토 왜로 전파되는 과정을 기록하고 있다. 국제관계학에 의하면 기술 선진국과 후진국의 관계는 기술이 앞선 국가가 주도하는 것이 상식이다. 일본이 제국이었고 백제는 추종하는 국가였다고 묘사한 『일본서기』와는 정반대의 사실을 수십만 점 이상의 유물과 유적은 담담히 고백하고 있다. 오사카와 나라 지역의 백제계 떼무덤과 셀 수도 없는 양의 백제계 유물의 존재는 간헐적인 도래인의 이주가 아니라 당시 야마토 왜에서의 백제인의 대량 식민 활동을 담담히 실증하고 있다.

횡혈식석실(굴식돌방) 고분과 미즈키 토성 등 일본의 주요 유적에 적용된 백제식 판축기법과 토목기술은 이미 잘 알려진 사실이다. 일본이 고대 제국이었다고 자랑하는 오사카 사카이시의 초대형 고분 다이센릉(구 인덕천황릉)의 일부가 무너졌을 때 발굴된 갑주 등 유물도 백제계와 가야계의 양상을 보여주고 있다. 문제는 이 철의 원산지에 있다. 고대 첨단 기술 수준의 핵심은 제철 기술이다. 일본 열도에서는 6세기까지 자체 제철기술이 없었다. 자

---

42) George Modelski, *Long Cycles in World Politics,* London: Macmillan Press, 1987

급능력이 없어서 늘 가야 덩이쇠 혹은 백제의 철제품을 수입해야만 했다. 첨단기술이 없는 나라가 첨단기술을 가진 가야를 무력으로 지배했다는 임나일본부설이 넌센스인 이유다. 마치 전투기 생산능력이 없는 약소국이 압도적 항공력을 구사하는 군사 선진국을 무력으로 지배했다는 말과 같다.

백제 무령왕릉은 중국 남조, 백제, 왜의 문화를 종합한 백제 국제네트워크의 실상을 그대로 보여준다. 후지키노고분의 유물에서는 동남아로 이어진 백제인의 적극성을 보여준다. 정창원에 보관된 의자왕이 선물로 하사한 바둑판의 스리랑카 재료와 상아 바둑알을 보면 남아시아 및 동남아로 이어진 백제의 국제성을 유감없이 보여준다. 모두 백제는 동남아까지 확장된 해양 물류네트워크를 운영했던 해양강국이었음을 입증한다. 한국의 남북조 시대에도 일본은 해양력이 부족해서 신라선을 임차해서 견당사를 보내곤 했다. 그보다 앞선 시대에 왜인들이 대한해협을 마음대로 건너다녔다면 그 함대 운용의 주체는 왜인들이 아니라 백제 선단으로 보는 것이 합리적이다. 이처럼 제철기술, 토목기술, 해양지식, 조선술에서 앞선 백제를 일본이 지배했다고 하는 것은 국제관계사의 상식을 뒤엎는 무리한 주장에 불과하다.

IV. 임나일본부설과 정한론(征韓論)

한일 양국 관계의 악재가 중화되지 못하고 감정의 앙금이 축적되기 시작한 것은 역설적이게도 한국의 보수정권 시기였다. 이명박 대통령의 정제되지 못한 천황(일왕) 관련 발언이 양국 관계 훈풍에 찬물을 끼얹었다. 우익들로부터 정치적 쇼라고 평가절하된 독도 시찰 때문에 가뜩이나 예민해진 일본 여론에 불을 붙였기 때문이다. 바톤을 이어 받듯이 박근혜 정부부터 한일 셔틀외교가 중지되더니 급기야 문재인 정부의 한일관계는 끝을 모르고 추락했다.

일본 우익들은 물들어 올 때 노 젓는다고, 정치인을 앞세워 소모적 반한 감정에 풀무질을 했다. 징용공 배상 문제에 대해 100가지 경제 보복 리스트 엄포를 놓기도 하고 비자면제 취소와 단교를 주장하는 극소수 혐한 우익의 거친 메아리 소리도 커졌다. 일부에서는 신 정한론을 들먹이며 반일 일변도인 한국을 손봐주어야 한다는 극언도 한다. 제국주의 망령인지 정한론을 들먹이는 일본 정치권 일각의 시대착오는 다시 19세기 말로 우리의 시선을 돌리게 한다.

정한론의 본격적인 실행 세력의 출신지는 초슈번 하기 마을이었다. 실행을 독촉한 것은 규슈 남단 가고시마의 사이고 다카모리였지만 처음 거론한 사람은 초슈번의 요시다 쇼인이었다. 1930년에 야마구치현 하기에서 태어난 요시다는 명치유신 핵심 인물들의 스승이었다. 이토 히로부미, 다카스키 신사쿠, 이노우에 카오루, 키도 코인, 야마가타 아리토모 등이 그의 문하생이다. 그는 국수주의 미토학파에 영향을 받으며 병학자(군사전략 전문가)로 성장하였다. 그들은 일본은 다른 나라와 달리 신성한 신국(神國)이라는 사상을 가지고 있었다. 막부에 대항한 존왕파였던 요시다 쇼인은 서양의 외압을 이웃 아시아로의 팽창으로 보상받으려 했다. 1854년 저술한 유수록에서 그가 남긴 말이다.

"캄차카와 오호츠크를 빼앗고 오키나와를 제후로 삼고 조선을 다그쳐 옛날처럼 조공을 하게 만들고 북으로는 만주를 점령하고 남으로는 대만과 필리핀 루손 일대의 섬을 노획하여 옛날의 영화를 되찾기 위한 진취적인 기세를 드러내야 한다."

흥미로운 것은 약 100년 후인 1944년 미군의 반격으로 붕괴되기 시작한 대동아공영권의 영역과 유사한 대제국의 꿈을 꾸었던 점이다. 조선으로 하여금 옛날처럼 조공하도록 한다는 것은 일본서기의 임나일본부 이야기를 거론한 것이다. 요시다 쇼인의 정한론 구상은 사실 그만의 것은 아니었다. 에도 말기 미토학파 등 일본의 국학자들은 일본서기와 고사기를 필수 교재로 가르쳤다. 이 고대 역사서는 하늘에서 강림한 천손이 일본 천황의 뿌리이며 일본은 따라서 신성한 나라라는 민족 우월주의를 고취했다. 현대 우익의 과대망상증의 뿌리이기도 하다. 명치유신 전후에 선민의식으로 무장한 네 곳의 혁명 주도세력의 출신 번이 있었다. 큐슈의 히젠(현 사가현), 사츠마(현 가고시마현), 쵸수(현 야마구치현)과 토사(시코쿠의 코치)가 서남 지역이라 이곳을 서남웅번(西南雄藩)이라고도 불리운다. 이중 사츠마 출신 하급무사 사이고 타가모리는 정한론의 아이콘 같은 인물이다. 조선을 제압하자는 주장이 빨리 받아들여지지 않자 불만을 품고 낙향할 정도였다. 1877년 큐슈를 무대로 벌어진 내란인 서남전쟁의 중심인물이기도 하다.

명치유신 직후 일본의 근대화가 순조롭기만 했던 것은 아니었다. 봉건 토쿠가와 막번 체제를 해체하고 새로운 지방행정 조직으로 재편하는 폐번치현(廢藩置縣)이 단행되었다. 다이묘들의 위용을 과시했던 천수각과 성은 버려지고 중앙에서 파견한 지사들이 행정권을 장악했다. 사무라이들은 칼을 빼앗기고 월급으로 보장된 봉토도 반납했다. 세금 납부 방법을 바꾸는 지조개정(地租改正)과 무사의 특권적 소득원을 해체하는 질록처분(秩祿處分) 과정에서 무사들은 박탈감에 빠졌다. 불만이 쌓인 무사들은 사이고 주변에 모여들었다. 해외로의 정벌이 무사들의 존재감을 살려 줄 출구라는 막연한 기대감 때문이었을까. 조정의 단짝 친구 오쿠보 토시미치는 일본의 국력이 아직 모자라므로 조선 출병은 시기상조라는 입장을 굽히지 않았다. 결국

1877년 명치유신의 동지끼리 싸우는 서남전쟁이 일어났다. 난공불락의 요새 구마모토 전투에서 실패한 사이고군은 결국 가고시마에서 패배했다.

정한론의 실행 시기를 놓고 대립했을 뿐 동경의 명치유신 정부도 언젠가는 조선을 병합하겠다는 목표는 동일했다. 오쿠보의 우려대로 1895년 청일전쟁에 승리했지만 힘이 모자란 일본은 서양 강국의 압력에 못 이겨 요동반도를 토해내야 했다. 러시아, 프랑스, 독일이 조선의 독립을 위태롭게 한다는 명분으로 전리품을 반환하게 한 것이다. 천황이 히로시마의 대본영(전쟁지휘본부)까지 와서 총력을 다해 얻은 성과물을 빼앗기자 삼국간섭을 주도한 러시아에 대한 원한을 품게 된다. 10년 후 발발한 노일전쟁의 씨앗이 이미 이때 심어졌다. 일본은 한반도에서의 독점적 영향력 확보를 위해 부국강병에 절치부심하게 된다.

요시다 쇼인부터 사이고 다카모리를 거쳐 이토 히로부미까지 이어진 한반도에 대한 인식에는 정한론의 논리구조가 작동했다. 과거에 일본에게 복속되어 조공을 바치던 나라인데 건방지게 대등한 대우를 요구하므로 버릇을 고쳐 주어야 한다는 생각이다. 한국 강점이라는 집단행동을 추동한, 한국에 대한 일본의 우월주의 정체성의 뿌리는 놀라울 정도로 깊다. 17세기 국학파들은 712년의 고사기와 720년 편찬된 일본서기를 정한론의 근거로 삼았다. 특히 일본서기의 임나일본부 관련 기사를 실제 역사로 믿고 조선 침략의 명분을 찾았다. 앞에서 말했듯이 임나일본부라는 것은 369년 일본 신공황후의 가야 7국과 4읍을 정벌 후 설치한 식민통치기관을 말한다. 이후 562년 신라에 의해 가야지역의 임나일본부가 멸망할 때까지 약 2백년을 존속했다고 한다. 그리고 그 이전에 임신한 신공황후의 신라 정벌 당시 비굴하게 항복을 구걸한 신라왕의 이야기도 그림으로 일본인들의 뇌리에 새겨졌다. 임나일본부의 위세에 눌려 백제와 신라는 굽실굽실하며 조공을 바쳤고 심지어 고구려까지 일본을 두려워했다는 스토리텔링이다.

이 주장은 고대 일본이 한반도 남부의 삼한을 지배했다는 남선경영설(南鮮經營說)로 발전되어 일선동조론의 근거로도 이용되고 나아가 만주를 한국사에서 분리하는 남선사관으로 확대되었다. 매우 집요하게 정치적으로 이용된 고대사 관련 정보공작인 셈이다. 명치유신 초기 일본 참모본부에서 임나일본부 관련 서적을 출판한 것도 우연이 아닐 것이다. 나아가 임나일본부라는 설화는 일제강점기 한민족의 항일 심리를 마비시키는 전전 파시즘 이데올로기의 핵심 요소이기도 했다.

그런데 스에마츠 야스카즈라는 고고학자의 일본서기에 대한 종교와도 같은 신념은 또 다른 임나일본부설을 만들어 냈다. 1949년 『임나흥망사』라는 책을 펴내면서 오히려 가야지역을 넘어서 임나의 영역을 전라도 지역까지 확장하였다. 일본 고대사학계의 통설과 달리 임나일본부설의 잔영은 일본 출판계에 여전히 남아 있다. 일본 시중의 서점가에서 지금도 어렵지 않게 찾을 수 있다. 오히라 히요시라는 민간연구자가 정리한 『임나로부터 풀어본 고대사』라는 책의 예를 들어보자.[43] 2017년 출판된 것이므로 최근에 나온 것이다. 그는 우선 일본 고대사학계가 『일본서기』의 방대한 임나일본부 기록을 무시하는 것에 불만을 토로한다. 전라도 광주 월계동 고분, 명화동 등과 함평, 남해 등의 전방후원분을 자세히 소개하면서 임나일본부와 연결하여 기술하고 있다. 전라도까지 임나일본부를 확장한 쓰에마츠의 학설과 궤를 같이 하고 있다. 주목할 점은 가야와 안라가 임나일본부라는 그가 일본서기에 나오는 관련 지명의 한반도 비정이다. 탁순을 대구인 달구벌로 비정하거나 다라(多羅)의 비정에 무리한 억측이 난무한다. 놀라운 점

---

43) 大平裕, 『「任那」から讀み解く古代史』(東京: PHP研究所, 2017).

은 국내의 한국 사학계 일부도 비슷한 주장을 하고 있는 점이다. 규슈의 쿠마모토 서북쪽 사가현에는 버젓이 다라라는 지명이 넓은 지역에서 여럿 발견된다. 멀쩡히 다라라는 지명이 있는데 조선총독부 관변학자들은 억지로 한반도 남부에서 찾으려 한 것이다.

이상하게도 가야가 임나라는 전제는 한국 사학계에서도 광범하게 공유되었다. 전혀 의심할 바 없는 통설처럼 일부 고대사학계에 횡횡하고 있다. 임나가 가야라는 전제를 벗어나지 못한 한국 사학계는 2010년 한일역사공동연구회에서 어정쩡한 결론을 내고 말았다. "왜가 한반도 남부에서 활동했을 수 있지만 임나일본부를 두고 지배했다고 볼 수는 없다고" 한 것이다. 하지만 가야와 임나를 등치시키는 순간 임나일본부가 회생할 수 있는 숨통을 열어준다고 역사 시민사회는 비판한다. 임나일본부라는 공식 기구는 없었지만 경상도 가야지역이 사실상 왜군의 점령상태였다고 인정하는 셈이라는 것이다.

V. 한일관계 정상화의 단초: 다원적인 역사학 생태계 복원

국제정치학자로서 사학계의 소위 주류와 비주류의 논쟁을 지켜보면서 알게 된 사실이 하나 있다. 일부 사학계에 만연한 심각한 편의주의적인 사료 편식증의 문제이다. 기존 통설에 배치되는 사료는 신뢰할 수 없다고 치부되거나 무시되는 경우가 많다. 이러한 확증 편향의 문제는 논쟁적인 고대사 분야에서 더욱 두드러진다고 한다. 자신의 주장이 보편성을 확인받기 위해서는 가장 다른 주장, 즉 대척점에 있는 논거들을 인용하면서 논리적으로 비판하는 것이 상식이다. 필자가 속한 정치학계 논문에서는 입론을 할 때 반대되는 패러다임, 학설, 논점과 비교하는 것이 철칙이다.

아래 〈도표 3〉은 1945년도 해방 이후 민족사학이라고 자칭하는 비주류 학파의 단행본 출판 빈도수를 전수 조사한 것이다. 소위 재야사학이라는 대학 강단 밖의 연구성과도 포함했다. 우선 보여지는 두드러진 경향은 1982년 이후 증가 추세에 있다는 점이다. 2016년 한해에만 35권 이상이 출판되었다. 그럼에도 2010년 이후 최근 출판된 이덕일, 복기대 교수 등 비주류 사학자들의 연구 성과들이 주류학계의 논문에서는 늘 외면받기 일쑤였다. 아무리 자신들의 주장과 배치된다고 해도 그 많은 연구 성과들을 유령 취급하는 행태가 놀라웠다. 같은 주장을 하는 사람들끼리만 서로 인용하는 동종교배 행태는 학문공동체에서는 금기사항이다. 대척점에 있는 학자들을 애써 무시하는 행태 자체가 확증편향, 집단사고, 사료편식증에 위험성이 있음을 시사하는 증거라고 볼 수 있다.

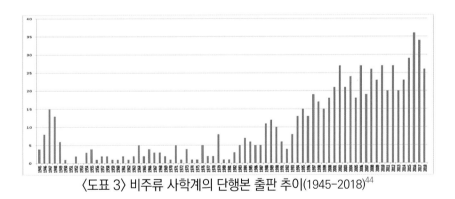

〈도표 3〉 비주류 사학계의 단행본 출판 추이(1945-2018)[44]

44) 1945-2018년 비주류 상해임정사학계(신채호, 정인보, 박은식, 조소앙, 이상룡 등)의 학풍을 계승한 연구물로서 정성적인 판정 기준을 정립했고, 이에 따라 대한학술원 학술국장(2021년 현재) 송옥진 박사와 학부생 연구조교가 6개월간 전수·조사한 것에 기초하여 작성한 도표인데 2019년 한일관계 전문 등재학술지에 처음 소개된 것을 『한일관계 2천년-화해의 실마리』에서 인용한 것을 이 발표문에서 재인용한 것임을 밝혀둔다.

지난 10년간 국제정치학자인 제3자로서 필자는 비주류 사학자들에 대해 유령 취급이나 집단 따돌림에 머무르지 않는 경우도 목격했다. 학술 논쟁을 법정으로 끌고 가거나, 연구비 지원을 중지하라는 외압을 가하거나 언론 플레이를 통해 사이비 사학의 프레임으로 비난에 열을 올렸다고 한다.[45] 반대되는 학설에게 언어 폭력과도 같은 "유사역사학"이라는 주홍글씨를 새기려는 행태도 목격했다.[46] 조선총독부가 왜곡한 고려 국경에 대한 인하대 고조선연구소팀의 국책연구 성과에 대해 영토를 확장하는 연구는 "파시즘의 욕망"에 불과하다며 색깔론으로 논점을 몰고 갔다. 80년대 신군부가 부족한 정통성을 만회하려고 "국수주의 역사학"을 조장했는데 그 유산이 재야사학이라는 주장을 언론플레이로 흘렸다는 의혹도 제기되었다.

하지만 〈도표 3〉은 그 주장이 설득력 없음을 보여준다. 신군부 통치기간인 1980년에서 1987년 사이 비주류 사학의 출판물이 급증한 바 없었다. 1980년과 1981년에는 오히려 가장 적은 시기에 포함된다. 오히려 1987년 민주화 항쟁 이후 비주류 사학은 지속적으로 성장했다. 전체 시기를 놓고 보면 독재 혹은 권위주의 시기인 1950년-1987년의 평균 출판물보다 1987년 민주화 이후 소위 민족사학의 단행본 출판물이 압도적으로 많았다. 재야사학(민족사학)이 권위주의와 내통했다는 주장은 사실과 다르다. 그 반대로 권위주의 시기에 민족사학 혹은 세칭 재야사학이 지지부진했다는 점을 〈도표 3〉은 보여주고 있다. 민주화가 공고화되면서 다원적 학문 풍토가 확산되면서 결국 강단사학계에도 근본적인 논쟁이 시작되어 건강한 학문생태계가 형성되고 있다는 점은 다행이다.

---

45) 언론인들도 주류 사학계의 영향권에 속박되어 있다는 실례로서 박은하, "사이비역사학은 왜 위험한가?" 『경향신문』https://m.khan.co.kr/national/national-general/article/201603121440251#c2b (검색일자: 2021/09/10).

46) 진명선, "유사역사학의 공모자들," 『한겨레 21』 (2017년 6월 호).

임나일본부설과 그 디딤돌로 작용하는 임나=가야설은 한일 고대관계와 동북아 고대 국제관계의 실체를 파악하는데 분기점으로도 그 중요성이 부각될 것이다. 임나=가야설은 명쾌한 사료적 근거도 없이 일부 사학계에서 남용되고 있다. 가야가 임나라거나 가야 일부에 임나가 있었다는 인식은 임나일본부설의 유령을 부활시키는 앙콜 요청이라는 시민단체의 성토도 고조되고 있다. 어쩌면 일본회의 소속 출판사들로 하여금 임나일본부설의 한반도 재상륙의 징검다리를 놓아 주고 있는 것은 아닐까. 지금도 임나일본부설의 정체성을 되살리며 한국에 대한 우월주의적 외교를 주문하는 일본회의라는 우익단체가 완고하게 정계에 영향력을 행사하고 있다.[47]

임나일본부설과 가야=임나설이 허구라는 것이 드러나면 시대착오적인 일본 내 新정한론자들의 사상적 뿌리는 사라지게 된다. 한일 관계 악순환의 오래된 근원이 제거되는 것이다. 그러면 중국 팽창주의 공동 대응과 북한 핵의 평화적 해결에 양국이 협력할 수 있는 공간이 늘어난다. 북한 체제의 정상화를 위한 대규모 경협과 철저한 비핵과 검증의 조합만이 현실적인 북한 핵 문제에 대한 유일한 해법인지도 모른다. 또한 갈수록 노골화되는 현상타파적 중국의 행태를 완화하는 한미일 협력의 정상화도 가시권에 들어온다. 이제 영토욕을 채우기 위해 고대사를 왜곡했던 과거 암흑기 일본 참모본부의 영향권에서 벗어나야 한다. 한일 양국 시민사회와 양심적인 학계가 힘을 합해 한일관계를 객관적으로 연구하고 복원해야 할 시점에 왔다.

---

47) 管野完, 『日本會議の硏究』(東京: 扶桑社, 2016); 山崎雅弘, 『日本會議-戰前回歸への情念』(東京: 集英社, 2016); 노 다니엘, 『우경화하는 神의 나라』(서울: 랜덤하우스, 2006).

참·고·문·헌

- 고케츠 이츠시 저, 박현주 역, 『부활하는 일본의 군국주의』, 서울: 제이엔씨, 2007.
- 김달수, 『일본 속의 한국문화 유적을 찾아서 (1)』, 서울: 대원사, 1995.
- 김용섭, 『역사의 오솔길을 가면서』, 파주: 지식산업사, 2011.
- 김준섭, "역사인식의 문제와 한일관계," 『일본연구논총』 20호 (2004)
- 김태식, 『가야연맹사』, 서울: 일조각, 1993.
- 김현구 외, 『일본서기 한국 관계 기사 연구 (I)』, 서울: 일지사, 2002.
- _____ 외, 『일본서기 한국 관계 기사 연구 (III)』, 서울; 일지사, 2004.
- 남창희, 『한일관계 2천년- 화해의 실마리』 대전; 상생출판사, 2019.
- 노 다니엘, 『우경화하는 神의 나라』, 서울: 랜덤하우스, 2006.
- 문성재, 『한사군은 중국에 있었다』, 서울: 우리역사연구재단, 2016.
- 미어셰이머 [미어샤이머]저, 이춘근 역, 『강대국 국제정치의 비극』, 서울: 나남, 2004.
- 박천수, 『일본 속의 고대 한국문화』, 과천: 진인진, 2011.
- 신도 게이치 저, 박선숙 역, 『일본군사대국화의 현장』, 서울: 사계절, 1994.
- 이덕일, 『동아시아 고대사의 쟁점』, 서울: 만권당, 2019.
- 이도학, 『새로 쓰는 백제사』, 서울: 푸른 역사, 1997.
- 전용신 역, 『일본서기』, 서울: 일지사, 1989.
- 정인보, 『조선사연구』, 서울: 서울신문사, 1947.
- 정인보 저, 문성재 역주, 『조선사 연구 下』, 서울: 우리역사재단, 2013.
- 조세영, 『봉인을 떼려 하는가』, 서울: 아침, 2004.
- 조희승 저, 이덕일 주해, 『북한학자 조희승의 임나일본부 해부』 서울: 말, 2019.
- 최재석, 『고대 한일 관계사 연구』, 서울: 경인문화사, 2010.
- 홍윤기, 『일본속의 백제』, 서울: 한누리미디어, 2008.
- _____, "日本의 天神祭祀와 桓檀古記의 書誌學的 位相研究(1)- 환웅천왕의 神靈 모신 日本 나라땅 熊神神社의 聖地 考察," 『세계환단학회지』 2권, 1호 (2015).

- 황순종, 『식민사관의 감춰진 맨얼굴』, 서울: 만권당, 2014.
- _____, 『임나일본부는 없었다』, 서울: 만권당, 2016.

〈영문자료〉

- Gilpin, Robert, *War and Change in World Politics*, Cambridge: Cambridge University Press, 1981.
- Mearsheimer, John, *The tragedy of great power politics*, New York: Norton & Company, 2001.
- Modelski, George, *Long Cycles in World Politics*, London: Macmillan Press, 1987.
- Morgenthau, Hans, *Politics Among Nations: The Struggle For Power and Peace*, New York: Alfred and Knopf, 1963.
- Morrow, James "Alliances and Asymmetry: An Alternative to the Capability Aggregation Model of Alliances," *American Journal of Political Science*, Vol. 35, No. 4 (November 1991).
- Organski, Abramo FK, *World Politics*, New York: Alfred and Knopf, 1968.
- Organski, AFK and Jacek Kugler, *The War Ledger*, Chicago: University of Chicago Press, 1980.
- Schweller, Randall. "Bandwagoning for Profit: Bringing the Revisionist State Back In," *International Security*, Vo. 19, No. 1 (Summer 1994).
- _____, _____, *Deadly Imbalances- tripolarity and Hitler's strategy of world conquest*, New York: Columbia University Press, 1998.
- Waltz, Kenneth, *Theory of International Politics*, Reading MA: Addison-Wesley, 1979.
- Walt, Stephen, *The Origins of Alliances*, NY: Cornell University Press, 1987.

〈일문자료〉

- 管野完(스가노 타모츠), 『日本會議の研究』東京: 扶桑社, 2016.
- 山野車輪(야마노 샤린), 『嫌韓道』東京: ベスト新書, 2015.
- 山崎雅弘(야마자키 마사히로), 『日本會議-戰前回歸への情念』東京: 集英社, 2016.

- 大下英治(오시타 에이지), 『安倍晋三-安倍家三代』東京: 德間書店, 2006.
- 大平裕(오히라 히로시), 『「任那」から讀み解く古代史』東京: PHP研究所, 2017.